KiWi
1747

Das Buch

Christine Cazon, Erfinderin des Kommissars Léon Duval, erzählt in diesem sehr persönlichen Buch, wie und warum sie nach Frankreich kam und wie aus der Praktikantin auf einem Biobauernhof eine Schriftstellerin wurde.

Nach etlichen privaten und beruflichen Rückschlägen beschließt die Deutsche Christine Cazon eines Tages, ihr Leben umzukrempeln und nach Frankreich zu gehen. Doch die neue Heimat gibt sich spröde. Viel Arbeit, wenig Geld, dazu Sprachschwierigkeiten, und auch hier in Frankreich schlägt das Schicksal immer wieder zu.

Doch Christine Cazon verschließt sich nicht, geht mit offenen Augen durch die Welt und den französischen Alltag – und beginnt zu schreiben. Zunächst einen Blog, aus dem später das Buch *Zwischen Boule und Bettenmachen* wird, dann sehr erfolgreiche Krimis. Mit viel Humor und Selbstironie, aber auch voller Wärme und Sympathie für ihre Mitmenschen erzählt Christine Cazon ihr Leben in Frankreich und liefert dabei erstaunliche Einblicke in ihre ganz persönliche Glückssuche.

Die Autorin

Christine Cazon, Jahrgang 1962, hat ihr altes Leben in Deutschland gegen ein neues in Südfrankreich getauscht. Sie lebt mit ihrem Mann und Katze Pepita in Cannes, dem Schauplatz ihrer Krimis mit Kommissar Léon Duval.

Alle Bücher von Christine Cazon sind lieferbar bei Kiepenheuer & Witsch.

Christine Cazon

Von hier bis ans Meer

Wie ich in Südfrankreich
das Glück suchte und
mich selbst fand

Kiepenheuer & Witsch

Aus Verantwortung für die Umwelt hat sich der *Verlag Kiepenheuer & Witsch* zu einer nachhaltigen Buchproduktion verpflichtet. Der bewusste Umgang mit unseren Ressourcen, der Schutz unseres Klimas und der Natur gehören zu unseren obersten Unternehmenszielen.

Gemeinsam mit unseren Partnern und Lieferanten setzen wir uns für eine klimaneutrale Buchproduktion ein, die den Erwerb von Klimazertifikaten zur Kompensation des CO_2-Ausstoßes einschließt.

Weitere Informationen finden Sie unter:
www.klimaneutralerverlag.de

Drei der hier verwendeten Texte sind zuerst in der wöchentlichen Kolumne »Das Leben eben« der Zeitschrift *Avanti* erschienen:
»Zurück zur Natur«, Heft 20/2011
»Kinder, Kinder«, Heft 46/2011
»Pot auf feu«, Heft 51/2011

MIX
Papier aus verantwortungsvollen Quellen
FSC® C083411
FSC www.fsc.org

Verlag Kiepenheuer & Witsch, FSC® N001512

1. Auflage 2020

Covergestaltung: Barbara Thoben, Köln
Covermotiv: © plainpicture/mia takahara
Gesetzt aus der ITC Legacy und der Calibri
Satz: Buch-Werkstatt GmbH, Bad Aibling
Druck und Bindung: CPI books GmbH, Leck
ISBN 978-3-462-05389-0

à Thierry

Il est où le bonheur, il est où?
Il est où?

Christophe Maé

I. Teil

Bin müde und leer,
Will nach Süden ans Meer.
Bin auf meinem Weg ohne Wiederkehr,
Schon so lang.

HANNES WADER: Schon so lang

Die Sache mit dem Glück

Vorletztes Jahr wurde ich mit einer Handvoll anderer Menschen ausgewählt, bei Horst Lichters Fernsehsendung *Auf der Suche nach dem Glück* teilzunehmen. Horst Lichter reiste mit seinem Motorrad an der Côte d'Azur entlang, suchte wunderbare Plätze auf und traf sich mit unbekannten Menschen, die dort leben. Ist man hier glücklich? Oder glücklicher? Und warum? Das war die Frage, die er allen stellte.

Was für ein Glück! Ich dachte von nun an ständig an das Glück und vor allem, warum ich es nicht spüre. Denn stellen Sie sich vor, nach einem langen Gespräch mit Horst Lichter und Hardy Krüger, der ihn begleitete, einem Gespräch über das Leben und die Liebe, antwortete ich auf die abschließende Frage, ob ich glücklich sei, mit »Nein«. Bam. Das muss man sich mal vorstellen. Ich sagte in etwa »Ich lebe an der Côte d'Azur, habe einen lieben und guten Mann, ich schreibe und bin damit erfolgreich, das Meer ist eine Viertelstunde zu Fuß entfernt … und nein, ich kann nicht so pauschal sagen, dass ich glücklich bin, ich spüre es nicht, das Glück.« Und dann hielt einer der zwölf Herren, die sich bei den Dreharbeiten in dem engen Büro versteckt hatten, ein Schild hoch, auf dem »zum Ende kommen« stand. Und ich dachte, was? Und das wird mein letzter Satz? Dass ich nicht glücklich bin?! Gut, das wurde natürlich rausgeschnitten, und Horst Lichter sprach von »Glücksmomenten« und dass man »manchmal erst hinterher spüre, dass man glücklich war«. Ich nickte eifrig, um damit in den letzten Drehsekunden noch ein positives, »glückliches« Statement abzugeben, aber stimmte das? Und was hat es denn nun auf sich mit dem Glück?

»Was erwartest du denn noch?«, fragte mich meine Mutter fassungslos, als ich mich vor vielen Jahren von meinem langjährigen Freund getrennt hatte. »Das war doch so ein netter Mann. Seriös. Aufrichtig. Intelligent. Mit einem Doktortitel! Gut aussehend und sportlich war er auch. Was willst du denn noch?«, fragte sie. Mein damaliger Freund war wirklich ein guter Mann. Sanft und ruhig, seriös, und er liebte mich aufrichtig. Aber ich fand ihn nicht cool genug, nicht witzig genug, zu verträumt und zu langsam, und vor allem war ich nicht prickelnd verliebt in ihn. Ich spürte nicht das Glück durch meine Adern pulsen, wenn ich mit ihm zusammen war. Ich fühlte mich wohl mit ihm, wie man sich wohl in alten warmen Hausschuhen fühlt. Aber das sollte alles sein? So sollte es bleiben bis zum Ende meines Lebens? Dieses gemütliche Hausschuhgefühl zu zweit vor dem Fernseher? Und wo ist das Abenteuer? Das Glück? Die großen Gefühle? Die Leidenschaft? Hallo? Ich trennte mich, weil ich glaubte, dieser Mann mache mich nicht glücklich. Überraschenderweise fühlte ich mich nach der Trennung weder glücklich und befreit, noch stürzte ich mich in Abenteuer, das einzige Gefühl, das ich hatte, war, dass ich gerade meinen einzigen und besten Freund aus meinem Leben gekickt hatte. Und er fehlte mir. Ich war eher unglücklich. Ziemlich unglücklich, um ehrlich zu sein. Das wiederum konnte ich gut spüren. Das Unglück. Als wäre ich dafür gemacht. »Ich habe keine Glücksbegabung«, sage ich manchmal.

Aber dann begegnete mir tatsächlich ein neuer Mann. Er war so anders als die Männer, mit denen ich bisher zu tun gehabt hatte. Ein Franzose. Ich war hin- und hergerissen von ihm. Ich bewunderte ihn für seine freie Art und schämte mich gleichzeitig für ihn. Er war Holzfäller, aber nachdem er im deutschen Wald und in dem ihn umgebenden Land vor Einsamkeit fast verrückt geworden war, war er nach Köln gezogen und fuhr dort Pakete aus. Als er mich eines Tages in kariertem Hemd und unmodischer Hose, unrasiert und umwölkt von Patschuli-Öl, an meinem Arbeitsplatz aufsuchte, dachte ich, ich müsse im Erdboden versinken vor Scham. »Hier ist einer, der sagt, er ist dein Freund, Christiane, kannst du mal kommen, bitte?«, rief mich die Dame vom Empfang an. »Gutten Tack«, lachte der Franzose und küsste mich vor den Augen der Rezeptionistin. »Iesch 'atte in die Nähe zu tun und iesch dachte, iesch komme diesch mal besuchen!«, strahlte er. »Ja«, quälte ich mir gestelzt ab, »dann komm mal mit hoch.« In meinem Büro hätte ich ihn gern versteckt, aber die Kolleginnen waren hocherfreut über seine Anwesenheit. Er war auch so nett und lustig und charmant mit seinem drolligen Deutsch. Ich aber sah nur das Proletarische und wie schlecht er angezogen war.

Er war vollkommen frei und scherte sich nicht darum, was die anderen von ihm dachten. Er ließ sich auch weder kontrollieren noch von mir auf typisch deutsche Art verplanen. Wollte ich mit ihm zusammen sein, musste ich mich seinem Rhythmus und unterwegs seinem Fahrstil anpassen. Was habe ich damals geschimpft und geschrien über seine, wie ich fand, verantwortungslose Art, Auto zu fahren. Der Franzose brachte mich aus der Ruhe, warf mich aus meinem Konzept und holte mich aus der viel besungenen Komfortzone heraus. Mit diesem Mann aber hatte ich die aufregendste Zeit meines Lebens. Wir verbrachten spontane Wochenenden in Frankreich, zelteten im Regen, schliefen manches Mal auch wie ein Taschenmesser zusammengefaltet im Kofferraum seines vergammelten Citroëns. Wir wanderten ohne Karte, querfeldein, eines seiner deutschen Lieblingswörter, rund um Köln und in der Eifel und ließen uns überraschen, wo wir ankamen. Ich folgte ihm, manchmal murrend und unglücklich (sich aus der Komfortzone zu begeben ist ja nicht immer so komfortabel), aber immer bewundernd. Sogar nach Afrika ging ich mit. Vier Wochen in Mali und Burkina Faso, die mich völlig aus dem Gleichgewicht gebracht und mich nachhaltig beeindruckt haben. Afrika. Da war ja nun gar keine Komfortzone. Da, wo wir waren, war schon mal kein Komfort. Burkina Faso ist eines der ärmsten Länder der Welt. Der Franzose wollte sich in Burkina Faso niederlassen, dort ein kleines Hotel aufmachen, und er versuchte während unserer Reise, dieses Projekt voranzubringen und die verschlungenen afrikanischen Wege dafür zu gehen. Ich begleitete ihn und überlegte im Stillen, ob ich mir eine Zukunft mit ihm in Afrika vorstellen konnte. Wir trafen an Geld und Einfluss unfassbar reiche Menschen und noch viel mehr unfassbar arme und dennoch wahnsinnig großzügige Menschen. Alle aber wollten mitverdienen an dem zukünftigen *Hotelchen*, wie der Franzose es nannte. Es war mühsam. Stundenlang wurde geredet und schäumend Tee aufgegossen, und ich verstand gar nichts. Ich hatte auch nichts zu sagen, das nur nebenbei. Einmal im Hause eines sehr wohlhabenden Politikers, parkte man mich mit einer Cola in einem großen, leeren, vor Marmor und Gold strotzenden Raum vor dem Fernseher, so lange, bis die Herren nebenan mit ihrer Besprechung fertig waren. Mir war alles anstrengend, vor allem dass wir angestarrt, angefasst und angebettelt wurden mit einer Beharrlichkeit, die ich verstörend fand. Ich wollte nicht unfreundlich sein zu all den Menschen, mit denen er zukünftig leben und arbeiten wollte, aber ich ertrug so vieles nicht. Die Kinder, die mir mit großen Augen beim Essen in den Garküchen am Straßenrand zusahen, sodass ich meinen nur halb leer gegessenen Teller immer schnell an eines von ihnen abgab. All die Kinder, die mich anbettelten. All die Erwachsenen, die mich anbettelten. Dazu diese Hitze. Der rote Staub. Dieses laute Durcheinander. Das Warten auf jemanden, auf den Bus, auf einen Telefonanruf. Das lange Reden und Verhandeln für alles und nichts, und all das immer und immer wieder. Herrje. Was war das anstrengend. Mein heimlicher Traum, mit ihm zusammen auszuwandern, zerplatzte. Hier würde ich nicht leben können. Oder doch? Sollte ich es versuchen? Sollte ich mich wirklich so weit aus meiner Komfortzone wagen? Ich war in dieser Frage noch zu keinem Ergebnis gekommen, als er mich verließ. Sein befristeter Arbeitsvertrag in Deutschland war beendet, er hatte keine Lust, länger in Deutschland zu bleiben, seine Zukunft lag in Afrika, und bis es damit losging, zog er zurück nach Frankeich und wohnte dort zunächst bei seiner Familie. »Und ich? Und wir? Was wird aus uns?«, fragte ich unter Tränen. »Wir hatten ein sehr schönes Jahr zusammen«, sagte er und fuhr auf den Seitenstreifen. Er küsste mich noch einmal, ließ mich an der Zufahrt zur Stadtautobahn aussteigen, hob grüßend die Hand und fuhr davon.

Von dieser Trennung habe ich mich fast nicht mehr erholt. Sie kostete mich beinahe das Leben, das kann ich ganz ohne Übertreibung sagen. Ich konnte buchstäblich nicht mehr aufhören zu weinen. Ich heulte und heulte. Ich telefonierte und fuhr ihm hinterher, ich rief ihn an den absonderlichsten Orten an, obwohl ich sehr wohl spürte, ich interessierte ihn schon nicht mehr. Er war weg. Aber mir fehlte er so. Alles kam mir schal vor. Ich war nicht sicher, ob ich in Afrika hätte leben wollen, aber in Köln schien ich auch nicht mehr leben zu können. Dass ich mein eigenes Abenteuer leben musste und nicht das der anderen, das habe ich da noch nicht gespürt.

Ein anderes Leben

Ich hatte Unfälle und Fahrradunfälle angehäuft. War Kellertreppen hinuntergefallen und habe mich einmal so spektakulär mit dem Fahrrad überschlagen, dass mehrere Autos mit quietschenden Reifen nur knapp vor mir zum Stehen kamen und die Fahrer besorgt aus dem Wagen sprangen. Alles in Ordnung? Es sah so schlimm aus! Wie durch ein Wunder hatte ich außer blauen Flecken nie etwas abbekommen. Dabei wollte ich mich so gern rausziehen aus diesem Leben, wenigstens einen Moment in einem weißen Bett in einem Krankenhaus zu ruhen schien mir eine Wohltat. Ich konnte nicht mehr.

Erschöpft war ich. Zutiefst erschöpft. Ein Burn-out, gepaart mit einer tiefen Lebensunzufriedenheit, eine *Midlife-Krise* Anfang vierzig, eine Depression. Irgendwie war alles zusammengekommen. Mir war alles zu viel. Auch ein Jahr später weinte ich noch immer um den Franzosen. Niemand wollte es mehr hören. Ich fühlte mich einsam, aber wenn das Telefon klingelte, hob ich nicht ab, jeder Kontakt war mir zu viel. Post machte ich auch nicht mehr auf. Freunde, die versuchten, einfühlsame Worte zu finden, blaffte ich an: »Gar nichts wisst ihr. Gar nichts. Lasst mich nur alle in Ruhe.« Mir schien, ich müsse nur einmal richtig ausschlafen, aber wenn ich dann ausgeschlafen hatte, hatte es immer noch nicht gereicht, um diese bleierne Müdigkeit abzuschütteln. War ich im Büro, sehnte ich mich nach dem Moment, in dem ich frei hatte, hatte ich frei, wusste ich nichts mit mir anzufangen und lief nur stundenlang durch die Stadt und kaufte ein. Essen, Kleider, Kram. Danach war ich natürlich immer noch müde und erschöpft. Ich hatte eine Therapeutin. Ich hatte die meiste Zeit in meinem Leben eine Therapeutin. Es gab so vieles, das nicht funktionierte. All diese Ängste, die Essstörungen, immer wieder diese tiefen Traurigkeitsphasen. Die Therapeutin gab irgendwann auf: »Ich kann nichts mehr für Sie tun, Sie brauchen andere Hilfe.« Die Hausärztin schlug mir eine psychosomatische Kur vor. Das lehnte ich empört ab und nahm stattdessen Antidepressiva, die mir nicht halfen. Irgendwann schickte sie mich zu einem Psychiater. Ein Psychiater! Ich war doch nicht verrückt! Der Psychiater war zwar erstaunlich verständnisvoll, stellte mir aber schon nach der dritten Sitzung ein Ultimatum. Die von der Ärztin vorgeschlagene Kur oder eine andere. Ich dürfe erst wiederkommen, wenn ich mich entschieden hätte. Natürlich bin ich nie wieder zu diesem Psychiater gegangen. Ich brauche doch keine Deppenkur! Ich rannte im Hamsterrad, immer schneller, immer hektischer, bis ich eines Tages zusammenbrach. Ich kann mich heute nicht mehr daran erinnern, in welchem Zustand ich war, ob ich ohnmächtig geworden war oder in Tränen ausgebrochen bin. Ich habe das verdrängt. Aber man schickte mich von der Arbeit zu meiner Hausärztin, und dort sagte ich nun: »Ich kann nicht mehr. Ich will diese Kur machen.«

»Endlich«, sagte die Hausärztin, lächelte warm und schrieb mich krank.

Wochen später, Mitte Dezember, war ich dann im Krankenhaus am Rande des Ruhrgebiets angekommen. Ich war so erschöpft, dass ich all die anderen Menschen, die mit mir auf dieser Station waren, nur am Rande wahrnahm. Sie waren seltsam, das merkte ich. Es wurde gestrickt, gesungen und Scherze gemacht wie bei einem Betriebsausflug. Das war mir zu viel. Ich verstand es auch nicht. Waren wir nicht alle hier, weil es uns nicht gut ging? Ich hatte monatelang so getan, als sei alles in Ordnung, ich wollte endlich einmal zeigen, dass nichts in Ordnung ist. Ich schwieg. Ich lächelte nicht. Ich zog mich zurück. Ich wollte niemandes Krankengeschichte wissen. Ich wollte auch meine nicht jedem erzählen. Ich wollte meine Ruhe. Ich hatte genug zum Nachdenken. Man nahm es mir übel. Arrogant sei ich. Man wollte nicht mit meiner Motzfresse am selben Tisch sitzen. Ich hatte gedacht, hier dürfe ich sein, wie ich bin, aber es war nicht so einfach.

»Wenn das mein Leben ist, dann will ich es nicht«, raunzte ich meinen Pfleger gleich am ersten Tag an.

Ungerührt drückte er mir ein kleines Büchlein mit Gedanken von Blaise Pascal in die Hand. »Lesen Sie mal«, sagte er, »das könnte etwas für Sie sein!« Ich hatte noch nie von Blaise Pascal gehört, blätterte blasiert und lustlos darin herum und blieb dann doch an einem Satz hängen: *»Le cœur a ses raisons que la raison ne connaît point«.* »Das Herz hat seine Gründe, die der Verstand nicht versteht.« Dieser oft zitierte Satz ist Ihnen vielleicht bekannt, für mich war er damals neu und die Idee dahinter auch. Mehr als neu. Unerhört geradezu. Kann das sein? Darf das sein? Ich hatte gelernt, dass man Entscheidungen mit dem Kopf trifft. Da hört man nicht auf seinen Bauch oder auf sein Herz. Auch nicht bei wichtigen Entscheidungen. Da schon gleich gar nicht.

Mein Pfleger war ein Glücksgriff, auch wenn ich es nicht gleich erkannte. Wie ich mir mein Leben denn wünschen würde, fragte er mich eines Tages. Was würde ich machen, wenn ich ganz frei wäre? Frei von allem. Frei von Geldsorgen. Frei von Ängsten. Auch frei von Ängsten, einen Prestigeverlust zu erleiden. Wenn ich mich um nichts und niemanden kümmern müsste, was würde ich dann tun?

In meinem Kopf ratterte es. Was würde mein Herz sagen, wenn es entscheiden könnte, was ich gerne leben wollte? »Ein Jahr nach Frankreich«, flüsterte es mir zu. »Sag es!« Und nein, es hatte nicht nur mit dem Franzosen zu tun, wenn auch die Vorstellung, dass ich die gleiche Luft atmen könnte wie er, mir klammheimlich gefiel. Nach Frankreich hatte ich immer schon gewollt.

Frankreich war früh in mein Leben gekommen, schon als ich klein war und wir dort, ganz nah an der luxemburgischen Grenze, ein paarmal Freunde der Großeltern besuchten. Maria und Joseph. Sie dick und rund, er mager und kettenrauchend. Daran erinnere ich mich und an die Stallkaninchen hinter dem Haus. Ich erinnere mich an einen kleinen Lieferwagen, der direkt vor dem Haus hielt und in den man richtig hineingehen konnte, um einzukaufen. Und daran, dass ich in dem engen Wohnzimmer, wo alle laut redeten, aßen, tranken, rauchten und zusätzlich der Fernseher lief, auf dem Sofa selig schlief. Ich, das empfindliche Kind, das solche Probleme mit dem Einschlafen hatte.

Ich erinnere mich an eine riesige Sammlung von Schlüsselanhängern, eine sehr kleine, feine und besondere Schreibschrift auf Visitenkärtchen und für ein paar Wochen ein französisches Au-pair: Joëlle. Und ich erinnere mich an Marc-Albert, den kleinen Bruder von Joëlle, in den ich ein bisschen verliebt war, wie man eben verliebt ist mit fünf oder sechs Jahren.

In unserer Familie wurde mit *Französisch ohne Mühe* ziemlich mühevoll Französisch gelernt. Mir scheint im Nachhinein, die Schallplatte ist bei der Lektion »Wecken im Hotel« hängen geblieben. Ich kann sie immer noch aufsagen: *»Levez-vous, Mademoiselle, il est l'heure«*, sagt der Zimmerservice und klopft an die Tür. *»Ah, je suis tellement fatiguée«*, antwortet eine junge Dame und verschluckt gähnend die Endsilbe. »*Schö sswieh tellmooh fohtig*«, wiederholte mein Vater daher so oft, dass ich meiner Französischlehrerin Jahre später nicht glauben wollte, dass es eigentlich *fatigué* heißt, mit einem betonten *accent aigu* am Ende. Irgendwann verlor sich trotz all des erlernten Französisch der Kontakt dorthin, aber ich war schon ein bisschen süchtig geworden nach Frankreich.

Als Jugendliche entdeckte ich in einem kleinen Programmkino in Darmstadt die Filme von François Truffaut und war fasziniert von Fanny Ardant und Gérard Depardieu in *La femme d'à côté.* (*Die Frau nebenan*) oder noch einmal Fanny Ardant und Jean Louis Trintignant in *Vivement Dimanche* (*Auf Liebe und Tod*). Wie Großartig! Noch nachhaltiger hat mich aber *Pourquoi pas?* (*Warum nicht?*), ein Film von Coline Serreau, beeindruckt. Ich war so verliebt in Samy Frey und in die unerhörte Geschichte einer Liebe zu dritt in diesem Film. In diese freche Leichtigkeit. Ach, Frankreich!

Nach dem Abitur hätte ich gerne ein Jahr in Frankreich gelebt, in einem Dachkämmerchen in Paris vielleicht oder meinetwegen auch als Au-pair-Mädchen in Lyon. Ein

Auslandsjahr war damals aber noch nicht üblich, und ich konnte nicht mal richtig begründen, warum ich so gerne in Frankreich leben wollte, sodass meine Eltern, trotz ihrer eigenen Frankreichliebe und vieler im Nachbarland verbrachter Ferien, fanden, so ein Auslandsjahr sei reine Zeitverschwendung.

Herumgammeln hieß das damals. Und herumgammeln sollte ich nicht. Sondern was Vernünftiges lernen und arbeiten. Das habe ich dann auch gemacht. Ich habe vernünftig so allerhand gelernt und gearbeitet und studiert und wieder gearbeitet. Und nach Frankreich kam ich nur noch auf Zeit, im Urlaub.

Diese Sehnsucht, in Frankreich »richtig« zu leben, wurde wieder groß, als der Film *Le Fabuleux Destin d'Amélie Poulain* (*Die fabelhafte Welt der Amélie*) in die Kinos kam. Damals kam ich komplett deprimiert aus dem Kino, gerade hatte mich mein Franzose verlassen, und es schien mir, als könnte ich nicht mehr glücklich sein in Deutschland.

Ich suchte das Französische jetzt überall, kaufte mir morgens Croissants und trank abends französischen Wein, kochte mit Olivenöl und Kräutern der Provence und war begeistert, wenn ich irgendwo gesalzene französische Butter oder original Kekse aus der Bretagne fand. Ich hörte französische Musik: Benjamin Biolay zum Beispiel, als ihn noch kaum einer kannte. Und Carla Bruni. Ihr Liedchen *Quelqu'un m'a dit* fand ich erstaunlich tröstlich. Ich hörte die schmelzende Stimme von Henri Salvador, und ich hörte Jane Birkin, die die Chansons von Serge Gainsbourg interpretierte.

Und ich sah erneut französische Filme: *Le bonheur est dans le pré* (*Das Glück liegt in der Wiese*) oder *Une hirondelle a fait le printemps* (*Eine Schwalbe macht den Sommer*). Dieser Film schien wie für mich gemacht zu sein: Eine Informatikerin steigt aus, macht eine Ausbildung in der Landwirtschaft und übernimmt einen Ziegenhof. Ich wollte auch raus und weg. Endlich weg. Nach Frankreich. Als mich der Krankenpfleger nun fragte, was ich gern machen würde, gab es darauf nur eine Antwort:

»Ein Jahr ins Ausland gehen«, sagte ich, ohne zu zögern. »Nach Frankreich.«

»Toll!«, sagte er. »Machen Sie das!«

»Was?« Ich sah ihn groß an. »Und meine Rente?«

Da lachte er, dieser etwas bieder aussehende Mann, der zu Hause eine kleine Familie hatte. Er war kein abgedrehter Guru mit linksgedrehtem Rastazopf, und deswegen trafen mich seine Worte noch viel stärker. »Ihre Rente«, sagte er. »Gute Frau! Wenn Sie jetzt schon an Ihre Rente denken, dann können Sie sich auch gleich umbringen. Leben Sie doch erst mal!«

Leben Sie doch erst mal! Leben. Wie geht das: »leben«? Wenn das mein Leben ist, dann will ich es nicht, hatte ich gesagt. Welches Leben wollte ich denn? Sollte ich wirklich nach Frankreich? »Ja!«, zischelte mein Herz. Aber zunächst versuchte ich wieder zu arbeiten, doch der Wiedereinstieg gelang nicht. Und als ich, buchstäblich am letzten Tag vor der endgültigen Rückkehr, den Job kündigte, war ich danach so erleichtert, dass ich wusste, ich war auf dem richtigen Weg. »Du bist frei!«, jubelte mein Herz. »Auf nach Frankreich!«

»Na, na!«, ließ sich die Vernunft hören. »Hör auf zu träumen! Ohne Geld geht gar nichts.« Daher meldete ich mich zunächst arbeitslos und verbrachte Stunden damit, alle Papiere auszufüllen, in Warteschlangen anzustehen und vor verschlossenen Türen zu sitzen. Vielleicht kennen Sie das. Muss ich nicht detailliert erzählen. Es war keine schöne Zeit. Ich bewarb mich unter anderem auf eine Stelle als Buchhändlerin auf Amrum, aber der Inhaber wollte mir nicht glauben, dass ich wirklich aus der Großstadt wegwollte, und meinte, ohne Inselerfahrung würde ich da schnell den Inselkoller bekommen. Amrum! Stellen Sie sich das mal vor! Wer immer da heute die Buchhandlung führt, dem sei herzlich zugewinkt!

Weg wollte ich. Am liebsten ins Ausland. Die Idee, einmal ausgesprochen, hatte mich nicht losgelassen. Die Dame vom Arbeitsamt schüttelte den Kopf. Mit über vierzig gehe da nix mehr. Ich schrieb trotzdem Bewerbungen nach Rom und nach Paris in jämmerlichem Englisch und bekam nie eine Antwort. Einen Englischsprachkurs konnte ich immerhin bekommen, und dann ganz überraschend eine Möglichkeit, nach Birmingham zu gehen.

»Birmingham?« Ich sah die Dame vom Arbeitsamt zweifelnd an.

»Ja, Birmingham. Sie wollten doch ins Ausland?«

»Ja, aber …«

»Na also«, unterbrach sie mich, »dann füllen Sie mal so schnell wie möglich diesen Antrag aus …« Sie gab mir eine Internetadresse. Der Antrag war mehrseitig, sollte in Englisch ausgefüllt werden, online natürlich, und ich sollte darin begründen, warum ich so gerne nach Birmingham wollte.

Bei meiner Gesangslehrerin, die ich seit Kurzem hatte, weil mir das Singen in der Kur so gut getan hatte, bekam ich nachmittags keinen Ton raus. Sie fragte, was mich beschäftige, und ich erzählte von Birmingham.

»Willst du denn nach Birmingham?«

Ich schüttelte den Kopf. »Ich will viel lieber nach Frankreich. Nach Südfrankreich am liebsten. Oder nach Italien.«

»Dann geh nach Südfrankreich. Da sehe ich dich auch. Ich sehe dich nicht in England, nicht in Birmingham. Geh nach Südfrankreich«, ermunterte sie mich.

»Aber es gibt nur Birmingham. Ich habe kein Geld, um in Südfrankreich einfach so zu leben«, wandte ich ein. »Birmingham ist vom Arbeitsamt unterstützt, das wird bezahlt.«

»Na und?! Du willst nach Birmingham gehen, wo es dir nicht gefällt, nur weil es bezahlt ist?!« Sie schüttelte entschieden den Kopf. »Such dir selbst einen Job in Südfrankreich! Warum suchst du dir nicht eine Au-pair-Stelle? Granny-Au-pair gibt es doch!«

So begann ich, Au-pair-Stellen in Frankreich zu suchen. Ich bewarb mich hier und da, obwohl es mir nicht so richtig zusagte. Ich hatte eigentlich keine Lust darauf, mich um Kinder zu kümmern, ich wusste nicht mal, wie man mit Kindern umgeht oder was ich mit ihnen anfangen sollte. Ich hatte selbst nie einen Kinderwunsch gehabt. Jahrelang dachte ich, das Bedürfnis würde sich eines Tages einstellen, mit dem richtigen Mann vielleicht, aber nein, als mein langjähriger Lebenspartner mir die Pistole auf die Brust setzte und sagte, er wolle Kinder, und zwar jetzt, war dies mit ein Trennungsgrund. Aber wenn die Kinderbetreuung eine Möglichkeit wäre, gegen Kost und Logis in Frankreich zu leben, dann wollte ich es versuchen. Natürlich hat es nicht geklappt. Aber ich habe dadurch den Radius erweitert für das, was ich tun könnte. Ich begann Kleinanzeigen für Jobangebote im Ausland zu lesen. Erstaunlicherweise gab es eine ganze Menge. Ich telefonierte und schrieb Mails und besah mir den einen oder anderen Ort. Von all den angedachten Projekten hatte sich nur der Aufenthalt auf einem Bauernhof im Hinterland von Nizza konkretisiert. Mein Herz hatte laut »Ja!« gerufen und sich gegen die Vernunft durchgesetzt, gegen die Frage, was das alles bringen solle, gegen die Ängste vor Tieren und Allergien, die sie mir unablässig aufzählte. Ich wollte es nicht hören. »Mein Herz hat seine Gründe«, dachte ich übermütig und lief los, also natürlich flog ich und landete auf diesem Hof, von dem ich vorher noch nicht einmal ein Bild gesehen hatte. Gott sei Dank, denn wenn ich gewusst hätte, was mich erwartete, dann wäre ich dort nicht hingegangen.

Der Hof

Das Leben auf dem Bauernhof in den französischen Seealpen aber war ein Schock. So klein und ärmlich hatte ich es mir nicht vorgestellt. Und all diese Gerüche. Die Fliegen. Der Kuhstall befand sich noch unter dem Haus, und die Hühner liefen frei auf dem Gelände herum, und wir warfen ihnen unsere Essensreste über die Holzveranda zu. Und so viele Menschen. Ich hatte mir eine einsame und idyllische Alm auf einer frischen grünen Bergwiese vorgestellt, alles bilderbuchmäßig wie im *Heidi*-Film. Gerüche gab es nicht in meiner Fantasie. Aber nein, hier war nichts romantisch. Hier war raues landwirtschaftliches Leben. Ich schluckte und verscheuchte mit einer Handbewegung die Vernunft, die spöttisch applaudierte und mit den Augen rollte. »Super, diese Herzentscheidung«, sagte sie verächtlich. »Das wird schon«, zischte ich ihr zu und stapfte die wackelige Holztreppe zu meinem Dachkämmerchen hinauf. Ich war in meinem eigenen Abenteuer angekommen.

Anfangs aber fühlte ich mich sehr verloren. Nicht nur der Hof war fremd, mit all den Tieren, den Geräuschen und Gerüchen. Die Sprache sowieso (zuzüglich des landwirtschaftlichen Vokabulars), aber es war vor allem diese alternative Welt, die mich befremdete. All die wild aussehenden Männer mit langen Bärten, verfilzten Rastalocken, die mit nacktem Oberkörper Holz spalteten und danach ihre sehr eigenen Tabak-Kräuter-Mischungen rauchten, die irgendwo auf dem Gelände in Hütten oder Wohnwagen eine Zeit lang mitlebten, verschwanden und wiederkamen. Es herrschte ein ständiges Kommen und Gehen auf dem Hof. Was für eine Welt. Ich sah das alles mit Staunen an und verstand die Regeln nicht. Heute weiß ich, es gab keine Regeln oder fast keine. Alles war möglich. Und die Tür stand immer offen. Vorurteilsfrei für jeden. Immer waren wir mindesten zwölf am Tisch, aber wir hätten auch überraschend zwanzig sein können, dann hätte man einfach noch ein paar Teller dazugestellt und hätte das, was da war, geteilt. Teilen – *partager* –, das war das oberste Gebot. Das war und ist das Lebensmotto dort. Großzügig wurde für Gäste immer alles auf den schweren Holztisch gestellt: Bier und Wein, Brot, selbst gemachte Wurst, Schinken, Pasteten. Und alles, was Küche, Keller und der Garten hergaben. Genauso haben sie mich aufgenommen. Wie selbstverständlich. »Komm ruhig«, hatten sie am Telefon gesagt. »Sehen wir dann schon.«

Es war sicher nicht das Paradies, das ich mir erhofft hatte. Keine *Heidi*-Idylle. Keine Stille und Einsamkeit auf Almwiesen. Es war sehr irdisch, sehr lärmig zwischen all den Menschen, die dort lebten und ein und aus gingen, es wurde geraucht und getrunken und laut erzählt. Es roch fremd nach Tieren und vergorener Milch, überall surrten Fliegen, und alles ging langsam in einem Rhythmus, den ich nicht verstand. Es war ein alternativer Aussteigerhof.

In den späten Sechzigerjahren hatte man hier eine Landkommune gegründet und versuchte sich mit Freunden und Gleichgesinnten in den unterschiedlichsten Lebensformen. Sogar eine Schule hatten sie seinerzeit ins Leben gerufen und einen alternativen Lehrer eingestellt für all die Kinder, die eigenen und die, die man als *famille d'acceuil*, als Pflegefamilie, angenommen hatte. Als Pflegefamilie bekommt man für die Pflegekinder, die man aufgenommen hat, eine monatliche staatliche Unterstützung. Geld, ohne das der Hof nicht funktioniert hätte. *Famille d'acceuil* waren sie immer noch. Jetzt lebten zwei behinderte Männer mit auf dem Hof. Diese beiden Männer, ein ehemaliger Soldat, der bei einem gewalttätigen Streit eine Kopfverletzung erlitten hatte, was ihn geistig auf ein gedächtnisloses Kinderniveau reduzierte, und ein kleiner Mann asiatischer Herkunft, der bulimisch, kettenrauchend, düster und ruhelos war. Er immerhin bekam einmal im Jahr Besuch von seiner Familie.

All das aber machte, dass ich nicht im Paradies war, sondern mitten im Leben. Ich staunte, war abgestoßen und angezogen gleichzeitig. Ich liebte es, im Garten oder auf dem Feld alleine zu arbeiten, mit dem Blick auf die Berge und den blauen, wolkenlosen Himmel, aber alleine war ich selten. Zu neugierig waren alle, mich kennenzulernen. Erzähl mal, warum bist du hier? Was hast du gemacht? Was willst du machen? Es fiel mir schwer, mich mitzuteilen, nicht nur, weil mein Französisch so erschreckend rudimentär war. In mir war noch alles durcheinander; ich war so schnell abgereist und konnte es manchmal noch gar nicht glauben, dass ich es gewagt hatte.

Diese Zeit auf dem Hof war nicht voller Glück, und doch nenne ich sie meine Rettung. Weil sie mich mit dem Leben konfrontiert hat, im ursprünglichsten Sinn, mit Geburt und Tod von Tieren, mit Säen, Pflanzen, Wachsen und

Ernten im Garten und auf den Feldern. Mit dem unmittelbaren Kontakt zur Natur, durch den ich erstmals verstanden habe, dass es keine Kirschen gibt, wenn ein später Wintereinbruch die Blüten erfrieren lässt, dass es keinen Kohl gibt, wenn die Raupen ihn abfressen, und dass man sie daher so schnell wie möglich ablesen und töten muss. Igitt, wie war es eklig, die ersten Raupen mit meiner behandschuhten Hand zu zerquetschen. Dass man ein Huhn schlachten muss, wenn man eines essen will, oder ein Schwein schlachten muss, wenn man Pastete und Würste und Rillettes machen und Schinken essen will. Dass Tiere unverhofft sterben oder von anderen gefressen werden. Dieses Hofleben war so intensiv und aufregend für mich, die ich so ein keimfreies Stadtleben gewohnt war, dass ich die ganze Zeit im Hier und Jetzt war. Es gab kein Abschalten und, für mich zumindest, keine Routine. Der Käse muss dann gemacht werden, wenn die Milch gestockt, Kühe gemolken, wenn ihr Euter voll war. Schweine, Kälber, Kaninchen, Hunde und Katzen mussten gefüttert werden, und zwar jeden Tag. Die Kinder, die es auch hier gab, wollten beschäftigt oder in die Schule gefahren und wieder abgeholt werden. Das Unkraut wucherte zwischen den Kartoffeln und den Rüben, man kam kaum nach, es gab immer etwas zu tun. Und dazwischen wurde gegessen und getrunken und erzählt und manches Mal gefeiert. Und nach diesen übervollen Tagen schlief ich muskelkaterig und tonnenschwer auf meiner Matratze auf dem Boden des Dachkämmerchens ein.

Anfangs habe ich mich noch geschminkt, ich war es so gewohnt, ich ging in Deutschland nie ungeschminkt aus dem Haus. Man machte sich lustig über mich. »Wen willst du beeindrucken, Christjann, die Kühe? Die Rüben?« Aber es ging um mein Bild von mir, das ich im Spiegel nicht ansehen mochte. Im Laufe der Zeit wagte ich es dann, ohne Wimperntusche aufs Feld oder in den Stall zu gehen. Und nichts passierte. Natürlich nicht, sagen Sie. Aber es passierte auch nichts, wenn ich Nachbarn traf oder den Postboten. Niemand sagte: »Du siehst so blass aus heute?!« Oder: »Was ist mit deinen Augen?« Ich lernte, mein ungeschminktes Spiegelbild anzusehen, und es wurde normal. Den Kühen war es egal, wie ich aussah, den Rüben auch und sogar den Menschen. Hier zählte nicht, wie ich aussah, sondern wer ich war. Ich genoss es. Ich ließ mir die Haare wachsen, schminkte mich nicht mehr, zog mich pragmatisch an, und ich liebte es, in meinen Bergstiefeln oder im Sommer barfuß herumzulaufen. Ich sah gerne meine von der Erde schwarz verfärbten Finger, die ich mir an der Hose abwischte. Ich konnte mich ohne Probleme überall hinsetzen, auf die Wiese, auf die Mauer, auf die Erde. Ich wurde in gewisser Weise »wild«, ursprünglich. Ich machte mir keine Gedanken darüber, wie ich aussah, es war mir egal, ob ich mich schmutzig machen könnte. Ich vergaß all das Äußerliche und war einfach da. Ich lebte. Oder sagen wir, ich begann zu leben.

Und ich sah ebenso mit Staunen, dass alles, was mir in meinem früheren Leben so wichtig gewesen war, hier nicht nur unbekannt war, sondern absolut keinen Wert hatte. Wenn man zu einer gewissen Zeit den angesagtesten Bücherregalbauer nicht kannte, gehörte man damit in Köln oder in anderen Städten nicht »dazu«. Zu der kleinen schicken, intellektuellen Schicht, die wusste, was *in* ist, wo man essen ging, welche Ausstellung man gesehen haben musste.

Ich wagte es auf dem Hof nicht mal, diesen Bücherregaldesigner zu erwähnen oder von der Suche nach der richtigen Espressomaschine zu erzählen, wie viel Zeit hatte ich darein investiert?! Wozu? Hier hatte man für die Bücher ein paar Bretter in gemauerte oder gegipste Nischen gelegt, und es gab eine klassische Kaffeemaschine. Wichtig war, dass sie rechtzeitig angeschaltet wurde, damit man nach dem Essen einen frischen Kaffee trinken konnte. Mehr war nicht nötig. Und mehr ist wirklich nicht nötig.

Was ist wichtig? Was ist wirklich wichtig?

Ich habe in den fünf Jahren, die ich in den Bergen verbracht habe, so gut wie kein kulturelles Leben gehabt. Also zumindest nicht in dem Sinn, wie ich es kannte. Filme, Ausstellungen, Bücher, zumindest aus deutscher Sicht, kamen nur noch via Wochenzeitung zu mir, und auch wenn ich Kolumnen und Kritiken las, so drang alles nur merkwürdig unwirklich bis zu mir vor. Für die französische Kultur war mein Französisch noch viel zu rudimentär. Ich konnte den Radiosendungen auf *France Culture* oder *France Inter* nicht folgen, und die Stimmen rauschten nur als Geräusch an mir vorbei. Ich versuchte, Liedtexte zu verstehen. Die Sängerin Camille hatte ihr erstes Album veröffentlicht, und ihre fremd klingende Musik schallte über den Hof. Ich verstand Camilles poetische Texte nicht, aber dennoch hat mich dieses Album tief berührt. Poesie verstehe ich übrigens auch fünfzehn Jahre später immer noch nicht. Es wird mir erst in der fremden Sprache bewusst, welch verfeinerte Form von Sprache Poesie ist.

Wie wenig verstand ich anfangs. Und wie wenig konnte ich sagen. Ich überschätzte meine Fähigkeiten, und ich unterschätzte ganz klar, was für eine Herausforderung es ist, mit Anfang vierzig noch eine Sprache zu lernen. Natürlich habe ich Französisch in der Schule gelernt. Aber wie viel Französisch habe ich in all den Jahren gesprochen? Und klar, einen Milchkaffee konnte ich bestellen. Aber viel mehr konnte ich nicht. Ich habe es an anderer Stelle schon einmal geschrieben, aber dieser »Sprachverlust« im Erwachsenenalter macht demütig. Nicht nur, dass ich damit alle meine Sprachfähigkeiten verlor: meine ironischen Spitzen, meine kleinen witzigen Wortspielchen, meine Schlagfertigkeiten, all das Indirekte, Subtile. Ich war froh, wenn ich einen klaren Satz von vorne bis hinten sagen konnte. »Kann ich bitte das Salz haben? Danke.« Nein, ich verlor viel mehr. Ich verlor meine Kontrolle: Der Sprachverlust reduzierte mich auf das Niveau und auf die Hilflosigkeit eines Kleinkinds. Ich suchte, ganz wie ein Baby, nach einer anderen Form der Orientierung. Wer lächelt mich an und ist lieb zu mir? Wer kümmert sich um mich? Wer hilft mir?

Ich war froh, dass ich die banale Fernsehserie *Plus belle la vie* (eine Art *Lindenstraße*) verstand und der Handlung folgen konnte. Ich war in jeder Hinsicht weit entfernt von französischen Filmen, Literatur, französischer Kultur. Und ich brauchte sie auch nicht. Der Alltag war so prall gefüllt mit Aktivitäten, dass ich abends müde ins Bett fiel. Welches Buch Dennis Scheck in Deutschland gerade dramatisch in die Tonne gekloppt hatte, war mir hier auf dem Hof vollkommen egal.

Waren die Menschen auf dem Bauernhof glücklich? Es sah für mich so aus. Also versuchte ich, ihre Art, das Leben anzugehen, zu studieren. Vielleicht machte es mich auch glücklich. Ich habe niemanden und nichts kritisiert, ich war ja auch nicht da, um einen kleinen Bauernhof neu zu organisieren oder rentabler zu machen. Ich suchte nach einem anderen Leben als dem, das ich in Deutschland gelebt habe. Das zwar gut aussah, mich aber nicht glücklich gemacht hatte. Alles, was mich auf dem Hof befremdete, schrieb ich in meine Tagebücher. Blogs gab es noch nicht, ich zumindest kannte keinen, und Internet, das kann man sich heute nicht mehr vorstellen, gab es noch so gut wie gar nicht auf diesem Hof. Dass es überhaupt eine wackelige und schwache Verbindung gab, lag an den jungen Menschen, die auf dem Hof lebten. Ich steckte altersmäßig zwischen zwei Generationen. Die Elterngeneration, ehemalige Hippies, Aussteiger, *Babacools*, wie man sie in Frankreich nennt, stammen aus der 68er-Bewegung, etwa 15 Jahre älter als ich, waren schon Großeltern zweier kleiner Mädchen, als ich dort ankam. Die Kindergeneration war 15 Jahre jünger als ich, aber sie waren schon junge Eltern. Ich war ein exotisches Wesen dazwischen, kinderlos und ohne Bedürfnis, mich niederzulassen. Aber sie ließen mich so sein, wie ich war, und sie nahmen mich vorurteilslos auf, und das war das Beste, was mir bis dahin passiert war. Den Ort, wo ich dauerhaft sein wollte, den hatte ich noch nicht gefunden. Mich hatte es all die Jahre immer weitergetrieben. Langsam zwar, aber doch musste ich nach ein paar Jahren weg, woanders hin. Neu anfangen. Dort, wo ich nicht war, schien es immer besser zu sein. War ich dann dort und die Anfangseuphorie des Neuen verflogen, wurde es auch dort wieder schwer und auf Dauer unlebbar für mich. Und wieder zog ich weiter. Immer musste ich weiter.

Einmal war ich an Ostern mit einem früheren Freund in den Süden gefahren. Wir wollten so weit fahren, bis es südlich warm würde. Wir landeten am Gardasee auf einem großen Campingplatz. Von unserem Stellplatz ganz oben beobachtete ich unter mir zwei italienische Familien, die offensichtlich an diesem sonnig milden Osterwochenende die Campingsaison eröffneten. Zwei benachbarte oder auch befreundete Familien kamen zeitgleich an, begrüßten sich laut und lange, räumten die Autos aus, halfen sich gegenseitig, ein Vordach vor dem jeweiligen Wohnwagen aufzustellen, trugen Taschen voller Lebensmittel, Kleider und Bettwäsche hinein. Es wurden sogar Blumenkästen als Platzbegrenzung aufgestellt, ob sie mit echten oder mit Plastikgeranien bepflanzt waren, das weiß ich heute nicht mehr zu sagen. Die Rollen waren klar verteilt, alles schien eingespielt. Die Männer bauten, die Frauen räumten, die Kinder rannten herum und fuhren mit Rädchen über den Platz. Im Laufe des Nachmittags stellten beide Männer einen Grill auf, etwas später prostete man sich zu, Fleisch und Würste wurden auf den Grill geworfen, Frauen trugen Schüsseln mit Salaten, Teller und Besteck nach draußen, und der Abend wurde eingeläutet, und es wurde gegessen. Ich saß da und sah diesem, in meinen Augen, zutiefst spießigen Leben zu und war neidisch. Neidisch auf die Zufriedenheit, die diese Familien ausstrahlten. Nein, ich wollte keinen festen Stellplatz auf einem Campingplatz am Gardasee haben und auch nirgends sonst. Ich wollte auch dieses Leben nicht haben, keinesfalls, aber die Zufriedenheit dieser Familien, die kannte ich nicht, und ich sehnte mich danach.

Hier auf dem abgelegenen Hof schienen alle zufrieden zu sein. In einem mir unerklärlichen Rhythmus zu arbeiten, lange zu essen, ein Mittagsschläfchen zu machen, das so heilig war, dass ich mich nicht traute, an einem Tag, als die Kühe aus ihrem abgesperrten Terrain abgehauen waren und nun auf dem weit entfernten Wiesenfußballplatz herumstanden, jemanden zu wecken, um sie wieder zurückzuführen. Rückblickend weiß ich, ich hätte die Kühe besser in Ruhe das Gras auf dem holperigen Fußballfeld fressen lassen, aber ich dachte damals, ich müsse sie sofort zurückholen, und außerdem glaubte ich, ich würde das alleine hinkriegen, konnte ja nicht so schwer sein, zusammen mit den zwei kleinen Nachbarsjungen, die begeistert und stockfuchtelnd auf die Kühe zurannten und laut brüllten. Hey, was für ein Spaß! Ich brüllte wiederum die Jungs an, damit aufzuhören, und versuchte, die nun auseinanderlaufenden Kühe ruhig zurückzuführen. Ich wusste gar nichts. Wusste nicht mal, welches die Leitkuh war, an die ich mich hätte wenden müssen. Ich wusste nicht, wie ich sie führen oder scheuchen sollte, mit einem Stock, mit der Hand, und wie mit ihnen sprechen. Ein bisschen Angst hatte ich ja auch vor ihnen und ihren Hörnern. Ich mache es kurz, es wurde eine Katastrophe, denn die Kühe fanden den Ausflug zunehmend amüsant, und sie begannen, mit uns Fangen zu spielen. Schwerfällig sprangen sie herum und liefen in alle Richtungen davon, bis eine von ihnen den Gemüsegarten des Nachbarn entdeckte. Na so was! Bunte Blumen. Ach, was war das hübsch. Sie beugte sich über eine kleine Hecke, rupfte die Blumen dahinter ab und malmte sie mit ihrem kräftigen Kiefer gemächlich platt. »Nein, non«, schrie ich zweisprachig und versuchte, sie wegzustoßen, aber sie ließ sich nicht beirren und machte einen Schritt über die niedrige Hecke und noch einen und stand schon mitten im Salat. Frischen Salat mit ganz zarten Blättchen gab es da. Mit der Zunge fuhr sie sich genüsslich über die Nüstern und rupfte los. »Non!«, schrie ich wieder. »NEIN! NON, NON, NON!« Ich war dem Nervenzusammenbruch nahe und stapfte nun auch quer durch den Garten, um den Salat zu retten. »Raus, raus«, brüllte ich und fuchtelte vor ihr und hinter ihr mit den Armen. Was hieß »raus« auf Französisch? Ich hatte keine Ahnung. »RAUS! Marguerite oder Lulu oder wer immer du bist«, schrie ich. Für mich sahen sie irgendwie alle gleich aus. Aber vermutlich hieß sie Florette und fühlte sich nicht angesprochen, und sie bewegte ihren schweren Körper nur ein bisschen nach links, um besser an den Pflücksalat zu kommen. Alles, was ich mit meinem Gebrüll und Gefuchtel erreichte, war, dass die anderen Kühe neugierig wurden, und eine nach der anderen stapfte nun über den kleinen Vorgarten in den penibel angelegten Gemüsegarten. »Bitte!«, versuchte ich es nun höflich, wie ich es einmal in dem Kinderfilm *Ein Schweinchen namens Babe* gesehen hatte. »Bitte, liebe Kühe, kommt aus dem Gemüsegarten! Bitte!«, sagte ich flehentlich. Aber die Kühe kicherten, zeigten mir ihre Hinterseite, ließen ungerührt ihren Schwanz baumeln und stapften in ihrer Schwere durch sämtliche Beete und fraßen die Blumen und den Salat und die Tomaten und was weiß ich.

Wutschnaubend kam der Nachbar abends auf den Hof gestapft, die Hofleute mussten lange auf ihn und seine Frau einreden und sie letztlich als Wiedergutmachung in das teuerste Restaurant in der Gegend einladen. Auf mich aber war er noch wochenlang böse. »Warum hast du mich denn nicht gerufen?«, fragte der Patriarch des Hofs fassungslos, als er sah, was geschehen war. *»Mais tu faisais la sieste«*, erklärte ich kleinlaut.

»Ah ja, die Sieste«, nickte er verstehend. Denn ja, er wurde fuchsteufelswild, wenn man ihn in der Sieste, dem heiligen Mittagsschlaf, störte. »Aber trotzdem«, brummelte er ... Ich machte nun vorsichtshalber auch eine Sieste, einfach, damit ich nicht sah, was in der Zeit geschah und ich nicht noch einmal mutterseelenallein mit den Kühen Abenteuer erleben musste.

Eine Entscheidung

»Das sind die Glücklichen«, dachte ich, als ich in Nizza auf dem Kieselstrand saß, in die Sonne blinzelte und nebenan, auf einer Terrasse eines Strandrestaurants, in elegantes Weiß gekleidete Menschen in offensichtlicher Feierlaune Champagnergläser klirren ließen.

Ich saß nur zehn Meter weiter, hatte denselben Blick auf das schmerzhaft schöne türkisblaue Mittelmeer, hörte die Möwen kreischen, spürte den leichten Wind, der nachmittags aufkommt, und genoss die schon warmen Strahlen der Frühlingssonne auf meinem Körper. Ich hatte mich entschieden, hierbleiben zu wollen. Nicht in Nizza, aber in Südfrankreich. In den Bergen, dort, wo ich bereits mehrere Monate auf dem kleinen Bauernhof verbracht hatte. Ich fühlte mich hier viel lebendiger als in Deutschland. Eine Freundin, die aus Köln zu mir in die Berge gereist war und die den ganzen großstädtischen Alltag und ihre Sorgen mitgebracht hatte, ließ mich diese bislang nur vage angedachte Idee nur noch viel deutlicher spüren. Ihr großstädtisches Tempo und all das, wovon sie so aufgeregt berichtete, und was vor ein paar Monaten auch noch mein Leben ausgemacht hatte, all das wollte ich nicht mehr. Ich fühlte mich in meiner Abgeschiedenheit in den Bergen wohl. Diese Ruhe, diese Ereignislosigkeit und das langsame

Leben inmitten von Natur waren Balsam für meine innerlich so gehetzte Seele. Ich wollte nicht zurück in die deutsche Großstadt. Ich wollte auch nicht in eine französische Stadt, obwohl mir Nizza wirklich zu jeder Jahreszeit wundervoll erschien. Vor allem jetzt im Frühling, da es in den Bergen noch einmal geschneit hatte, war es hier so mild, so hell und schon so grün. Dazu diese großartige Architektur und natürlich die weite Bucht und dieses Blau des Meeres, das in mir eine Sehnsucht auslöste nach ... Ja, wonach? Nach dem großen Glück!

Warum war ich nicht glücklich?

Ich wollte so sehr anders leben als in Deutschland. Frei sein. Lockerer sein. Unkomplizierter sein. Und das ganze Jahr habe ich mich nicht wirklich frei und auch nicht locker oder unkompliziert gefühlt. Auch nicht wirklich glücklich. Alles war nur sehr fremd und sehr anders. Aber es zog mich an, und ich dachte, ich müsse noch ein bisschen mehr davon leben, um das Glück zu spüren. Zurück, da war ich sicher, zurück wollte ich auf keinen Fall, und da meine Untermieter in Köln ihrerseits ihren Vertrag verlängerten und in meiner Wohnung blieben, entschied ich mich hierzubleiben. Allerdings hätte ich mir mehr Glücksgefühl gewünscht, nachdem ich mich zu dieser Entscheidung durchgerungen hatte. Eine unbändige Freude, die mich innerlich bersten, mich vor Übermut springen ließe. Irgend so etwas. Nichts von alledem spürte ich. Das Glück, es war gerade auf der Restaurantterrasse nebenan, bei den anderen. Ich war vielleicht noch nicht ganz am richtigen Ort. Aber ich war auf dem Weg. Das zumindest sagte ich mir damals und fuhr wieder hoch in die Berge.

Avignon

Die beiden jungen Frauen auf dem Hof hatten mit einer weiteren Freundin eine Theatergruppe gegründet. »Du machst mit, Christjann, oder?«, fragten sie. (Christjann, so nennen mich hier alle, diese französische Art, meinen richtigen Vornamen, Christiane, auszusprechen. Manche glauben auch, ich hieße Christine, und nennen mich so, denn Christiane ist ein Vorname, der in Frankreich eine und zwei Generationen früher üblich war. Die französischen Christianes sind in der Regel siebzig Jahre und älter. Als ich mir später einen Autorennamen suchte, einen *nom de plume*, war als Vorname Christine naheliegend.) »Mach dich nicht lächerlich!«, raunte die Vernunft noch, aber da hatte mein Herz schon »Jaja« gerufen. Alles wollte ich ausprobieren. Klar, machte ich mit. Ein bisschen Angst, vor den anderen aufzutreten und zu sprechen, hatte ich schon, aber zunächst probten wir ja nur im Gemeindesaal des zehn Kilometer entfernten Nachbarorts, improvisierten, schritten, hüpften, schrien und versuchten, glaubwürdig zu lachen und zu weinen. Die meiste Zeit nahm sowieso das Warten ein. Das Warten darauf, dass meine beiden jungen Hoffrauen fertig waren und mich im Auto mit nach unten nahmen. Sie waren für mich absolut unberechenbar, und ich wartete gefühlt Stunden auf sie. Hatten wir nicht

19 Uhr gesagt? »Ach je«, wurde mein Einwand weggewischt, »jetzt ist es halb acht, na und.« Im Dorf waren trotz unserer Verspätung auch noch lange nicht alle da. Oder sie waren schon wieder weg, nur mal eben schnell noch Zigaretten kaufen, oder ein Glas trinken oder jemanden besuchen. Waren wir endlich alle im Gemeindesaal, wurde zunächst gemütlich gepicknickt. Jede und jeder hatte etwas mitgebracht, und alles wurde in die Mitte gelegt, und wir aßen und tranken und tauschten uns aus. Also, vor allem die anderen, die sich ein paar Tage nicht gesehen hatten, tauschten sich aus. Ich hatte den anderen nicht so viel mitzuteilen, fühlte mich ihnen auch nicht so nah und wartete daher, dass sie zu Ende geplaudert und zu Ende gegessen hatten, damit es endlich losging. Einmal versuchte ich anzuregen, dass wir etwas effizienter proben könnten, ohne all diese vertrödelte Zeit vorher, muss wirklich so lange gegessen werden? Vielleicht könnten wir auch grundsätzlich pünktlicher anfangen? Man sah mich befremdet an. Ich versuchte zu erklären, dass ich nach einem Tag voller körperlicher Anstrengung, je später es würde, desto weniger Sprachvermögen hätte. Das war tatsächlich so, gegen Abend wurde aus dem vielstimmigen Gespräch für mich nur noch Geräusch, und mein Kopf war nicht mehr aufnahmefähig. Ich spürte, dass meine Theaterimprovisationen darunter litten, ich fand keine Worte, und mein Körper war schon so müde. »Wir müssen alle etwas geben, Christjann«, antwortete man mir kühl. Niemand verstand, dass ich Essen und Plaudern als vertrödelte Zeit empfand. Und wenn es mir hier nicht gefiele, dann könne ich ja woanders Theater spielen gehen, fügten sie noch hinzu. Sie auf jeden Fall hatten keine Lust, sich in ihrer Freizeitaktivität von

starren Regeln und einem Stundenplan gängeln und drängeln zu lassen. Ich nahm es seufzend zur Kenntnis und passte mich an. Niemals hätte ich gedacht, dass wir von diesen unorganisierten und undisziplinierten Gemeindesaalproben bis nach Avignon zum Theaterfestival kommen würden. Aber wir hatten irgendwann sogar einen Namen. *L'illustre troupeau*, »*die berühmte (Schaf-)Herde*«, nannten wir uns, ein augenzwinkernder Verweis an die von Molière gegründete Truppe: *L'illustre théâtre*. Ein selbst geschriebenes Theaterstück, *Le syndrome du membre manquant*, hatten wir tatsächlich auch, wir hatten Kostüme und ein einfaches Bühnenbild und einen Tontechniker, und irgendwann waren wir allen Ernstes beim *Off*-Theaterprogramm in Avignon eingeschrieben.

Wir wohnten während dieser Woche bei Freunden der Hofleute im Hinterland von Avignon in einem provenzalischen *Mas* voller Cannabisanpflanzungen und zusammen mit einem Haufen verflohter Katzen. Jeden Morgen fuhren wir mit einem Kleinbus eine Stunde bis nach Avignon, warfen uns auf dem Parkplatz unsere grauenhaft warmen Synthetikfelle über und zogen so, als kleine zottelige Schafherde verkleidet, mit lautem *Bähbähbäh* durch die Innenstadt von Avignon und klamaukten und bequatschten die Passanten. Fünf Jahre Kölner Karnevalserfahrung halfen mir ungemein, ich kam mir gar nicht lächerlich vor und warf mich mit Inbrunst ins Gewühl. Ganz Avignon ist während des Theater-Festivals eine Bühne und drei Wochen lang in einer Art Theater-Karnevalsfieber. Kleine Grüppchen mehr oder weniger verkleideter überwiegend junger Menschen ziehen durch die Stadt für ihre *parade*, mit der sie sich und ihr Stück vorstellen: singend, tanzend,

Quatsch machend, ernsthaft redend mit allen eventuell interessierten Menschen, jedem drückt man einen Zettel in die Hand, damit er sich später noch an einen erinnern möge, wenn er überlegt, welches von den vielhundert Stücken, die auf kleinen Bühnen in Sälen, Garagen und in Hinterzimmern von Cafés aufgeführt wurden, er sich denn jetzt »richtig« ansehen möchte. Dabei ist oft das *feeling* entscheidend, gefällt einem der Handzettel, das Plakat, die Parade, oder erinnert man sich an den Charme dessen, der versucht hat, einen »in den Saal zu quatschen«.

Wir waren in Avignon! Wow! Wir sind wirklich und wahrhaftig in einem winzigen Café-Theater auf einem Hausboot beim *Off*-Festival aufgetreten. Eine Woche nur, mehr war zeitlich und finanziell nicht drin. Abgesehen von mir waren meine MitstreiterInnen fast alle Mütter und Bäuerinnen und ließen Kind, Kuh und Käse in der Obhut anderer.

Unser Stück spielte natürlich in den Bergen und handelte vom Abbau der öffentlichen Telefonzellen. So weit, so realistisch. Das Telefon in unserer Bühnentelefonzelle klingelte unverhofft und hatte für jeden von uns eine Botschaft: Träume, ungelebtes Leben, vergessene Freunde meldeten sich und erschütterten und veränderten unsere Bühnenpersönlichkeit. Ich spielte damals eine Fremde, die ins Dorf gekommen war und anderen den Haushalt machte. Als das Bühnentelefon für mich klingelte, hörte ich das Meer rauschen und Möwen kreischen, und ich erinnerte mich an meine Träume, nahm leise singend mein Köfferchen und ging fort, ans Meer, während im Hintergrund die Techniker der Telekom die nicht mehr benötigte Telefonzelle abbauten. Aus heutiger Sicht erscheint mir meine

Rolle in diesem Theaterstück für mich tatsächlich prophetisch gewesen zu sein. Damals war von meinem Leben am Meer noch nichts zu ahnen. Aber nach ein paar Jahren in den Bergen habe ich tatsächlich meinen Rucksack gepackt und bin nach Cannes gezogen. Aber ich greife vor.

Nein, wir sind nicht berühmt geworden mit der Theatergruppe. Immerhin hatten wir Zuschauer, manchmal nur drei, manchmal fünf, einmal war der Saal sogar fast voll. Da war das Publikum aber so wenig spürbar, dass ich mich hinterm Vorhang fragte, ob überhaupt noch jemand da war. Reich wurden wir auch nicht. Avignon, zumindest das *Off*-Theater, ist für 99 Prozent der Teilnehmer ganz klar ein Verlustgeschäft. Neben den Kosten für Plakate und Handzettel, Anfahrt, Unterkunft und Verpflegung hat man auch die Kosten für die Saalmiete zu tragen, je nach Größe und Lage kommen da schnell ein paar Tausend Euro zusammen. Natürlich wollen alle irgendwie entdeckt und berühmt werden. Vergessen Sie's. Wir haben nichts erwartet, wir waren nur da, um zu spielen, so blieb es relativ leicht und spaßig, obwohl ... ganz spaßig war es nicht, und wir waren nach unserem letzten glanzvollen Auftritt alle miteinander zerstritten, und obwohl wir noch so viele Projekte hatten, sind wir nie wieder zusammen aufgetreten.

Und bizarrerweise wurde es innerhalb kürzester Zeit nun auch auf dem Hof schwierig. Eben noch hatten wir ausgemacht, dass ich dort wohnen bleiben konnte, schon hatten sich die Bedingungen verändert und schienen mir nicht annehmbar zu sein. Noch hatte ich während der Sommermonate Arbeit und verdiente außerhalb ein bisschen Geld, aber ich verdankte sie der Fürsprache meiner

Hofleute, und es sah nun nicht mehr so aus, als würden sie sich zukünftig noch für mich einsetzen wollen. Was tun? Nun, erst mal machte ich so weiter. Von montags bis freitags arbeitete ich als *entretien espace vert* für die Gemeinde und mähte mit einer Motorsense vor allem Straßenränder und Wege vom wuchernden Grün frei, und am Wochenende war ich Zimmermädchen, Putzfrau, Servicekraft und Büglerin in einem Berghotel, das eine Stunde entfernt lag. Freitags abends schrubbte ich mir die schwieligen Arbeitshände und versuchte, die Nägel für den Service am Tisch einigermaßen gepflegt aussehen zu lassen. In diese Zeit fiel meine Begegnung mit Patrick, dem neuen *Aubergisten* in einem Nachbardorf.

Er gefiel mir ausnehmend gut. Er war so charmant! Er sah gepflegt aus, konnte kochen und erzählte mir, wie es kam, dass er sich hier in den Bergen diese *auberge* gepachtet hatte, wie wohl er sich hier oben fühlte und welches Buch er gerade las. Hach. Und keine Frau weit und breit? Ich brannte sofort und lichterloh. Ich beschloss, aktiver zu sein als sonst, und ihn mir nicht von den anderen ungebundenen Frauen im Tal ausspannen zu lassen. »Der ist für mich!«, entschied ich und fuhr kurzerhand erneut in das kleine Nachbardorf. Wenn ich gewusst hätte, wie sehr ich mich exponierte auf dem kleinen Dorfplatz, wo mich alle hinter den geschlossenen Fensterläden sahen und zuhörten, wie der *Aubergist* und ich plauderten und es immer später wurde … aber ich wusste damals so vieles nicht und verbrachte meine erste Nacht in den Armen des charmanten *Aubergisten*. Dass ich, als ich morgens in aller Frühe auf der anderen Talseite wieder bergauf zu meinem Hof fuhr, auf der einspurigen Straße natürlich den Automechaniker traf und die Lehrerin, die ihrerseits bergab zu ihrer Arbeitsstelle fuhren, war unvermeidbar. »*Tiens, tiens*«, hieß es augenzwinkernd. »Wo kommst du denn jetzt her?« Und ohne weiteres Zutun verbreitete sich die Nachricht wie ein Lauffeuer im Tal. Christjann hat einen Mann. Ich verbrachte mehr und mehr Zeit in der *auberge*, ich fühlte mich wohl mit diesem Mann und in diesem Dorf, und ich war bereit, bei ihm in der *auberge* hin und wieder auszuhelfen. Natürlich blieb ich auch manch eine Nacht bei ihm. Nur auf meinem Hof war ich kaum noch, und ich half dort weniger und weniger.

»Wir müssen reden!«, hieß es dann eines Tages auf dem Hof. Rückblickend verstehe ich den Unmut der Hofleute. Ich lebte, wenn auch sehr bescheiden, kostenfrei bei ihnen, ich nutzte eines der Autos (für das ich die Kosten einschließlich des TÜV übernahm) und kam und ging, wie es mir gefiel, nur arbeiten wollte ich dort nicht mehr. Ich hingegen fand, ich arbeitete schon genug mit dem Sommerjob in der kleinen Dorfgemeinde; Wiesen mähen und was sonst noch anfiel, war körperlich anstrengend, nach den Wochenenden als Zimmermädchen in dem Berghotel zwei Täler weiter half ich noch beim Geschirrspülen bei meinem neuen Freund. Wann sollte ich denn bitteschön noch im Garten des Hofes arbeiten? Ich wollte es auch nicht mehr. Dann müsse ich gehen, hieß es. Oder die Stromrechnung für den Schuppen, in dem ich in der Zwischenzeit hauste, zukünftig übernehmen und außerdem eine angemessene Miete zahlen. Empört hielt man mir die Rechnung für Elektrizität unter die Nase. So hoch! Ich war sauer. Eine angemessene Miete für einen Holzschuppen, durch dessen Holzlatten im Winter der Wind pfiff? Und natürlich verbrauchte ich Strom, um den dafür nicht gedachten Schuppen zu heizen. Ich wollte und sollte gehen, aber wohin? Gerade hatte ich meine Wohnung in Deutschland frohgemut für ein weiteres Jahr untervermietet. Was würde nach dem Sommer werden, wenn meine Saisonjobs beendet waren? Ich wusste nicht ein noch aus und wurde krank. Richtig krank. Das Fieber schwächte mich, und ich lag in meinem Schuppen und hatte Schüttelfrost bei 36 Grad Außentemperatur. Niemand kümmerte sich um mich. Der *Aubergist*, Patrick, entschied eines Tages für mich und »holte mich da raus«, wie er später immer erzählte. Ich ließ es zu, zu schwach, um zu widersprechen, und lag fortan mit Fieber und einer hartnäckigen Angina bei ihm in einem Zimmer der kleinen *auberge*. Immerhin kümmerte er sich um mich, und ich war ihm dafür dankbar. Und Patrick plante ab sofort unsere Zukunft. Er wollte vor allem vermeiden, dass ich, ohne Perspektive in Frankreich, zurück nach Deutschland ginge. Ich ließ mich darauf ein, mein Herz seufzte Ja, und die Vernunft, der das eigentlich alles zu schnell ging, war in Anwesenheit Patricks merkwürdig stummgeschaltet oder vielleicht auch nur vom Fieber geschwächt, auf jeden Fall redete sie nicht dazwischen.

Patrick

Von meinen ersten Jahren in den Bergen habe ich schon erzählt. Das Buch, das ich darüber geschrieben habe *(Zwischen Boule und Bettenmachen)*, endet im Dezember des Jahres 2008. Im folgenden Februar, auf dem Weg nach Nizza, gab ich das Manuskript dafür ab. Patrick, in der Zwischenzeit mein Mann, und ich, wir fuhren weiter nach Nizza, und dort brach meine Welt zusammen. Im Krankenhaus in der Stadt diagnostizierte man bei ihm einen Krebs im Endstadium. Ausgehend von der Leber, oder war es der Darm? Ich weiß es nicht mehr, es ist auch egal, die Metastasen waren überall, auch im Kopf. Von da an ging alles sehr schnell, und ich konnte nicht aufhören zu weinen. Schnell sage ich, das ist es rückblickend tatsächlich gewesen. Denn drei Monate später war Patrick tot. Aber das wussten wir da noch nicht, dass es so schnell gehen würde. Dass es einem Ende zugehen würde, das verstand zumindest ich. Patrick glaubte unerschütterlich daran, dass er überleben würde, und ich habe die von den Ärzten nur ungern ausgesprochene eventuell verbleibende Lebenszeitspanne (»Wir sind nicht Gott, Madame!«) falsch verstanden. Vermutlich konnte ich die Wahrheit damals auch nicht ertragen. Nur meine Schwiegermutter verstand das Ausmaß der Situation und drängte uns zur Eile, zwang Patrick eine Unterschrift ab, die er, der doch überleben würde, nicht geben wollte, auf einen Antrag, der »Hilfe im Fall von Arbeitsunfähigkeit und Behinderung« vorsah. Wozu? Fragte er aggressiv. Glaubten wir etwa nicht an seine Genesung? Dann wäre es unsere Schuld! Überhaupt war alles unsere Schuld. Dieser übervorsichtige Umgang mit ihm, all die Ideen, was wir machen könnten, wo und wovon in Zukunft leben und vor allem meine Tränen. Dieses Geflenne ging ihm wirklich auf die Nerven. Er sei doch der Kranke, nicht ich. Ich solle einfach so weitermachen, die *auberge* führen, Gäste empfangen und bewirten, damit er den Pachtvertrag, der gerade ausgelaufen war, für drei weitere Jahre unterzeichnen könne. Wo war das Problem?

Das Problem war, dass ich zum ersten Mal in drei Jahren die Post, die an Patrick gerichtet war, geöffnet hatte, denn er war von seiner Krankheit und der Sorge ums Überleben absorbiert. Um den Rest konnte er sich nicht kümmern. Es interessierte ihn nicht mehr, das alles war zweitrangig. Für ihn zumindest. Aber nicht für mich, die ich mich plötzlich der Realität, einem leeren Konto und dem Gerichtsvollzieher gegenüber fand.

Wie konnte das passieren? Dass ich nicht bemerkt hatte, wie kritisch unsere finanzielle Situation wirklich war? Wie viele unbezahlte Rechnungen es gab? Wo war denn all das Geld? Ich hatte immer mal wieder etwas zugeschossen, aber wir hatten doch auch verdient! Patrick hatte das Geld, das wir eingenommen hatten, umgehend großzügig wieder ausgegeben, ich hatte auch davon profitiert: Er hatte mir als Erstes, kaum, dass ich bei ihm lebte, ein Mobiltelefon mit einem großzügigen Auslandsvertrag geschenkt, und ich gestehe, dass ich von dieser Geste beeindruckt war.

Im Winter hatte er mir eine komplette Skiausrüstung geschenkt. Ich liebte seine Großzügigkeit. Mein langjähriger Freund in Deutschland war sehr knauserig gewesen, und ich war mit Geschenken nicht verwöhnt worden. Gut, sich selbst hatte Patrick eine Kamera und einen neuen PC geschenkt, aber wollte ich ihm das vorhalten? Und er hatte neben den üblichen Lebensmitteleinkäufen zusätzlich »vernünftige« Anschaffungen gemacht, hatte eine neue Waschmaschine, Töpfe, eine Küchenmaschine oder ein wahnsinnig schönes, aber ebenso teures provenzalisches Essservice erworben. All das kostete Geld. Und der Rest war draufgegangen für Zeitschriftenabos, für Filme, für Zigaretten, für dies und das, und er hatte zusätzlich online Poker gespielt. Letzteres erschütterte mich am meisten. Ich hatte es nicht bemerkt. Ich wurde hellsichtiger und hellhöriger und bekam Zweifel. Stimmten alle diese Geschichten, die ich ihm bis dahin kritiklos abgenommen hatte, dass er zum Beispiel durch Australien und Kanada gereist war?! Dass er in Kanada als Holzfäller und in Australien als jüngster Zimmermannslehrling beim Bau der Oper in Sydney mitgearbeitet hatte?! Dass er einige Zeit als Taucher auf einer Bohrinsel gearbeitet hatte?! Und vor allem, dass er in Kolumbien Gutsverwalter einer riesigen Rinderfarm gewesen war?! Dass bei der Verlängerung seines Vertrags der Besitzer der Farm einen Herzinfarkt erlitten hatte und in seinen Armen gestorben war?! Dass er wegen Mordverdachts ins Gefängnis gekommen war, letztlich freigelassen wurde und doch alles verloren hatte?! Dass er nach Frankreich zurückgekommen war und mit Nichts wieder angefangen und zunächst in einer Garage gelebt hatte?! Ich sehe Sie schon den Kopf schütteln. Das ist alles ein bisschen viel, denken Sie. Und wenn ich mir diese Geschichten heute wieder anhöre, kommen sie mir so übertrieben vor, dass ich mich wundere, dass ich sie einfach so geschluckt hatte. Nur an meiner mangelhaften Beherrschung der französischen Sprache kann es nicht gelegen haben. Obwohl das Fremdsein sicherlich ein Grund war. Wenn man sich nicht in seinem gewohnten Umfeld bewegt, die Menschen anders sprechen, anders miteinander umgehen und auch anders aussehen, ist es plötzlich schwierig, sich zurechtzufinden. Wem kann man trauen? Dem unrasierten, zahnlosen, verschwitzt aussehenden Schäfer, der einen gern zu einem Bierchen einladen will?! Dem hilfsbereiten Nachbarn, der einem das frisch renovierte Haus und dann augenzwinkernd auch das Schlafzimmer zeigt und unverblümt darauf hinweist, dass er trotz seines Alters immer noch *»en forme«* sei?! Dem gut aussehenden *Aubergisten*, der einen zum Abschied charmant fragt, ob man Mademoiselle oder Madame sei?! Oder besser gar niemandem?

Nach einem Jahr, in dem mir allerhand Missverständnisse mit Männern widerfahren sind und ich mich scheu und keusch nicht nur gab, nachdem ich viele Annäherungsversuche nicht verstand, heftig abwehrte und andere, die ich mir vielleicht gewünscht hätte, sich nicht erfüllten, nach all diesen Monaten war ich endlich bereit, zumindest für ein Abenteuer.

Ich erzähle das so ausführlich, weil ich glaube, dass es der Situation geschuldet war, dass ich Patricks Geschichten glaubte. Oder glauben wollte. Hätte ich kritischer hingeschaut, nachgefragt, kontrolliert, dann hätte ich vermutlich nicht bleiben können. Aber ich war verliebt, ich hatte Lust, etwas anderes zu leben, ich wollte diese leidenschaftliche Liebe, denn das war sie, ich wollte mich selbst auch freier fühlen, ich wollte leichtlebiger sein, weniger verkopft, weniger streng. All das machte, dass ich mich fallen ließ. »Ich vertraue dir«, sagte ich zu Patrick. »Das kannst du«, entgegnete er.

Nun, dass alle diese Geschichten nicht stimmten, kam raus, als meine damalige Schwiegermutter und ich überlegten, wie und wo wir die letzten Monate mit Patrick verbringen würden. Er hatte so viele Behandlungen mit Chemotherapie im Krankenhaus in Nizza vor sich. Es wäre so viel einfacher, wenn wir zeitweise bei der Schwester meiner Schwiegermutter in Nizza unterkommen würden, um nicht jedes Mal die lange serpentinenreiche Strecke in die Berge zurücklegen zu müssen, aber Patrick und seine Tante waren zerstritten. »Wenn ich nur wüsste, warum«, seufzte meine Schwiegermutter. »Das kann ich dir sagen«, setzte ich an und erzählte, was ich von Patrick gehört hatte: »Als er aus Kolumbien zurückkam und nichts mehr hatte und in dieser Garage lebte. Da sind deine Schwester und ihr Mann, ohne ihn zu grüßen, auf die andere Straßenseite gewechselt, weil sie sich für ihn geschämt haben.«

»Was?«, fragte meine Schwiegermutter verwirrt. »Was ist das denn für eine Geschichte? Patrick war doch nie in Kolumbien!«

Ich wollte es ihr nicht glauben. Vielleicht wusste sie auch einfach nicht alles, was ihr Sohn gemacht hatte. Immerhin waren sie auch eine Zeit lang zerstritten gewesen.

»Pfh«, machte meine Schwiegermutter, »wir sprachen immer mal wieder ein paar Wochen nicht miteinander, aber Kolumbien, das wüsste ich doch. Niemals war er da!« Dann erinnerte sie sich: »Es gab da mal ein Projekt mit

Kolumbien, das hat sich aber zerschlagen, weil der Chef tatsächlich im Vorfeld einen Herzinfarkt erlitten hat«, erzählt sie mir. »Aber ich war heilfroh, dass es nichts geworden ist, meines Erachtens suchten die nämlich einen Drogenkurier.«

Die nächsten Tage klopfte ich Patricks Geschichten mit seiner Mutter ab.

»Kanada?« Sie schüttelte den Kopf.

»Australien?« Sie zog die Augenbrauen hoch.

»Aber Zimmermann ist er doch wenigstens?«, fragte ich verzweifelt.

Sie sah mich eigenartig an, als würde ich das gerade alles erfinden.

Nein. Nichts von alledem war wahr. Wir saßen zusammen im Gastraum der *auberge*, während Patrick oben im Zimmer erschöpft von seiner ersten Chemotherapie schlief, und sie erzählte mir das Leben ihres Sohnes. Es war ein unspektakuläres Leben mit vielen Jobs und vielen verheißungsvoll begonnenen Projekten, einer ersten Ehefrau, einem Hausbau und vielen Freundinnen. Und er war, bis auf eine Ausnahme, nie von der Côte d'Azur weggekommen. Seine Armeezeit hatte er auf der Île de Réunion verbracht, und dort hatte er sich in ein Mädchen verliebt. Sie waren beide noch sehr jung, und sie wollte vor allem weg von der Insel. Sie heirateten und zogen ins Mutterland, wie das hier heißt. Nachdem sie ein paar Jahre an der Côte d'Azur zusammengelebt hatten, trennten sie sich.

Wenn ich es meiner Schwiegermutter anfangs auch nur schwer glauben wollte, als sie mir Patricks Leben anhand seiner Frauen auflistet, wusste ich, dass sie recht hatte. Ich wusste von all diesen Marie-Laures, Marie-Christines,

Marie-Anges, mit Letzterer hatte er elf Jahre zusammengelebt und ein Haus gebaut. Davon habe ich auch Fotos gesehen. Das immerhin stimmte. Die anderen Geschichten Patricks haben zumindest alle einen wahren Kern, oder sie waren inspiriert von wahren Begebenheiten. Seine Liebe zu Kanada. Dass er mit seiner letzten langjährigen Lebensgefährtin erwogen hatte, nach Australien auszuwandern.

»Die Bohrinsel?!«, fiel mir noch ein.

»Die Bohrinsel«, wiederholte sie langsam. Stimmt, da war etwas. Patrick hatte sich tatsächlich als Taucher beworben, erzählte sie, wurde aber wegen eines Problems mit den Ohren nicht genommen. Also hat er sich sein Bohrinselleben erfunden.

Manche der von ihm geschilderten Szenen finde ich zufällig und Jahre später in Filmen und Fernsehserien wieder. Die kolumbianischen Gefängnisszenen stammten aus dem Film *Midnight Express*. Und das raue Zimmermannsleben in Australien war inspiriert von der französischen Fernsehserie *Ardéchois Cœur fidèle*.

Mythomanie gibt es bei Kindern und Jugendlichen. In der Regel vergeht sie wieder. »Bei Erwachsenen spricht die Mythomanie für eine narzisstische Persönlichkeitsstörung, für ein mangelndes Selbstwertgefühl oder für blühende Phantasie und Geltungsdrang«, sagt das *Online-Lexikon für Psychologie*. Mangelndes Selbstwertgefühl. Geltungsdrang. Patrick musste sich ein Leben erfinden, um mich zu beeindrucken. Ich war gereist, hatte studiert und hatte einiges erlebt, bevor wir uns begegnet sind. Irgendetwas musste er mir entgegenhalten. Einfach nur »nach langer Arbeitslosigkeit und Trennung von seiner Lebensgefährtin eine *auberge* in den Bergen übernommen« klang wohl zu unspektakulär. Er wollte mich halten. Denn dass er mich liebte, daran habe ich nie gezweifelt. Es war letzten Endes auch das Einzige, was zählte für mich. Ich habe ihn in seinen letzten Wochen nicht mehr mit diesen Geschichten konfrontiert. Er hat sie am Ende größtenteils selbst geglaubt. Dass er in Kolumbien unschuldig im Gefängnis gesessen habe, hat er auch seinem verdutzten Vater am Telefon erzählt.

Nun, Patrick war vielleicht mythoman. Aber was war ich? Wie nennt man jemanden, der erfundene Geschichten einfach so glaubt?! Naiv? Dumm? Verliebt? Und wie konnte es denn nur passieren, dass ich das alles geglaubt habe?

Sicher, ich war sehr verliebt gewesen, und ich glaubte Patrick, dass er mich liebte. Das war vermutlich das Einzige, was bei all seinen Geschichten wahr gewesen war: dass er mich geliebt hatte. Das sei das Wichtigste gewesen, habe ich lange gesagt. Alles andere, ob er nun in Australien oder in Kanada gewesen war oder nicht, ob seine Fantasie etwas zu überbordend war, es war im Prinzip nicht wichtig. Das stimmt auch immer noch, dennoch sehe ich unsere Beziehung rückblickend weniger idyllisch. Das Leben mit Patrick war anstrengend. Es pendelte zwischen zwei Polen, mal wütend dramatisch, mal hingegeben leidenschaftlich. Der einfachste Austausch mit ihm war schwierig, er selbst schwankte stets zwischen einem verletzlichen Wesen, das blitzschnell eingeschnappt war, und dem aufbrausenden Krieger, der beim geringsten Anlass zu Gewaltausbrüchen neigte. Ich versuchte, ihn im Gleichgewicht zu halten und abzuwägen, wann ich ihm etwas erzählen oder zumuten konnte, ohne dass er von seinem schmalen Grat in die eine oder andere Tiefe stürzte. Es gab jede Menge Themen, über die wir nicht mehr sprachen, weil ich seine rechtslastigen und rassistischen Ansichten nicht ertrug. Denn das war er. Er stammte aus einer *Pieds-noirs*-Familie, und dort wurde der Araberhass stets gut geschürt. Ich war so oft genervt und wahnsinnig wütend auf seine verbohrten Ideen und schmolz dann doch in seinen Armen dahin. Nie hätte ich gedacht, dass ich einen derartigen Spagat leben könnte. Ich schämte mich dafür, so niedrigen Instinkten ausgeliefert zu sein, ich, die ich so viel auf meinen Verstand gab. Und genoss es dennoch, nun zu den »Eingeweihten« zu gehören. Ich war in einer Dauerekstase mit Patrick. Ich verstand zum ersten Mal in meinem Leben, was Sex auch sein konnte. Es war wie eine Erleuchtung. Ach, DAS war es! Davon sprechen alle in Filmen und in Büchern! Dieser Sex, der einen abhängig macht, der einen Dinge tun lässt, die man mit gesundem Verstand nicht tun würde. Aber das wollte ich ja auch nicht mehr. Blaise Pascals »Das Herz hat seine Gründe, die der Verstand nicht versteht« war meine Losung geworden. Ich ließ mein Herz sprechen, hörte auf meinen Bauch, folgte meinem Instinkt. Und entdeckte meine tief verborgene Sinnlichkeit. Tatsächlich machte mich das glücklich, oder zumindest hielt ich dieses Dauerprickeln dafür. Und all die kleinen charmanten Worte und Sätze, die Patrick mir den lieben langen Tag ins Ohr säuselte: *ma puce, ma chérie, je t'aime, tu me manques, j'ai besoin de toi, embrasse-moi, tu me rends fou, viens vite, embrasse-moi encore une fois, ah ma chérie, viens me faire un câlin, ma chérie, ma chérie comme je t'aime.* Ich war so ausgehungert nach Liebe. Mein langjähriger deutscher Lebensgefährte, ein Naturwissenschaftler, hatte sich nicht zu leichtsinnigen, weil vorerst unbewiesenen Liebesschwüren hinreißen lassen. Ein sachliches »Du bist mir nicht egal, und das weißt du!« war alles, was ich in all den Jahren zu hören bekam. Wie anders waren die Franzosen! Schon der Franzose in Köln hatte mein Lächeln mit der Sonne verglichen, etwas, was ich heute ziemlich banal finde, aber damals hat es mich umgehauen. Wie ein trockener Schwamm saugte ich Patricks Liebesworte auf. Noch nie habe ich derartig in Liebe gebadet, und ich genoss es so. Ich schmolz dahin und wurde dumm.

Ich verstehe heute, wie Frauen Heiratsschwindlern auf den Leim gehen können, wie sie alles tun, um diesen besonderen Menschen, dessen Liebesschwüre, diesen besonderen Sex mit ihm festzuhalten. Dass sie alles glauben, sich manipulieren lassen, vielleicht Geheimnisse verraten, Geld geben, sich aufgeben. Und dann verlassen werden und ihm dennoch nachweinen. Ich habe es gelebt. Ich habe all mein Geld in diese *auberge* investiert, hätte ich mehr gehabt, hätte ich noch mehr gegeben. Am Ende hatte ich nichts mehr. Ich hatte eine große, leidenschaftliche Liebe gelebt und den Preis dafür gezahlt. »Wenn die Götter dich bestrafen wollen, dann erfüllen sie deine Wünsche«, heißt es in meinem absoluten Lieblingsfilm *Out of Africa*. So ist es wohl. Vielleicht musste mir das auch passieren, damit ich erlebe, wie es ganz unten ist, allein, voll unendlicher Trauer, mit hohen Schulden, mit gesperrten Konten und dem Gerichtsvollzieher im Haus. Und um zu sehen, dass das Leben dennoch weitergeht.

»Das hast du jetzt davon. Merkst du jetzt, wo dein dummes Herz dich hinführt?«, zischelte die Vernunft bösartig. »Vertrauen ist gut, Kontrolle ist besser«, sagte sie kühl, als ich über den Kontoauszügen saß und weinte. »Das war ja wohl doch der absolute Reinfall mit diesem Mann, das siehst du jetzt hoffentlich ein?«

»Ph«, machte ich unter Tränen. »Du verstehst wirklich gar nichts. Ich habe ihn geliebt! Er hat mich geliebt!«

»Na klar«, sagte die Vernunft. »Klar. Er brauchte Hilfe in der *auberge* und hat dich eingelullt. Das ist alles. Und das mit der Liebe, dem Sex und den schönen Worten, das war ihm ein Leichtes. Und du warst so dumm und liebesbedürftig, dass du ihm alles geglaubt hast.«

»Er hat mich geliebt!«, gab ich wütend zurück.

»Na sicher«, sagte die Vernunft und sah gelangweilt zum Fenster hinaus.

»Er hat mich geheiratet!«, trumpfte ich auf. »Das macht man doch nicht einfach so!«

»Ja«, seufzte die Vernunft nachsichtig und sprach nicht aus, was sie dachte.

Sicher hätte die vernünftige Deutsche, die ich früher gewesen war, sich nicht darauf eingelassen, weder auf diesen Mann noch auf dieses Leben. Mir sind auch in Deutschland immer mal aufregende Männer begegnet. Ich habe mich nie getraut. Besser nicht. Kontrolle behalten. Wer weiß, wohin einen diese unbekannte Leidenschaft führt? Dass ich seinerzeit etwas mit einem französischen Holzfäller angefangen habe, der mir von Beginn an sagte, er werde nur noch ein Jahr da sein, haben Freunde von mir mit einem fassungslosen »Auf so etwas lässt man sich doch nicht ein!« kommentiert. Ich aber wagte es, mein vorwitziges Herz verschaffte sich erstmals Gehör und Raum, »für ein Jahr«, flüsterte es, »für ein Jahr ist es nicht gefährlich!«. Dass es mich dann so packte, wer konnte das voraussehen? Die Vernunft und meine Freunde zuckten dann auch nur die Schultern, als ich mir die Augen ausheulte, nachdem er mich nach einem Jahr wirklich und wahrhaftig verlassen hatte. »Jetzt siehst du, was du davon hast. War es das wert?«

»Ja«, schluchzte ich unter Tränen, »Verdammt noch mal ja! Ich habe gelebt!« Die Vernunft hätte mir vielleicht viel Leid erspart, ich hätte aber auch viel Leben nicht gelebt. Die Vernunft, die kritisch fragt: »Was soll das denn? Was bringt das?«, ist eine Vermeiderin, eine Lebensvermeiderin. Und nein, ich bereue weder die Zeit mit dem Holzfäller noch meine Zeit mit Patrick. Im Gegenteil, ich bin heute froh, diese Lieben gelebt zu haben, diese Erfahrungen gemacht zu haben. Ich gebe aber zu, ich bin auch froh, dass sie vorbei ist. Und rückblickend danke ich den Göttern, dass das Ende zu einer Zeit kam, als wir uns noch liebten und uns nicht wütend zerfleischten. Auch wenn ich mir natürlich weder den Tod Patricks gewünscht habe, noch dass er so qualvoll sterben musste.

Schnee

Die *auberge* hatten andere Pächter übernommen. Ich lebte in einer kleinen Wohnung im Dorf und arbeitete als Angestellte für die Gemeinde, war eine Art Dorfhausmeister geworden und hatte im Sommer den Platz gefegt, die Wanderwege freigemäht und Gerümpel zur Mülldeponie gefahren.

Irgendwann im Winter 2009/2010 ging es nicht mehr in den Bergen. Ich fühlte mich dort schon wieder nah an einem Burn-out, in der Zwischenzeit kannte ich die Symptome. Leider schlittere ich immer wieder in überfordernde Situationen, aber ich begreife nun immerhin schnell, was mit mir los ist, und bin ebenso schnell und radikal in der Lage, etwas zu ändern. Es war ein langer und schneereicher Winter, ich hatte zum x-ten Mal alle Wege mit der Schneefräse geräumt, alle Treppen freigeschaufelt und alles Eis aufgehackt. Und für einen Moment hatte ich das zufriedene Gefühl, alles getan zu haben. Da fing es abends wieder an zu schneien. Schwere Flocken, dick wie Gänsefedern, schaukelten anfangs sanft und dann immer schneller, dichter und entschiedener zu Boden. Im Nullkommanichts lagen schon wieder zwanzig Zentimeter Neuschnee auf den eben gerade noch freien Wegen, und ich stand da mit meiner Schneeschaufel und fing an zu weinen. Vor

Erschöpfung und Traurigkeit und Kälte. Ich lege mich einfach in den Schnee und lasse mich überschneien, dachte ich. Ich dachte das ernsthaft und sah mich schon liegen und überlegte, wann man mich finden würde, und plötzlich sah ich meine drei Katzen im Geiste vor mir. Caline und die beiden Kleinen. Wer würde sich um sie kümmern? Wer würde sich vor allem so liebevoll um sie kümmern, wie ich es tat? Und ich weinte um die ungewisse Zukunft meiner kleinen Katzen, und letztlich war es der Gedanke an sie, der mich vielleicht gerettet hat. Ich schleppte mich nach Hause, duschte lange heiß, und dann legte ich mich ins Bett und dachte: »Morgen kündige ich.«

Ein Blogtext aus dieser Zeit gibt einen Einblick, wie mein Leben damals aussah.

Winter

Heute ist ein wunderbarer Tag, denn ich habe spontan den Rest des Tages freibekommen, um meine Wochenendschicht abzufeiern, denn es schneit heute nicht, sondern voraussichtlich erst heute Nacht, das Glatteis heute Morgen war weniger schlimm als erwartet, Nachbarn fahren nach Nizza und bringen die benötigten Ersatzteile für die Schneefräse mit (ich muss also nicht selbst runterfahren), die Sonne scheint, und ich habe Internet bei mir zu Hause! Seit gestern Abend. Was für ein Luxus! Ich habe nur knapp vier Wochen darauf gewartet, nur drei Hotline-Anrufe und zwei Technikerbesuche dafür gebraucht. Und entgegen der Aussage des Technikers funktioniert es nun doch auch mit meinem ältlichen PC *sans fil*, also kabellos, sodass ich nicht neben der Internetsteckdose zwischen Eingangs- und Badezimmertür auf dem Boden sitzen muss. Und ich muss jetzt auch nicht mehr abends raus und durch den Schnee zur *mairie* stapfen, um dann dort im kalten Büro bibbernd zu tippen oder schlimmstenfalls festzustellen, dass das Internet schon wieder nicht geht. Genial! Ich sitze jetzt also in einem Eckchen meines Wohnzimmers, den halb kaputten Drucker aus Platzmangel an den Füßen (die Katzen haben bei einer Balgerei die Scannerplatte zertrümmert). Ich fröstele, denn meine Wohnung hat nur Außenwände, wird mit den zwei strategisch ungeschickt angebrachten Elektroheizkörpern und dem darunterliegenden ungeheizten Festsaal nicht wirklich warm. Immerhin habe ich einen, von einer fürsorglichen Freundin eines Tages angeschleppten, kleinen tragbaren Petroleumofen. »Den wirst du brauchen«, sagte sie, aber erst mal wollte ich ihn nicht, weil er ungesund stinkt und auch ungesund ist. Ich habe dienstlich schon zwei Plakate aufgehängt, die vor Kohlenmonoxydvergiftung warnen, wenn man mit diesem in Frankreich weitverbreiteten Öfchen heizt. Also sollte man immer mal lüften, und vor allem beim Anzünden und, wichtiger noch, beim Ausschalten lange die Fenster auflassen, was die mühsam erworbene Wärme gleich wieder zum Fenster entfleuchen lässt. Ich wollte dieses Stinkding erst nicht haben, aber angesichts der Innentemperatur und der Stromnachzahlung, die ich bis einschließlich Dezember schon hatte, habe ich doch angefangen, mit ihm zu heizen. Und es heizt prima und schnell das Öfchen, fast wie ein Feuerchen, und ich trinke meinen ersten Kaffee morgens immer zusammengekauert davor. An den Ölgeruch gewöhnt man sich irgendwie. Ich kaufe dafür parfümiertes Heizöl, das als »geruchsfrei« verkauft wird, und ich muss eine Dreiviertelstunde zu einer bestimmten

Tankstelle fahren. Das muss ich heute noch tun und gleichzeitig Vorrat einkaufen, denn wer weiß, wann ich das nächste Mal Zeit dafür habe und wann die Straße das nächste Mal so schön frei ist. Für zehn, vierzehn Tage sollte man immer autark sein mit einem gut gefüllten Kühlschrank, Gefrierschrank und allem Notwendigen wie Gasflaschen, Heizöl, Taschenlampenbatterien etc.

So, ich bin vom Einkauf zurück, und gerade habe ich die Internet liefernde Live-Box wieder neu initialisiert, denn der Techniker hatte doch nicht so unrecht, mein PC leidet an Amnesie und findet alle naselang die Peripherie, sprich den Kontakt zum Internet via Live-Box, nicht mehr. Das trübt ein bisschen die Euphorie von heute früh.

Ich habe mir heute ein Innen- und ein Außenthermometer gekauft, für mich zwei bislang absolut überflüssige und gern als spießig eingestufte Dinge, aber ich wollte mal realistisch wissen, wie warm es bei mir ist, wenn ich abends nach einem draußen verbrachten Tag drinnen nicht mehr so richtig warm werde. Und das Außenthermometer kann mir beim ersten Blick aus dem Fenster Klarheit über den Glatteisfaktor und meine Arbeitsbedingungen geben. Und ich kann endlich wie alle sagen, wie kalt es vor meinem Fenster ist. Das gehört hier mit zur Morgenbegrüßung: »Wie geht's? Kalt! Minus sieben heute Morgen!« »Ha! Bei mir minus acht!« »Um sechs Uhr warens noch minus elf!« Und so weiter. Es gibt Leute, die haben ein Thermometer, das zusätzlich die tiefste Nachttemperatur anzeigt, das ist für Gärtner und Landwirte wichtig, aber auch Nichtlandwirte finden das hier spannend.

Ich jetzt also auch. Ich kann manchmal nämlich überhaupt nicht mehr einschätzen, wie kalt es ist, ich kann nur sagen, wenn nur das Kinn eingefroren ist und man leichte Probleme beim Sprechen hat, geht's noch, aber kleben die Härchen in der Nase zusammen, ist es schon ziemlich kalt.

Was den Schnee angeht, sieht es hier aus wie letztes Jahr: immer wieder so fünfzig bis sechzig Zentimeter, zurzeit ein bisschen zusammengesackt und überall große Haufen zusammengeschobenen oder geschaufelten Schnees. Dazwischen kleine, von der Schneefräse eingegrabene Wege. Ich bin ja die Schneeräumungsbeauftragte, offiziell natürlich nur, denn in Wirklichkeit hab ich hier gar nix zu sagen. Meine zwei älteren Nachbarn sind hier ganz klar die Dorfchefs. Einer ist zudem noch ein bisschen mehr Chef als der andere. Und langsam weiß ich, wie es geht, sie haben mich nämlich auf ihre Art *gebrieft*, sprich oft genug angemault und angebrüllt, wenn ich ihrer Ansicht was nicht richtig mache. Das war und ist ziemlich oft der Fall. Gern gerate ich auch zwischen ihre Fronten, wenn einer sagt: »Du müsstest mal ein bisschen das Eis auf dem Platz weghauen«, sagt der andere beim Vorübergehen, wenn ich gerade schön den Spaten ins Eis haue: »So ein Quatsch, es schneit doch gleich wieder drauf, mach doch was Sinnvolles, du müsstest dringender den Weg zum Friedhof freischaufeln.« Einer von beiden ist auf jeden Fall immer unzufrieden. Die Schneefräse krieg ich nur im Ausnahmefall, wenn es unwichtig ist, etwa. Für das Beseitigen von großen Schneemengen oder vom Dach gefallenen Lawinen bin ich (in der Zwischenzeit fast erleichtert) nicht zuständig. Ich kann es ja eh nicht rechtmachen. Ich muss aber auf jeden Fall vor ihnen am Platz sein, die Schneefräse schon angeworfen haben, alibimäßig ein Stück Weg gefräst haben, und dann gebe ich sie ab und lass die Männer machen, ich schaufele dann irgendwo die Treppen frei. Bis wieder irgendwer nach mir brüllt.

Aber auch so ist es genug körperliche Arbeit, schubkarrenweise Schotter durchs Dorf schieben und aufs Glatteis werfen, Schnee schaufeln, schrubben, kehren, kratzen und hacken – so ein kleines Dorf hat erstaunlich viele Wege, die sauber bzw. begehbar gehalten werden müssen. Der Schnee an sich ist eine Sache, taut er tagsüber in der Sonne auf, fließt es danach in Strömen von Dächern und aus lecken Regenrinnen, um nachts spiegelglatt zu werden. Schneelawinen rutschen feucht und schwer von den Dächern, und ein Blick nach oben ist immer mindestens so wichtig wie einer auf den Weg. Die Lawinen sind fast nicht mehr wegzukriegen, insbesondere wenn sie noch eine Nacht tiefgefroren auf der Erde rumliegen. Hart wie Beton. Meine beiden Dorfchefs haben am Samstag die Tür eines nur gelegentlich hier lebenden Dorfbewohners mit der Schneefräse zugeblasen, aus lauter Ärger über die gewaltigen Dachlawinen, die von seinem Dach rutschen und den Dorfzugang immer wieder zuschütten. Die nur im Sommer hier wohnenden Bewohner sehen die Investition von Schneerückhaltesystemen auf ihren Dächern nicht unbedingt ein. Wer so verrückt ist und das ganze Jahr hier leben will, muss mit Unannehmlichkeiten rechnen, kriegt man hier zu hören. Oder: »Nicht schlimm, wenn was passiert, ich bin gut versichert.« Kaum sind alle Wege halbwegs sauber, schneit es wieder, und das Spiel geht von vorne los.

Eine andere Variante von Unannehmlichkeiten im Winter sind eingefrorene Wasserleitungen. Hier lässt man oft ein kleines Rinnsal aus dem Wasserhahn laufen, damit die langen, oft außen liegenden Leitungen oder Wasserschläuche nicht einfrieren. Ist erst mal alles eingefroren, dann kann man nur bis zum Frühjahr warten, oder auf ein paar mildere Tage hoffen. Und in der Zwischenzeit mit Kanistern Wasser von irgendwoher schleppen. Eine Frau auf einem abgelegenen Hof hat dieses Problem seit dreißig Jahren. Mir persönlich ist es ein Rätsel, wie man das Winter für Winter erleben kann, ohne weder von ihrer noch von Gemeindeseite auf sinnvolle Abhilfe zu sinnen. Sie bekommt das Wasser von einer Quelle über ein oberirdisch verlegtes Schlauchsystem zugeleitet. Und da sie aus sich mir nicht erschließenden Gründen das Wasser bei sich nicht regelmäßig laufen lässt, friert das stehende Wasser in den Schläuchen ein. Alle fünf, zehn, zwanzig Meter sind die Schläuche mit Verbindungsstücken aneinandergeschraubt. Und das über etwa drei Kilometer Länge, aufgehängt an Steilhängen, liegend durch Gebüsch, Geröll, Wald und Wiesen. Ahnen Sie es schon? Es gehört zu meinen Aufgaben, mich da entlangzuhangeln und die Verbindungen der Schläuche aufzudrehen, zu versuchen die Schläuche mit einem kleinen Gasbrenner zu erwärmen und das gefrorene Wasser in Form von hübschen länglichen Eiswürfeln irgendwie aus den Schläuchen zu schütteln, um sie danach wieder zu verbinden, und zwar mit jetzt kräftig fließendem Wasser. Sehr schöne Aufgabe im Winter, mit eiskaltem Wasser an Steilhängen zu hantieren. Ich mache das nicht alleine, sonst hätte ich den Job schon hingeschmissen. Mit einem Mann mindestens bin ich jedes Mal einen ganzen Tag lang unterwegs. Jedes Mal? Ja, schon das zweite Mal in dieser Saison. Es ist eine unglaubliche Plackerei, ich bin dabei schon dreimal den Abhang hinuntergestürzt, hatte aufgeschürfte, vom Schnee und Wasser abgefrorene Hände, die zum Heulen wehtun, wenn sie wieder auftauen. Schlimmeres ist bislang nicht passiert, aber ich fluche und schimpfe jedes Mal und frage mich, was um

Himmels willen mich geritten hat, diesen Job machen zu wollen. Dieses Mal haben wir es nicht bis zum Ende geschafft. Der Hof lag schon in Sichtweite, aber ein langes Schlauchstück wollte sich ums Verrecken zwei Stunden lang nicht auftauen lassen. Es wurde dunkel, es fing an zu schneien, wir mussten es aufgeben und stapften aufgeweicht in der Kälte bergauf wieder nach Hause.

Abends bin ich zurzeit nur noch müde. Ich habe Muskelkater und schwielige Hände. Ich friere den ganzen Tag draußen nicht, aber drinnen werde ich kaum mehr richtig warm. Ich hätte so gern eine Sauna oder wenigstens eine Badewanne!

Ach so, schön ist es natürlich auch, ganz klar, die Kinder juchzen beim Schlittenfahren und lutschen Eiszapfen, und heute auf dem Weg zum Einkauf musste ich durch mehrere enge Tunnel fahren, in denen superschöne Eiszapfenkunstwerke hingen. Aber ich gebe zu, ich wünsche mir, wie das täglich grüßende Murmeltier, einen frühen Frühling!

Am nächsten Tag rief ich den Bürgermeister an und sagte, dass es mir leid täte, gerade noch den Vertrag verlängert zu haben, aber ich könne diese Arbeit nicht weitermachen. Meine Kündigung nahm er nicht an. Er sorgte sich um mich und bat mich, mich zunächst krankschreiben zu lassen. »Der Schnee wird schmelzen, das Frühjahr wird kommen«, beteuerte er. »Triff keine übereilten Entscheidungen.« Der Landarzt, ein zutiefst menschlicher Allgemeinmediziner, war bereit, mich krankzuschreiben, solange ich es brauchte, riet mir aber auch, zunächst irgendwohin zu fahren, wo ich mich ein paar Tage erholen könne. Das Kloster auf der Île Saint-Honorat in der Bucht von Cannes schlug er vor. Ein friedlicher, geschützter Ort an der sicherlich klimatisch milderen Küste. Ob ich mir das vorstellen könnte?! Ich konnte. Das Kloster, da hatte ich schon einmal hingewollt. Meine Not klang wohl durch in meiner in holprigem Französisch verfassten Mail an den *frère hotelier* des Klosters. Ich könne kommen, antwortete er mir fast sofort, es gebe ein Zimmer für mich.

Ich kam auf der kleinen Insel an und zog meine Reisetasche über die holprigen und matschigen Wege. Ein Fasan rannte über den Weg und verschwand im Gebüsch. Ich glaubte, mich versehen zu haben. Ich lief vorbei an Weinfeldern, Palmen, riesigen Kakteen und Agaven, Oliven- und Orangenbäumen, und die Sonne schien. Ich weinte vor Erleichterung und fühlte mich, trotz der Kargheit des Zimmers, wie im Paradies. Am nächsten Tag schneite es auch an der Küste, und so sehr ich mir milde Temperaturen gewünscht hatte, so bizarr und reizvoll war es, die meterhohen Kakteen, Agaven und Orangenbäume unter der Last des Schnees zu sehen. Außerdem musste ich mich nicht darum kümmern, den Schnee zu beseitigen! Die Mönche machten ausgelassen eine Schneeballschlacht, und es kamen keine Ausflugsschiffe zur Insel gefahren. Ich war fast ganz alleine mit einer Handvoll schweigender Mönche, von der Welt abgeschieden.

Jeden Morgen in aller Frühe lief ich ganz allein um die Insel und traf nur einen der Mönche, der die Insel in der entgegengesetzten Richtung mit einem Fahrrad umrundete. Ich besuchte die Andachten, ich schwieg, ich schrieb, ich dachte nach. In dieser Stille, ohne Radio, Fernsehen, ohne Internet und Telefon konnte ich Antworten finden.

Eine Woche hätte ich bleiben können, aber schon nach vier Tagen fuhr ich zurück und erklärte dem Bürgermeister ruhig und entschieden, dass ich meine Arbeit aufgeben wolle. Ich wollte mich auch nicht wochenlang krankschreiben lassen, um irgendeine Kranken- oder Sozialhilfe zu beziehen. Ich wollte frei sein. Frei auch von der Verpflichtung, Ärzte und Sozialhilfezentren aufzusuchen, um dort Anträge auszufüllen und dort irgendetwas von Depression zu erzählen. Ich wollte mich nicht erklären, rechtfertigen. Ich hatte genug Geld, um drei Monate ohne Arbeit leben zu können, es erschien mir ein unglaublicher Luxus. Nach drei Monaten würde ich weitersehen. Seit ich in Frankreich war, hatte ich immer nur gearbeitet. Jetzt wollte ich einfach nichts machen. Schlafen. Lesen. Spazierengehen. Schreiben. Und ich würde Zeit haben, die Übersetzungen zu machen, die auf meinem Schreibtisch lagen. Monsieur C., den ich im Sommer, kurz nach Patricks Tod, kennengelernt hatte, hatte mich darum gebeten. Vielleicht würde ich dann stundenweise einen Job als *aide à domicile*, eine Art Haushaltshilfe, annehmen, die waren gesucht im ländlichen Raum, um all den alten Männern und Frauen in ihren isoliert liegenden Höfen das Leben dort weiterhin zu ermöglichen. Berührungsängste hatte ich keine mehr.

Der Bürgermeister ließ mich ziehen, und ich fühlte mich unendlich frei. Ich berichtete es Monsieur C. bei seinem nächsten Anruf. »So, so«, machte er nur. Ein paar Tage später erhielt ich Post von ihm. Er hatte mir einen dicken mehrseitigen Brief geschrieben.

Er erzählte mir aus seinem Leben und schlug mir überraschend allerhand vor: Ich könnte nicht nur seine Übersetzerin, sondern auch seine Sekretärin werden, und warum nicht auch gleich seine Lebensgefährtin? Er wisse, dass ich die Frau seines Lebens sei, wagte er sich noch vor. Herrjemine. Mit zitternden Händen las ich den Brief der Gemeindesekretärin vor. Sie lachte und zuckte mit den Schultern. »Männer«, sagte sie. »Hast du das nicht kommen sehen?«, fragte sie spöttisch. Nein, natürlich nicht. Ich sehe es nie kommen mit den Männern.

Schon bei der Einäscherungszeremonie für Patrick hatte sich vertrauensvoll eine Männerhand auf mein Knie gelegt. Er sei für mich da, sagte der Mann, zu dem die Hand gehörte, leise und drückte ein bisschen mein Knie. Jederzeit. Und vermutlich hätte ich gleich auf dem Rückweg ins Dorf bei ihm einkehren können. Und bleiben. Oder zumindest mal kurz ins Bett. Ich war empört. Andere folgten. Umarmten mich ein bisschen zu lange. »Das Leben geht weiter«, raunten sie in mein Ohr. Der Krankenpfleger, über den ich mich während Patricks Krankheit und Sterbezeit mehr als einmal geärgert hatte, drückte mir seine private Telefonnummer in die Hand. »Ruf mich an!«, sagte er eindringlich. Wozu? Hätte ich beinahe gefragt, aber ich konnte es mir dann schon denken. Ich war wieder auf dem Markt. Hatte sogar noch an Marktwert gewonnen, wie es aussah. Hatte all die Jahre fleißig gearbeitet, war freundlich, und ich hatte meinen Mann liebevoll bis zum Schluss zu Hause gepflegt. Ein anständiges Mädchen im besten Alter, und es gab so viele unverheiratete oder geschiedene Männer, die mich gerne getröstet hätten und wieder auf andere Gedanken bringen wollten. Hallo?! Mein Mann ist gerade erst gestorben!, hätte ich gerne gebrüllt. Ich habe ihn geliebt! Er fehlt mir! Und nur er! Ich wollte alleine sein und traurig sein dürfen, und ich brauchte keinen neuen Mann.

Für meine Arbeit als Dorfhausmeisterin trug ich eine unförmige blaue Latzhose, riesige Männer-T-Shirts und Arbeitsstiefel. Ich drückte mir eine Kappe ins Gesicht und sah niemanden an. Ich wollte nicht gesehen werden. Also nicht von den Männern. Es gelang mir nicht. Auf dem Sommerfest des Dorfes waren erstaunlich viele Männer von außerhalb des Dorfes anwesend. Einer forderte mich ständig zum Tanz auf. »Das Leben geht weiter«, sagte er, als ich ablehnte. »Ach komm, es ist Sommer, *allez*, ein Tänzchen …« Ich konnte die Tage noch zählen, seitdem Patrick tot war, es waren gerade mal zwei Monate vergangen. Es hatte mich enorme Kraft gekostet, überhaupt an diesem Fest teilnehmen zu können und dabei nicht die ganze Zeit zu weinen, aber für alle anderen war Patrick schon vergessen. Der Mann war gar nicht unnett, er hatte mich vor ein paar Monaten, als er bei uns im Dorf arbeitete und in der *auberge* gegessen hatte, zum Lachen gebracht. Er war witzig, ein Bauunternehmer, erfolgreich. Er sah nicht schlecht aus. Aber trotzdem, mir stand nicht der Sinn nach einem neuen Mann, auch nicht nach Sex, und ich wollte nicht angemacht werden. Er aber setzte sich mir gegenüber und bequatschte mich. Irgendwann war es mir zu viel, und ich stand auf und setzte mich an einen anderen Tisch, mit dem Rücken zu ihm. Ich plauderte mit mir unbekannten Menschen, nur um aus seiner Sphäre zu entkommen. Ein älterer Herr, den ich noch nie im Dorf gesehen hatte und der, wie ich erfuhr, ein Sommerhaus im benachbarten Weiler besaß, war auch dabei und sagte und fragte dies und das. »Hätten Sie Interesse daran, etwas für mich zu übersetzen?«, fragte er wie aus heiterem Himmel. Er gebe vierteljährlich ein Heft mit Essays über Kriminalromane heraus und wünschte sich etwas mehr Sichtbarkeit. Sie seien bereits ins Englische übersetzt worden. Ob ich die deutsche Version für ihn machen könnte? Er könne keinen regulären Tarif zahlen, fügte er entschuldigend hinzu, aber immerhin die Summe X. »Interessieren Sie sich für Kriminalromane?«, fragte er.

»Aber ja«, beteuerte ich. Ich sagte nicht, dass die Summe X der Hälfte meines Gehaltes bei der Gemeinde entsprach, und ich versuchte, nicht zu zeigen, dass es in meinem Kopf schon ratterte und rechnete. »Ich lese gerne Krimis«, bekräftigte ich und zählte ein paar Namen aktueller erfolgreicher Autoren von Kriminalromanen auf. Er verzog ein wenig das Gesicht und erzählte etwas von der *Série Noire* und James Hadley Chase. Ich verstand kein Wort. Die Vernunft saß mir gegenüber, riss die Augen auf und schüttelte wild mit dem Kopf. »Bist du verrückt?«, zischte sie. »Du bist keine Übersetzerin! Das muss man studiert haben! Dein Französisch ist zu schwach!« »Ich mache das«, hörte ich mich laut und deutlich sagen. Die Vernunft verdrehte die Augen.

»Gut«, sagte er. »Ich bringe Ihnen morgen ein paar Bücher, lesen Sie ein bisschen rein, damit Sie wissen, von was ich schreibe, schauen Sie sich mal meine Homepage an, und wenn es Ihnen zusagt, dann freue ich mich auf eine Zusammenarbeit.«

Ich war ganz zappelig vor Aufregung. Übersetzen! Etwas Richtiges! Nicht nur ein Rezept für Schweinshaxe für die Nachbarn oder die Sicherheitsanweisungen des Campingplatzes im Nachbardorf. Vielleicht wäre das der Anfang einer anderen Tätigkeit, mit der ich Geld verdienen könnte.

Dieses Angebot öffnete mir die Augen für ein anderes Universum, jenseits der ländlichen Bergwelt. Plötzlich entdeckte ich, dass es an der Küste Vorträge und Lesungen, sogar in deutscher Sprache, gab. Und schon bei meinem ersten Ausflug nach Nizza, wo ich einem deutschen Journalisten über seine Ausführungen zum unterhaltsamen Schreiben lauschte, stolperte ich über eine strenge Übersetzerin.

Salope

Am Wochenende war ich bei einer literarischen Veranstaltung, ein deutscher Journalist las dort aus einem seiner Unterhaltungsromane vor, und er berichtete sehr lebendig und anschaulich, wie man mit knappen Archivunterlagen einen vergnüglich zu lesenden Roman schreiben kann. Der Journalist arbeitete früher unter anderem für den *Stern*, die *Quick*, falls noch jemand diese Zeitschrift kennt, und viele andere Zeitschriften und Zeitungen. Er ist jemand, der sein Handwerk beherrscht, auch wenn er sehr bescheiden, wenn auch kokett von sich selbst sagt: »Ich hab ja nichts Richtiges gelernt, ich kann nur schreiben.« Er erklärte verschiedene Techniken, wie man vor- oder rückblendet oder wie man, ohne die Tatsachen zu verfälschen, die spärlich recherchierten Informations-Knochen mit etwas Fleisch anreichert. Ich finde es spannend, dass dies alles Techniken sind, die man erlernen kann, ich schreibe irgendwie intuitiv.

In der Pause komme ich ins (deutsche) Gespräch mit einer französischen Dame. »Was machen Sie?«, ist ihre erste Frage, die ich so bislang nur aus Deutschland kenne. Diese Art, den anderen sofort richtig einordnen zu wollen. Ich zögere ein bisschen, dann sage ich: »Ich schreibe, und ich übersetze«. Ah! Ein Lächeln auf ihrem Gesicht. »Sie sind Übersetzerin? Wo haben Sie studiert?« Ich finde das Gespräch unangenehm. Ich sage: »Wissen Sie, ich bin keine diplomierte Übersetzerin, ich übersetze weder Literatur noch juristische Fachtexte, ich übersetze kleine Gebrauchstexte.« Ihr Gesichtsausdruck wird strenger. Sie IST nämlich diplomierte Übersetzerin und außerdem dreisprachig, und ich weiß sofort alles, was sie denkt: Oh, là, là, es gibt schon genug schlechte Übersetzungen auf der Welt, wieso bilden sich alle ein, dass sie übersetzen könnten, ohne es je richtig gelernt zu haben? Das ist qualifizierte Arbeit ... Weiß ich alles. Ich habe selbst lange genug gedacht, ich dürfe das genau aus diesem Grund nicht machen, bis ich offizielle Übersetzungen in die Hände bekam, auf die ich nur mal kurz draufgucken sollte, um der Sekretärin der *mairie* zu erklären, was das für ein komischer Buchstabe ist, der aussieht wie ein B ... Ich lese und stocke. »Das kannst du so nicht nehmen«, sage ich. »Du sollst es nicht übersetzen, Christjann, es ist alles schon übersetzt, aber ich kenne dieses Zeichen nicht.« Ich sage: »Das ist ein ... ähm ... amüsanter Text, aber es ist keine gute Übersetzung.« Die Sekretärin ist etwas pikiert, das hat ein Übersetzer gemacht. Punktum. Ich seufze, setze ihr das Sonderzeichen ß ein und biete mich an, nur noch mal kurz wegen anderer Äs und Üs drüberzusehen. In der Mittagspause feile ich ein bisschen die Sätze zurecht, damit die sehr geehrten Campingplatzbenutzer beim Lesen der zukünftigen Campingplatzverordnung auch begreifen, wohin sie schnellstmöglichst im Falle eines drohenden grossen Wassers des anschwellenden Fliessgewassers hingeraumt werden sollen unter Hinterlassung sämtlicher Besitztümer und auch des Vehiküls und keine Löcher graben sollen und den Anweisungen des Platzwarts und der Feuerwehr gehorchen müssen, während ihnen schon das Wasser in die Gummistiefel schwappt und sie noch immer das lustige Schild lesen. Die Campingplatzverordnung ist auch noch in Niederländisch, Italienisch und Englisch verfasst, ich fühle mich aber bei aller Menschenliebe sprachlich nur für die zukünftigen deutschen Gäste verantwortlich und hoffe, dass die anderssprachigen Touristen den Deutschen im fraglichen Wasser-Entsorgungsfall einfach schnellstmöglich hinterherlaufen.

So geht mir das ja schon jahrelang. Ich habe in Deutschland immer abgelehnt, französische Briefe zu formulieren, weil ich dachte, ich kann das nicht perfekt, und die Franzosen lachen sich allenfalls schlapp über meine hölzern zurechtgezimmerten Formulierungen und hängen den Brief vermutlich an die Pinnwand, damit alle was davon haben. Es gab aber immer jemanden, der sagte: »Klar mach ich, kein Problem.« Als ich besagten Brief dann sah, dachte ich fassungslos: »Na, SO hätte ich es auch hingekriegt...« Genau so dachte ich jetzt: Okay, Sicherheitshinweise auf Campingplätzen traue ich mich ab sofort zu übersetzen. So fing es an mit meiner Übersetzertätigkeit. Natürlich wird sich nicht Gallimard oder Diogenes morgen an mich wenden, damit ich André Gide oder Georges Simenon neu übersetze. Das würde ich auch, Hand aufs Herz, ablehnen, aber ich denke, das, was ich übersetze, hat Hand und Fuß.

Das alles ist in meinem Kopf, während die Dame immer noch streng schauend vor mir steht und nun versucht, mich zu testen: ob ich wüsste, was die *faux amis* sind? Ich schaue sie irritiert an. »*Salope*«, sagt sie. Mir bleibt die Spucke weg. Wie bitte? »Nur mal als Beispiel.« Ah, ich verstehe, es geht um die Wörter, die in beiden Sprachen gleich klingen, aber jeweils etwas anderes bedeuten. In ihrem Beispiel geht es um die *salope*, das Miststück, und das Adjektiv salopp im Sinne einer lässig geschnittenen Jacke. Ich frage mich trotzdem, wieso ihr ausgerechnet dieses Wort einfällt. Für mich hätte es als einleuchtendes Beispiel auch *le baiser* getan, der eben kein zuckriges Eiweißgebäck, kein Baiser ist, sondern ein Kuss. Dann fragt sie mich nach dem Vornamen des Sohnes von Sissi. Ich kann nicht glauben, dass sie mich das fragt, und bleibe stumm. Außerdem weiß ich es nicht. »Der Sohn, der sich umgebracht hat«, insistiert sie. »Das wissen Sie nicht? Also bitte … sind Sie Deutsche oder nicht?« Streng sieht sie mich an. »Rudolf!«, beantwortet sie ihre Frage dann selbst. Das vergesse ich sicher nie wieder, weiß aber nicht, ob ich das in Zukunft noch mal brauche. »Nehmen Sie noch regelmäßig Stunden?« »Stunden?« »Französischstunden!« Das muss ich verneinen, denn ich habe, abgesehen von meinem Schulfranzösisch, noch nie irgendwelche Stunden genommen. Ich sehe ihr an, dass sie schockiert ist. Sie gibt es dann auch auf, ich bin ein hoffnungsloser Fall und keine adäquate Gesprächspartnerin. Ich überlege, ob ich ihr hinterherrufen soll, dass ich *merde* noch mal keine *salope* bin, dass ich sehr wohl den Genitiv vom Dativ unterscheiden kann und dass ich sicher bin, dass der Ehemann von Sissi Franz hieß …, aber ich lasse es und höre wieder dem Journalisten zu.

Ich stürzte mich auf die alten Bücher und die Hefte, die Monsieur C. mir am nächsten Tag im Büro der *mairie* deponierte, und las in seiner textlastigen Homepage. Ehrlich gesagt verstand ich nicht viel. Aber ich begann mit Feuereifer abends, nach meinem Arbeitstag voller körperlicher Anstrengung, seine Essays zu lesen. Also, zunächst versuchte ich, sie zu verstehen. Es war mühsam. Das hier war französische Literatur, lange, geschraubte Sätze, geistreich, voller Worte und Grammatik, die ich nicht kannte, und voller Anspielungen, die ich nicht verstand. Ich bastelte mir deutsche Sätze zusammen, die ich dann immer noch nicht verstand. Von was schrieb dieser Mann überhaupt? Jeden Abend schlief ich darüber ein. Nach einer Woche rief mich Monsieur C. an. Wie ich vorankäme? Was ich von seinen Essays hielte? Ob ich sie alle schon gelesen hätte? Ob ich schon den Roman X gelesen hätte? Nein? Habe ich die Verfilmung vielleicht gesehen? Auch nicht? Ich stotterte höflich etwas zusammen, wollte meine Unwissenheit und Überforderung nicht sofort zugeben und entschuldigte meine Langsamkeit mit der schweren körperlichen Arbeit, die mich ermüde. »Jaja«, stichelte die Vernunft, »erzähl du nur Märchen. Das wird nie was! Totale Selbstüberschätzung! Bist du jetzt auch mythoman geworden? Wie peinlich wird das, wenn du ihm sagen musst, dass du es nicht schaffst!« »Lass mich in Ruhe!«, gab ich patzig zurück und vertiefte mich von nun an in Krimis aus den 60er-Jahren. Ich las über Krimis und über ihre Autoren, bestellte mir alte Schwarz-Weiß-Filme und sah manch eine Krimi-Verfilmung. Als Monsieur C. wieder anrief, konnte ich ihn mit meinem neuen Wissen beeindrucken, zumindest hoffte ich das, denn mit der Übersetzung kam ich kaum voran. Ich sagte nicht, wie trocken, anspruchsvoll und anstrengend ich seinen Stil fand, sondern beteuerte, dass für mich alles super interessant sei und ich brav daran arbeitete. »Lügnerin!«, flüsterte die Vernunft. »Das schaffst du nie!« Ich tat so, als hätte ich es nicht gehört. Er rief nun immer mal wieder an, um mich bei der Stange zu halten, dachte ich, und ich schwitzte Blut und Wasser, als ich ihm nach vielen Wochen die erste Übersetzung zukommen ließ.

Er ließ sie von jemandem gegenlesen, jemandem, dem er auch mein Büchlein geschenkt hatte, das ich ihm im Gegenzug für alle Krimis überlassen hatte. Anscheinend passte es. Ich bekam meinen ersten Scheck mit der vereinbarten Summe X und den Auftrag weiterzumachen. Ich war sehr stolz und wedelte mit dem Scheck herum. »Siehst du!«, sagte ich zur Vernunft. »Ich kann es!« »Ha!«, machte sie und rechnete mir vor, wie viel Zeit ich dafür gebraucht hatte und wie hinfällig meine anfangs euphorisch angestellten Milchmädchenrechnungen, wie schnell ich damit wie viel Geld verdienen könnte, waren. Diese Übersetzung war eine außerordentlich anstrengende Arbeit gewesen. Aber es gefiel mir viel besser, in alten Kriminalromanen zu lesen und in Wörterbüchern nach dem Sinn eines Ausdrucks und nach der deutschen Entsprechung zu suchen, als mit der Motorsense Wanderwege freizumähen oder Sperrmüll zur Mülldeponie zu fahren.

Und trotzdem machte ich damit weiter, und als mein für sechs Monate befristeter Vertrag im Herbst auslief und der Bürgermeister fragte: »Christjann, was hast du dir überlegt, was willst du machen?« Da antwortete ich, dass ich doch bitte gern diesen Job weitermachen wolle. »Bist du sicher?«, sorgte er sich. Er wusste vermutlich, was im Winter auf mich zukommen würde, aber ich nickte überzeugt. Dieser Job hatte mir ein bisschen das Leben gerettet. Er hatte mich gezwungen, nach dem Tod Patricks rauszugehen, anstatt mich weinend in meinem Bett zu verkriechen. Das körperliche Arbeiten machte mir noch Freude. Und da war auch die Sicherheit des öffentlichen Dienstes, denn mit einem Folgevertrag würde ich, auf bescheidenem Niveau, aber immerhin, eine Festanstellung bekommen. »Ja«, beteuerte ich. »Ich will!« »Braves Mädchen«, sagte die Vernunft. »Gute Entscheidung!«

Mit Monsieur C. blieb ich in Kontakt, oder sagen wir, er blieb mit mir in Kontakt. Ich arbeitete an der zweiten Übersetzung, und unsere Gespräche drehten sich um seine Texte, alte Kriminalromane, Literatur und Filme. Ich fand das durchaus anregend in meinem abgeschiedenen und zunehmend winterlicher werdenden Bergdorf, in dem es nur um sehr bodenständige Themen ging: das Wetter vor allem. Würde es sehr kalt werden? Schneien gar? Nicht jeder Winter war schneereich hier oben. Manches Mal fiel keine einzige Schneeflocke. Aber dieses Jahr werde es schneien, sagten die beiden alten, fast hundertjährigen Schäfersleute des Dorfes. Und nicht zu knapp, fügten sie hinzu und warfen schon einmal einen kritischen Blick in den Himmel. Ich blickte auch in den Himmel, nur so, denn für mich sah er aus wie jeden Tag. Ich hatte auch nach Jahren hier oben noch nicht gelernt, von wo das Wetter kam, welche Wolken und welche Himmelsfärbung was bedeuteten. Mal abgesehen von Gewitterwolken. Die begriff sogar ich.

Jetzt also erstickten wir im Schnee, und ich konnte nicht mehr.

Und nun begriff ich, dass Monsieur C. zwar auch seine Texte übersetzt haben wollte, dass er aber vor allem an mir interessiert war. Wie naiv ich doch immer noch war.

Meine gerade beginnende Übersetzerkarriere schien damit schon gleich wieder am Ende, denn ich lehnte seinen Antrag umgehend ab. Höflich immerhin, so ein bisschen hatte ich die Hoffnung, dass ich doch weitermachen könnte, aber wenn nicht, *tant pis*, dann eben nicht. Monsieur C. reagierte souverän. Er bedauerte meine Absage, wiederholte noch einmal, dass er glaube, in mir wirklich eine passende Partnerin zu sehen – allein unsere Gespräche über Literatur würden ihm so gefallen, und er habe niemanden, mit dem er sich darüber austauschen könne. »Würden Sie denn wenigstens meine Essays weiter übersetzen?!«, bat er abschließend. »Ich suchte wirklich schon so lange nach einer deutschen Übersetzerin.« »Sicher«, sagte ich, um Verbindlichkeit und Distanz gleichermaßen bemüht, und versuchte, meine Erleichterung nicht zu sehr zu zeigen, »gerne.«

Ich hatte also gekündigt. Ich war frei. Drei Monate könnte ich bescheiden leben, und dann würde ich sehen. Einen Job zum Überleben finde ich immer, dachte ich. Diese Übersetzungen oder etwas anderes, Handfesteres. Die Vernunft hielt ein bisschen den Atem an, sich aber ansonsten vornehm zurück. Und dann passierte das Wunder: Eine Redakteurin meldete sich. Sie suche jemanden, der für eine kleine Zeitschrift eine wöchentliche Kolumne schreiben würde. Sie lese meinen Blog und möge meinen Stil. Ob ich mir das vorstellen könnte? Die Vernunft schüttelte bedauernd den Kopf. Aber ich hörte mich Ja rufen. Die Vernunft schnappte nach Luft. »Bist du wahnsinnig? Das hast du doch noch nie gemacht«, setzte sie an. »Alles, was ich hier in Frankreich mache, habe ich noch nie vorher gemacht«, wies ich sie kühl zurecht. »Ja, aber jede Woche!«, setzte sie nach. »JEDE Woche! So viel wird dir gar nicht einfallen! Und so diszipliniert bist du auch nicht!« »Ph«, machte ich, schickte ein paar Probetexte ein, und sie wurden genommen. Ich bekam ein Pseudonym und schrieb von nun an jede Woche kleine launige Texte über ein nur halb erfundenes deutsch-französisches Leben. Es gefiel mir so! Und ich wurde dafür bezahlt! Zum ersten Mal bekam ich Geld fürs Schreiben!

Im Tal spricht sich ja alles in Windeseile herum. Dass ich jetzt übersetzte und schrieb, wussten sofort alle, und als hätten sie nur darauf gewartet, flatterten mir neue Angebote ins Haus. Ein kleiner Reiseveranstalter versuchte, seine Wander- und Kulturreisen auf dem deutschen Markt zu etablieren, und brauchte jemanden, der seine Wanderungen übersetzte und die Korrespondenz mit deutschen Reiseveranstaltern übernehmen konnte. Ich sagte zu. Und ein anderer Reiseveranstalter bat mich, den Text der französischen Internetseite ins Deutsche zu übersetzen, und so fort. »Denkst du hin und wieder auch an meine Übersetzungen?«, fragte Monsieur C. kritisch, wir duzten uns in der Zwischenzeit, als ich ihm am Telefon ausgelassen von meiner neuen Tätigkeit berichtete. Gleichzeitig lud er mich nach Marseille ein, er würde dort zusammen mit einem Freund einen Vortrag über den Schriftsteller Frédéric Dard halten.

Ich wusste nicht, wer Frédéric Dard war, ich wollte mich auch nicht unversehens mit Monsieur C. in einem gemeinsamen Hotelzimmer wiederfinden, aber Marseille zu sehen reizte mich. Ohne es ihm zu sagen, bereitete ich meinen Ausflug vor und buchte ein kleines Zimmer in einem *Bed-and-Breakfast*-Häuschen. Ich verbrachte drei Tage in Marseille und hörte mir auch den Vortrag in der Marseiller Stadtbibliothek an und beglückwünschte danach Monsieur C. und seinen Freund. Ob er abends noch da sei, hörte ich mich fragen, man könne vielleicht gemeinsam essen?! Aber nein, er zuckte bedauernd mit den Schultern, er fahre mit Bekannten gleich wieder zurück nach Cannes. Nicht schlimm, sagte ich, aber ich war ein kleines bisschen enttäuscht. Trotzdem hatte mir der Ausflug nach Marseille gutgetan, und ich schwärmte davon auf meinem Blog.

Marseille ist Marseille ist Marseille

Ich war, wie man vielleicht bei der Überschrift vermuten kann, in Marseille. Nur für drei Tage, wollen wir An- und Abreise abziehen, bleiben sogar nur zwei knappe Tage. Mit Marseille verbindet mich eine lange passive Geschichte, angefangen von der beunruhigenden Fluchtatmosphäre während des Zweiten Weltkriegs in Anna Seghers' *Transit* bis hin zu heutigen Straßenschlachten in Ausländervierteln, die via Fernsehen in meine Welt eindringen, hat mich diese Stadt, die ich bis jetzt nicht kannte, immer fasziniert und gleichzeitig abgestoßen. Ich stellte mir einen düsteren Moloch vor. Dunkle Straßenschluchten, hohe Häuser, Lärm, ein bedrohliches Raunen überall, hoher Ausländeranteil, finstere Gestalten mit Kapuzenpullis in Hauseingängen, Schmutz, brennende Autos, atemstockende Kriminalität. Diese Ängste waren natürlich geschürt von meiner braven konservativen Bergdorfbevölkerung, die in ihrem ganzen Leben vermutlich noch nicht mit zwei arabischen, geschweige denn afrikanischen Menschen zusammengekommen ist. Und von Patrick, der hingegen in einem problematischen Viertel Marseilles groß geworden ist und leider zu viel davon erlebt hat und der zudem aufgrund der Vertreibung seiner Familie aus Algerien mit einem stets gut geschürten Araberhass erzogen worden war. Keine zehn Pferde brächten ihn je wieder nach Marseille, hat er immer nur gesagt, wenn ich drängelte, Orte seiner Kindheit sehen zu wollen.

Das Schicksal will nun, dass ich mich in einer Internetgruppe engagiere, die das Wort Marseille im Titel hat, und es war mir zunehmend unangenehmer, diese Stadt überhaupt nicht zu kennen, abgesehen von einer dämlichen *Soap* namens *Plus belle la vie*, die in Marseille spielt, was aber ungefähr so ist, als würde man sagen, man kenne München, nur weil man jede Woche die *Lindenstraße* sieht. Nun war just ein Vortrag eines Freundes, besagter Monsieur C., in Marseille angesetzt, und ich beschloss kurzerhand, dorthinzufahren und um den Vortrag herum etwas Marseille zu legen. Ich will jetzt nicht über den öffentlichen Nahverkehr jammern, der einen dazu verleitet, letztlich doch alles mit dem Auto zu machen, weil er katastrophal, langsam und teuer ist. Ich habe eine Auto-Zug-Variante versucht, die auch nicht zufriedenstellend war. Aber, wie gesagt, das soll nicht das Thema sein. Ich fuhr hier morgens unter grau verhangenem und Schnee verheißendem Himmel weg und komme am Nachmittag in wärmenden Sonnenstrahlen und unter knallblauem Himmel mitten in Marseille an. Ich schwitze auf dem Weg zu meinem *Bed-and-Breakfast*-Häuschen und verfluche Stiefel und Schal. Ich bin zufrieden, weil das Villa-Kunterbunt-Häuschen mit seiner quirligen Besitzerin in einem richtig normalen Stadtviertel liegt, neben Café-Bars, Gemüseläden, Wettbüros und Bäckereien und in Laufnähe vom Zentrum. Als ich später wieder hinunter zum Hafen laufe und ein bisschen rechts und links schaue und hierhin und dorthin schlendere, taucht das Nachmittags-Sonnenlicht alles in warmes Ockergelb. Erste Überraschung: Marseille ist hell. Zeitgleich die erleichternde Erkenntnis: Marseille ist eine ganz normale Großstadt mit Meer drum herum und einem großen Jachthafen mittendrin. Mag sein, dass das für meine lieben Dorfbewohner beängstigend ist, aber ich kenne die eine oder andere deutsche Großstadt. Und vielleicht ist Marseille so eine Mischung aus Köln, Berlin und Paris: die Offenheit von Köln, das Hauptstädtische von Berlin und das französische Flair von Paris. Und überall dort gibt's Kriminalität, und es wird geklaut, überall dort gibt's dunkle Ecken und Orte, die man besser meidet, die man als Tourist aber vermutlich sowieso nie sieht. Ich passe trotzdem auf meine Tasche auf, aber ich bewege mich von nun an ganz entspannt. Abends bin ich zum Essen mit Menschen verabredet, die ich bislang nur übers Internet kenne, und es ist eine wunderbare Begegnung. Die Geschichten, die sie mir erzählen, weshalb es sie nach Marseille verschlagen hat, sind spannender als Anna Seghers' Roman und verdienen aufgeschrieben zu werden. Gegen Mitternacht gehe ich allein durch die Stadt zurück zu meinem *Bed-and-Breakfast*-Häuschen, es ist Freitagabend, um mich herum vibriert es vor Nachtaktivität, und ich laufe durch Marseille, als hätte ich das schon immer gemacht.

Am nächsten Tag ist es bedeckt und leicht nieselig, ich erkunde dennoch die andere Hafenseite und das kleine Viertel *Le Panier* und laufe treppauf und hügelab durch die engen malerischen Gässchen. Ende Februar im Regen bin ich hier fast ganz allein unterwegs, und ich genieße es, denn im Sommer treten sich die Touristen vermutlich auf die Füße.

Mittags gehe ich zu einer Solidaritätsaktion für *Emmaüs*, deren größtes Warenlager in Marseille aus bislang ungeklärten Gründen vor einer Woche abgebrannt ist. *Emmaüs* und deren Gründer Abbé Pierre sind in Frankreich eine, ich möchte sagen, von allen Klassen anerkannte und geschätzte Organisation, die es sich bis heute zur Aufgabe gemacht hat, den Ärmsten zu helfen. Abbé Pierre gründete diesen Verein in der Nachkriegszeit, damals ging es vor allem darum, Wohnraum für obdachlose Familien zu schaffen. Er, der sein Leben lang mit den *Compagnons* in Einfachheit und Armut zusammenlebte, war eine mutige Persönlichkeit, jemand, der notfalls auch illegal half, und ein besonderer Mensch. Als er 2007 in hohem Alter starb, hat ganz Frankreich um ihn getrauert. Selbst Patrick weinte und war ein paar Tage sehr schweigsam, als er vom Tod Abbé Pierres erfuhr. Und von überallher kamen und kommen Menschen und bringen Dinge, die sie nicht mehr brauchen, damit die Arbeit mit dem Trödel, dem Broterwerb der Menschen bei *Emmaüs*, weitergehen kann. Im Regen, unter freiem Himmel, unter Zelten, Schirmen und kleinen Unterständen bieten die *Compagnons* von *Emmaüs*, die gerade alles verloren haben, die ersten wieder angelieferten Sachen zum Verkauf an. Sie haben damit ein Hoffnungs-Signal gesetzt: Wir machen weiter! Staunend höre ich Gesprächen über den Brand, die Arbeit und das Leben zwischen *Compagnons* und Käufern zu, die sich beim Kauf eines Buchs, eines Stuhls oder eines Emaille-Durchschlags ergeben. Ich bin berührt. »Würde«, denke ich, und aufrechtes, stolzes Gehen ist den *Compagnons* so möglich. Ich bin sehr beeindruckt von dem Geist, den ich dort spürte, und ich möchte sagen, es war mein tiefstes Erlebnis in Marseille.

Der Vortrag, dessentwegen ich überhaupt nach Marseille kam, konnte dagegen nicht mehr ankommen.

Abends denke ich, ich mache mir einen ruhigen Abend, lege die müden Füße hoch und gehe nun doch nicht mehr ins Kino, wie ursprünglich geplant, als ich spontan von den Besitzern des *Bed and Breakfast* zu einem Abschiedsfest für eine Freundin eingeladen werde. »Wir sind elf, komm dazu, dann sind wir zwölf«, sagt Cati lachend, als wäre das ein Grund. Ich ziere mich ein bisschen, ich war ja nun gar nicht so unglücklich allein, aber schon drückt sie mir ein Glas Wein in die eine und ein Häppchen in die andere Hand und schiebt mich ins Zimmer, *voilà Christjann*, alle stellen sich vor, Küsschen gibt's, und ich werde integriert, als sei ich eine gute Freundin. Der Abend wird nett, lustig und ziemlich lang, obwohl ich mich irgendwann zurückziehe, denn ich bin platt. Ich kann nicht glauben, was ich hier alles erlebe.

Am nächsten Morgen erklimme ich die vielen Stufen zur Wallfahrtskirche Notre Dame de la Garde, die über Marseille thront, und lasse mich vom Wind durchpusten, während ich von dort oben Abschiedsblicke über Marseille, das Meer und die Inseln schweifen lasse, denn gleich fahre ich wieder heim in den Schnee und zu meinen beiden Katzenkindern. Aber ich komme bald wieder. Mein Zimmerchen habe ich schon reserviert.

Ich habe mich in Marseille verliebt. Es ist eine ehrliche und menschliche Stadt und neben all dem zur Schau getragenen Reichtum solcher Städte wie Nizza oder Cannes geradezu eine Wohltat. Wie also ist Marseille? Wie Köln? Berlin? Paris? Ach was. Marseille ist Marseille ist Marseille.

Natürlich bestand der Kontakt mit Monsieur C. weiter. Er rief mich an oder schickte mir handgeschriebene Briefe. Ich antwortete mit Mails. Unser Austausch wurde vertraulicher. Er hatte, die Welt ist klein, eine Garage an eine von Patricks Schwestern vermietet, die ihm aber die Miete schuldig blieb. Ob ich da mal vermitteln könne?! Ach, seufzte ich, denn der Kontakt mit Patricks Familie war schon abgebrochen. Seine Mutter hatte mich bereits kurz nach Patricks Tod verstoßen. Nicht nur, weil ich, um den Schulden zu entgehen, gerichtlich das Erbe Patricks abgelehnt, sondern leichtsinnigerweise geäußert hatte, dass ich, selbst wenn ich das Geld hätte, um Patricks Schulden zu bezahlen, es ablehnen würde, eine solche Summe in die Vergangenheit zu investieren. Für sie war das unerträglich. Ihre Trauer um ihren Sohn war unermesslich. Sie hatte ihren Abreißkalender seit Patricks Todestag nicht mehr angerührt. Am 15. Mai 2009 war die Zeit für sie stehen geblieben. Eine Zukunft war für sie nicht mehr lebbar. Wie konnte ich nur schon daran denken? »Ich bitte dich, nie wieder auf mich zuzukommen, ich könnte dich nicht mehr in die Arme nehmen«, schrieb sie in einem dramatischen Brief kurz vor ihrem Geburtstag, in dem sie noch allerhand Verfehlungen meinerseits auflistete, mit denen ich dem

Ansehen Patricks geschadet hätte. Demonstrativ hatte sie meinen Mädchennamen auf den Umschlag geschrieben. Ein deutliches Zeichen, dass ich es von nun an nicht mehr wert war, Patricks Namen zu tragen. Für mich war das alles an den Haaren herbeigezogen. Vermutlich erwartete sie von mir, dass ich kniefällig um Verzeihung und Wiederaufnahme in die Familie bäte, das ganze Dorf bedrängte mich, erneuten Kontakt zu suchen, aber diesmal blieb ich stur. Solch eine schwierige Familie musste ich nicht um mich haben, wer nicht will, der hat schon. Ich hielt mich an das Kontaktverbot. Wir haben nie wieder ein Wort gewechselt und sind uns seither nie wieder begegnet.

Der Winter war lang in den Bergen, ich hatte das milde Klima und die Begegnungen in Marseille so geliebt und suchte nun erstmals nach fünf Jahren Kontakte an der Küste. Kontakte zu Deutschen. Um abends bei Veranstaltungen dabei sein zu können, mietete ich mir hin und wieder ein Hotelzimmer in Nizza. Es war teuer, und es fiel mir schwer, anderntags wieder in das raue Bergdorf zu fahren. Die Küste war so lieblich, das Klima so mild und das Meer so verlockend blau. Es gab so viel zu sehen und zu erleben. Ich wäre so gerne ein paar Tage geblieben.

Monsieur C. bot mir an, zu solchen Gelegenheiten in einer kleinen Wohnung, die er zu seiner Bibliothek umgebaut habe, zu übernachten. Ich zögerte. »Die Wohnung ist abgeschlossen«, beteuerte er. »Es ist sozusagen meine Gästewohnung, wo ich Freunde unterbringe. Du bist dort ungestört und für dich!« Er wohne nicht im selben Haus, und so es mir nichts ausmachen würde, umgeben von Tausenden von Büchern zu sein, dann könne ich dort hin und wieder sein und vielleicht auch in Ruhe arbeiten. Einen riesigen verwunschenen Garten gebe es auch, falls ich Lust auf Gartenarbeit hätte.

Hmhm, machte ich und malte mir euphorisch einen kleinen niedlichen Pavillon in einer riesigen Parkanlage aus. Man hat so seine Träume von Cannes. Am Ende war es dann doch nicht ganz so romantisch, kein Pavillon, kein Gärtnerhäuschen, sondern eine winzige Souterrainwohnung, und das Viertel, in dem sie lag, war und ist arm und bunt, und zugegeben, ich war enttäuscht und gleichzeitig erleichtert. Wenn es so schlicht war, konnte ich es besser annehmen, ohne das Gefühl zu haben, ich müsste eine wie auch immer geartete Gegenleistung erbringen. Der Garten allerdings war groß und wirklich verwunschen, und er gab den Ausschlag, dass ich dann doch befand, hier könne ich hin und wieder sein. Was würde er von mir als Gegenleistung erwarten, fragte ich offen; ich wollte einmal nicht naiv sein. Nichts, antwortete er. Ich wusste, dass es stimmte. Er würde mich nicht bedrängen oder mich überraschend nachts besuchen. Er hatte in all den Monaten nicht einmal eine körperliche Annäherung versucht, er erzählte mir keine derben Witze, legte mir nicht seine Hand aufs Knie. »Vielleicht können wir hin und wieder mal essen gehen«, fügte er dann hinzu. Er verbringe gerne Zeit mit mir. Außerdem würde er sich freuen, wenn ich bald mal eine weitere Übersetzung der Essays fertigstellen würde, wenn die Aufenthalte in dieser Wohnung dies begünstigen würden, dann sei er schon zufrieden. Darauf konnte ich mich einlassen.

Von nun an verbrachte ich immer mal ein paar Tage in Cannes, schleppte sogar die Katzen mit, um zu sehen, ob sie sich an ein Stadtleben gewöhnen könnten.

Ich genoss den verwilderten Garten, riss in einer Ecke Unkraut raus, hackte die Erde auf und begann dort Blumen zu pflanzen und Beete anzulegen. Der Garten wurde ein echtes Nachbarschaftsprojekt. Alle halfen in irgendeiner Form mit. Auch die Katzen. Entspannt und schnurrend legten sie sich auf die zarten Salatpflänzchen und ließen sich die südliche Sonne auf den Pelz brennen. Die vorüberziehenden Nachbarkatzen waren entzückt, dass ich ihnen die Erde so schön aufgelockert habe. Ein schöneres Katzenklo fand sich nirgends. Dank des Gartens kam ich auch mit den Nachbarn in Kontakt. Kaum war ich im Gärtchen, öffnete sich irgendwo ein Fenster, und ein Nachbar diskutierte mit mir über das, was ich gerade tat. Selbstverständlich wussten alle alles über die Gartenarbeit und hatten fachmännische Erklärungen, warum ich nur so wenige Erdbeeren ernte. Der Mond! Man muss mit dem Mondkalender arbeiten. Es war ein bisschen wie im Bergdorf. Über meine Gartenerlebnisse schrieb ich damals nicht nur eine Kolumne:

Zurück zur Natur

Seit Jahren war in mir der Wunsch nach lebendigem Grün herangereift, nach erdbeerigen Erdbeeren, tomatigen Tomaten und knackigem Salat. Stapel von Gartenzeitschriften und Gartenbüchern hatte ich schon studiert, und sie wucherten überall in meiner Wohnung in die Höhe. Der Traum von einem Gärtchen wuchs sich zum Urwald aus. »Mach endlich diesen Garten«, stöhnte Monsieur irgendwann, »noch mehr Gartentheorie kann ich nicht ertragen.« Derart liebevoll ermuntert, hatte ich dem Vermieter sechs Quadratmeter verwilderten

Innenhof abgequatscht und voller Elan das wuchernde Grün herausgerissen und die Hacke schwungvoll in die betonharte Erde gehauen. Ich pflanzte Erdbeer-, Tomaten- und Salatpflänzchen, säte Radieschen und Karotten, jede Menge Kräuter und noch mehr Blumen. Vor allem Tagetes, diese kleinen gelben und orangefarbenen Bällchen, die, zwischen Karotten und Tomaten gesetzt, diese vor der gefürchteten weißen Fliege bewahren sollen. Tagetes habe ich auch sofort blühend überallhin gepflanzt, damit das kleine erdige Viereck schon mal ein bisschen nach Garten aussah. Ich goss tapfer morgens und abends, wenn es nicht sowieso regnete, hackte immer ein bisschen und sah mit Freude das Grün wachsen. Es wuchs vor allem viel von dem, was man nicht mehr Unkraut nennen darf, weil ja jedes Pflänzchen seinen Sinn hat, und der Rest verschwand irgendwie. Die Tagetes verloren ihre Blüten. Ich dachte, die werden schon wieder – nix da, wurden sie nicht. Erst verschwanden die Blüten, dann die Blätter, übrig blieb ein kurzes verkümmertes Stilchen. Die ausgesäten Tagetes wuchsen zart heran und verschwanden.

Dann verschwanden eine Erdbeerpflanze und ein Salat. Hätte ich doch besser nach dem Mondkalender pflanzen sollen? Die nächsten Salatpflänzchen, die auf ihren vom Mond errechneten richtigen Pflanztag warteten, damit sie schön rund werden und nicht Richtung Mond in die Höhe schießen, verschwanden, noch bevor sie gepflanzt waren. Schwupps weg. Es dauerte noch einen Moment, bis ich begriff, dass es nicht der abnehmende Mond war, der meine Pflanzen auf magische Weise verschwinden ließ, sondern eine Armee glibberiger und vor allem nachtaktiver Schnecken. Ich bin ein tierlieber Mensch, ich will selbst den schleimigsten Salatfressern nicht wehtun. Aber ich hätte schon gern auch mal selbst einen Salat gegessen. Ich las ab sofort viel über Schnecken, und ich begriff, wie wichtig sie für das biologische Gleichgewicht sind und dass ich mich glücklich schätzen konnte, sie in meinem Garten zu haben. Ich hatte natürlich sofort ein schlechtes Gewissen, weil ich sie dennoch loswerden wollte. Der Fairness halber hätte ich die klebrigen Salatfresser zwar gerne nur mit ihren biologischen Feinden bekämpft, aber ich wusste nicht, wie ich auf die Schnelle Igel, Kröten, Blindschleichen und Störche in meinem kleinen Gärtchen hätte ansiedeln können. Und indische Laufenten müssen ja auch wieder artgerecht gehalten werden. Alles andere, ich sag's Ihnen, finden Schnecken zum Totlachen. Die gehen nach dem gefräßigen Salat-Dinner gern noch ein Schlückchen Bier aus der Bierfalle trinken, und dann schleimen sie sich gemütlich nach Hause unters Rhabarberblatt oder wo sie sonst so ihren Tag verschlafen. Ich wühlte mich also durchs Grün, drehte Blätter um und sammelte Schnecken mit der Hand ab. Und wohin jetzt mit den sich langsam, aber beharrlich am Eimerrand hochkriechenden Schleimern? Heimlich in den Nachbarhof werfen? Sollte ich mit einem Eimer voller Schnecken an den Stadtrand fahren und sie dort aussetzen? Oder im Stadtpark den Enten zum Fraß vorwerfen? Das Schicksal der Schnecken nahm ziemlich viel Raum in meinem Gartenleben ein. Der Rest verwilderte zusehends.

Manches Mal ging ich mit Monsieur C. aus, und er fuhr mich abends immer sehr ritterlich in mein neues städtisches Zuhause und rief mich am nächsten Tag an, um mir zu sagen, wie sehr er unser Zusammensein und die Unterhaltung geschätzt habe. Ich kam nicht umhin, mich geschmeichelt zu fühlen, dass dieser intellektuelle Herr, der so viel erlebt hatte, so viel wusste und gelesen hatte, sich gerne mit mir kleiner, Französisch stammelnder Deutschen, die zudem unversehens immer in Tränen ausbrach, unterhielt. Ich mochte ihn zunehmend in seiner etwas steifen, höflich-altmodischen Art, stets korrekt und in Grau gekleidet, und amüsierte mich, wie dieser große Mann sich in seinen kleinen, verbeulten türkisfarbenen Fiat faltete. Dass er dieses Auto fuhr und nicht irgendeinen spießigen Mittelklassewagen oder gar ein affiges Luxusgefährt, machte ihn mir zusätzlich sympathisch.

Und dann saßen wir eines Abends bei einem Italiener, und es passierte. Das ist jetzt nicht wahr, dachte ich. Ich konnte nichts mehr essen, in mir war Aufruhr, ich war überwach und spürte ein Ziehen im Bauch. Herrje, ich stocherte in meinem Essen herum und vermied, ihn anzusehen. Jetzt hatte ich mich doch tatsächlich in diesen alten grauen Herrn verliebt! Dass er mir gerade erneut sagte, er glaube in mir die Frau seines Lebens gefunden zu haben, machte die Sache nicht einfacher. Wenn er mich an diesem Abend zum Abschied geküsst hätte, ich hätte es geschehen lassen, aber er küsste mich nicht. Im Gegenteil: Am nächsten Tag fuhr er für ein paar Tage nach Paris, und ich fühlte mich eigenartig allein in der kleinen Wohnung in Cannes.

In den kommenden Tagen in Cannes und später zurück in den Bergen, lief mein Hirn heiß. Bin ich wirklich verliebt? Verwechsele ich nicht etwas? Ist er nicht nur ein väterlicher Freund für mich? Ist es nicht nur das Bedürfnis, mich mal wieder irgendwo anzulehnen? Mich trösten zu lassen? Für einen Versuch, für ein »Schauen wir mal, wo es uns hinführt«, eine kleine Affäre, die ich mir vorstellen konnte, schien er mir zu alt und zu seriös. Will ich so etwas Ernsthaftes? Will ich die Frau seines Lebens werden, wenn der ehemalige Mann meines Lebens noch nicht mal ein Jahr tot ist? Darf man das überhaupt? So schnell wieder verliebt sein und an jemand anderen denken? Wieder glücklich sein?

Zusammen kamen Monsieur C. und ich an jenem verhängnisvollen Wochenende, an dem der isländische Vulkan mit dem unaussprechlichen Namen Asche über Europas Flughäfen pustete und verhinderte, dass meine Maschine nach Deutschland abheben konnte. Ich fuhr wieder zurück nach Cannes und landete endlich in den Armen des großen grauen Mannes.

Das Glück darüber, wie überraschend einfach alles mit ihm war, dauerte einen Tag. Dann verschwand er, und als er mit dem größten Rosenstrauß, den ich bis dahin erhalten hatte, wiederkam, hatte er eine Entscheidung getroffen. »Ich habe mich von meiner Freundin getrennt«, sagte er mit ernster Miene und rauer Stimme. »Ich bin frei. Für dich. Für uns.«

»Was?«, fragte ich.

»Ich bin frei!«

Ich war fassungslos. Auf die Idee, dass er nicht frei gewesen sein könnte, war ich gar nicht gekommen. Er hatte eine Freundin gehabt und hatte sich nun Knall auf Fall von ihr getrennt.

Seine Erklärungen, warum er noch immer mit ihr zusammen gewesen sei, obwohl ihre Beziehung keine gute war, hörte ich mit Befremden. Etwas Schweres hatte sich auf unser noch so kleines, zartes Beziehungspflänzchen gelegt.

Er aber traf Entscheidungen. Informierte seine Familie. Stellte mich vor. Niemand hatte mich je gesehen, je von mir gehört – nur vage hatte er von der »Übersetzerin« gesprochen. »Ach, Sie sind das«, sagte die Tochter mit hochgezogenen Augenbrauen. Niemand hieß Monsieurs radikale Trennung gut, niemand verstand sie. Es war doch alles gut gewesen, und jetzt ...

Das Umfeld von Monsieur war sich sicher, ich hatte ihren Sohn, Vater, Partner und Freund umgarnt und verführt. Er war quasi über Nacht völlig verrückt geworden. Niemand wollte mich kennenlernen. Niemand wollte auch nur das Geringste von mir wissen. Nur loswerden wollte man mich, so schnell wie möglich. Darin waren sich alle einig. Die ehemalige Freundin begann einen großen Rachefeldzug. Cannes ist keine große Stadt. Die ganzjährig hier lebenden Einwohner treffen sich immer wieder in denselben Vereinen, Clubs und Restaurants. Alle kennen alle. Die ehemalige Freundin, eine dynamische Partylöwin, war überall und versprühte ihren Hass. Und nicht nur das. Sie begann uns, mich vor allem, zu stalken. Sie fand meine Telefonnummer, meine Mailadresse, meinen Blog. Sie belästigte mich überall mit hasserfüllten Nachrichten voller wüster Verwünschungen. Sie verbat mir, mich in den diversen Vereinen, in denen sie und Monsieur Mitglied waren, sehen zu lassen, andernfalls würde sie mir die Augen auskratzen. Ich traute ihr diese Tat wortwörtlich zu. Sie schüchterte mich ein. Auch wenn Monsieur sich einschaltete, mich unterstützte, sagte, wir gehen jetzt erst recht hin. Ich konnte es nicht. Einmal fanden wir uns zufällig alle zusammen bei einem politischen Frühschoppen wieder. »*Salope*«, brüllte sie wieder und wieder und hob die Faust, wütete wie eine Furie und störte die Rede des Bürgermeisterkandidaten. Allen Menschen, die es gewagt hatten, mir die Hand zu geben, machte sie eine Szene. Wir gingen vorzeitig. Sie wartete vor dem Haus und folgte uns überallhin, selbst an den Strand. Mein Auto hatte zweimal hintereinander einen platten Reifen, und ich bekam zunehmend Angst, alleine auszugehen. Jahrelang habe ich mich in Cannes nur zwischen 12 und 14 Uhr zum Shoppen in die Innenstadt getraut, weil ich sicher war, dass sie dann, wie jede gute Französin, zu Mittag essen würde.

Sie sorgte dafür, dass alle Menschen in Monsieurs Umfeld mir jahrelang mit Misstrauen begegneten oder mich gleich gar nicht kennenlernen wollten. In unserer Beziehung gehe es um Sex und Geld. Von mir geschickt eingefädelt, ich wollte Monsieur nur ausnehmen, das glaubte und glaubt durchaus auch seine Familie. Monsieur hingegen fühle vermutlich einen zweiten Frühling, wie so viele Männer in der zweiten Lebenshälfte. Passenderweise kam zu dieser Zeit ein Woody-Allen-Film in die Kinos, in dem Anthony Hopkins einen in ein vulgäres Starlet verliebten Ehemann spielt, für das er kurzerhand seine Ehefrau verlässt. Die Szene, in der er die langbeinige Kaugummi kauende Blondine seiner Tochter und deren Mann vorstellt und alle, außer ihm, begreifen, dass er einer Prostituierten auf dem Leim gegangen war, fand ich witzig, allerdings mit einem bitteren Beigeschmack: So sahen mich alle in Cannes.

Sommerfrische

Monsieur ist das, was man einen »guten Menschen« nennen kann. Er glaubte felsenfest, dass sich Freunde und Familie an mich gewöhnen und mich genauso lieben würden wie er, wenn sie mich nur erst besser kennen würden. Und so verbrachte ich meinen ersten typisch französischen Sommer mit der gesamten Familie im Haus in den Bergen: Seine Kinder und ihre Lebensgefährten waren da, die Enkelkinder, Monsieurs Mutter und zeitweise noch andere Familienmitglieder, denn es galt, den 90. Geburtstag von Monsieurs Mutter vorzubereiten und zu feiern. Nur die Enkelkinder waren von meiner Anwesenheit begeistert, was durchaus auch an meinen beiden Katzen lag, die ich mitgebracht hatte. Zunächst war ich dennoch guter Dinge, und ich freute mich auf die Zeit in den Bergen, denn meine ersten Sommerwochen in Cannes hatten mich bereits erschöpft. Es war heiß, schwül, kein Lüftchen wehte. Am Meer war der Strand morgens um acht schon voll, das Wasser hatte Badewannentemperatur, die ersten Quallen zeigten sich. Das Schwitzen machte mich träge, schlapp und schlecht gelaunt. Nachts quakten die Frösche im angrenzenden Park zum Steinerweichen, alle Fenster in der Hoffnung auf einen Luftzug geöffnet, ließen gnadenlos blutrünstige Schnaken und allen Lärm der Stadt ungefiltert eindringen: Motorradfahrer röhrten den Berg hinauf, in der Kurve wurde noch mal Gas gegeben, Autoradios brüllten, fröhliche Menschen versuchten, sich dennoch gegen den Lärm etwas zuzurufen. Gegen Morgen schlief ich endlich erschöpft ein.

Die Aussicht, ein paar Wochen in einem alten Haus in den Bergen zu verbringen, war also verlockend, auch wenn das Haus so abgelegen ist, dass es dort weder Internet noch Mobiltelefonnetz gibt und die Zufahrt über einen sieben Kilometer langen holprigen Geröllfeldweg nur mit hochbeinigen, unempfindlichen Kleinwagen oder einem richtigen Geländewagen zu bewältigen ist. Oder zu Fuß. Na, danke. Aber auf 1700 Metern Höhe ließ es sich dann wieder atmen, die Anstrengung war vergessen, die Luft war rein, es wehte ein leichter Wind, und nachts wurde es kühl: Jetzt wusste ich auch, was Sommerfrische meint! Auch die erneut umgetopften Katzen erwachten zu neuem Leben und begaben sich auf ausufernde Jagden.

In der Sommerfrische war es dann so, wie es das Wort verspricht: ein bisschen altmodisch. Die Türen und die ausgetretenen Holzstufen des Hauses knarzten, die Betten quietschten, die Bettwäsche roch nach Mottenpulver und Lavendel und stammte vermutlich aus Aussteuerzeiten der Urgroßmutter. Alles war ein bisschen wie früher, in der Küche nur Ton- und Emailleschüsseln, ein schwerer Holztisch, ein dreibeiniger mit Holz befeuerter Herd, das warme Wasser in der spartanischen Dusche war begrenzt, und eine Toilette gab es zwar, aber sie war vor allem nachts sehr weit weg: Tatsächlich hatte ich in meinem Nachttisch einen Nachttopf vorgefunden! Aber was für eine Stille. Die majestätischen Berge. Die vielen Sterne nachts. Die klare, frische Luft. Ich hatte das Gefühl, dem Himmel ganz nah zu sein. Die ersten Tage, die ich mit Monsieur dort oben allein verbrachte, waren ganz wundervoll. Aber dann kam die Familie.

Rückblickend frage ich mich, wie ich diesen Sommer eigentlich überlebt habe. Ich habe wirklich alles getan und gegeben. Doch nichts konnte ich tun, ohne dass Monsieurs Mutter herbeieilte, um mich daran zu hindern oder zu kritisieren. Nicht dieser Topf, nicht dieser Deckel, nicht dies, nicht das. »Das ist zu viel!«, schrie sie und riss mir die Spaghetti aus der Hand. »Sie können nicht haushalten!«, schimpfte sie und rechnete mir vor, wie lange wir mit den Vorräten auskommen müssten. Immer verbot sie mir, das frische Gemüse zu verwenden, das ich eingekauft hatte, wir brauchten es später, wenn alle da seien, erklärte sie. »Sie haben keine Ahnung!« Dass jeder neue Gast, der in die Berge dazukam, immer wieder frisches Obst und Gemüse mitbrachte, wusste ich da noch nicht. Tage später dann hielt sie das schlaffe Gemüse in der Hand und warf mir vor, schlechte Qualität eingekauft zu haben. So war es immer. Reine Schikane. Brachte ich vom Metzger frische *pâté* mit, musste sie so lange aufgehoben werden, bis X oder Y eingetroffen war, dann aber war die *pâté* verdorben, und es war entweder die schlechte Qualität dieses miserablen Metzgers, bei dem ich unbedingt hatte einkaufen wollen, oder, wenn ich den Metzger verteidigte, dann hatte ich mir von ihm schlechte Ware andrehen lassen. Nichts konnte ich. Nichts konnte ich richtig machen. Immer war es zu viel oder zu wenig. Kaum zog ich eine Schublade auf, eilte meine Noch-nicht-Schwiegermutter alarmiert herbei: »Was suchen Sie denn?«, herrschte sie mich schon von Weitem an. »Ich suche gar nichts, ich räume das Besteck ein«, gab ich zur Antwort. »Das kommt nicht hier rein!« Sie riss es mir aus der Hand und warf gleichzeitig prüfend einen Blick auf das Silberbesteck, bevor sie die Schublade zuknallte. Das alles führte aber nicht dazu, dass ich wütend wurde und sagte, Hallo! Es reicht! Nein, es schüchterte mich ein, ich wollte doch so gerne gemocht werden von dieser Familie. Warum denn auch nicht?! Das müssten sie doch sehen, dass Monsieur und ich auf eine leise und ruhige Art froh miteinander sind, oder?! Das müsste sie doch auch freuen, dass ihr Vater bzw. ihr Sohn froh und verliebt ist?! Aber nein, es befremdete sie nur. Ich setzte alles daran, zumindest meine strenge und anspruchsvolle zukünftige Schwiegermutter zufriedenzustellen. Schwierige, anspruchsvolle Menschen zu zähmen, dafür habe ich eine gewisse Prädisposition. Aber es war vergebliche Liebesmüh. Nur wusste ich es damals noch nicht und dachte, es wird schon werden. Nun, im ersten Sommer wurde es nicht. Stattdessen bekam ich schlimme Rückenschmerzen, so unerträglich wurden sie, dass ich nach drei Wochen erschöpft abreiste, um an der Küste einen Osteopathen aufzusuchen. Dass man mir den Abfall mitgab, ist so üblich; da oben in den Bergen gibt es keine Müllabfuhr, und man muss den Müll im Dorf unten in die Tonnen stecken. Ich vergesse aber nie den amüsierten Blick, mit dem Monsieurs Tochter die Müllsäcke neben mich stopfte. *Bon débarras!* Die wären wir los, schien nicht nur sie zu denken und hob mit einem heuchlerischen Lächeln die Hand zum Gruß.

Im Nachhinein wundere ich mich, dass ich das alles ausgehalten habe. Dass ich Monsieur nicht verlassen habe.

»Der muss aber toll sein, dieser Mann, dass du das alles mitmachst«, sagte mir eine Freundin und schüttelte den Kopf. Sie verstand nicht, was ich an ihm fand, an diesem alten grauen und oft schweigsamen Mann. So richtig verstand es niemand. Ich konnte es schlecht in Worte fassen, ich war nicht wahnsinnig verliebt, wie ich es bei Patrick gewesen war. Eine ungesunde Beziehung, aber voller Leidenschaft. Das versteht jeder. Dass ich bei Monsieur zur Ruhe kam, dass ich mich zum ersten Mal geborgen fühlte und aufgehoben, gesehen und verstanden, gesehen mit all meiner Ängstlichkeit, aber auch mit all meinem Potenzial, es war und ist schwer zu vermitteln. Er hatte viel erlebt, und anders als Patricks Abenteuergeschichten sind seine wahr. Wie wohl es mir tat, wieder jemandem vertrauen zu können. Denn Patricks Lügen und dass ich alles geglaubt hatte, hat mich bis heute mehr verstört, als ich zugeben möchte. Monsieur ist eher ein schweigsamer Mensch. Aber wenn er etwas sagt, dann ist es von Belang und aufrichtig. Er ist nicht sehr leichtlebig, er ist kein Schlawiner, und er ist nicht bestechlich. All das schätze ich und brauche ich, denn so bin ich auch. Sehr bald hatte ich das Gefühl, dass ich ihn schon lange kannte. Es war ein tiefes, seelenverwandtes Kennen. Aber vermitteln Sie das mal einer misstrauischen Familie. Du kannst uns viel erzählen, dachten sie.

Aber auch meine Freunde verstanden es nicht. »Hast du nicht vor Kurzem noch gesagt, er sei ein alter Knacker?«, fragten sie fassungslos. Ja, das hatte ich tatsächlich gesagt, aber es hat sich doch etwas verändert in all den Monaten, verstand das denn niemand?

Eines Tages zeigte ich Monsieur Fotos, von mir, von meinem früheren Leben und unter anderem ein Foto des noch jungen Patrick, das ihn mit einer früheren Freundin zeigte. Monsieur fielen die Augen aus dem Kopf. Er hatte Patrick noch nie gesehen, aber die Freundin war auch eine Jugendfreundin von Monsieur gewesen. Und plötzlich entrollte sich alles, wie ein Film: Patrick hatte mit dieser Freundin in einer Wohnung im Elternhaus von Monsieur gelebt. War Mieter bei Monsieurs Vater gewesen, der ihn und die Freundin immer mal mit in die Berge genommen hatte. So hatte Patrick seinerzeit das Dorf Châteauneuf kennengelernt. Das hatte mir Patrick immer erzählt und von dem Haus und seinem Besitzer geschwärmt, der ihm das Haus manches Mal überlassen hatte und als Gegenleistung nur wollte, dass es später im Jahr korrekt und winterfest verschlossen wurde. Patrick hatte dort vor Jahren frohe Zeiten verbracht, und das gab den Ausschlag, dass er sich später ausgerechnet für diese *auberge communale* beworben hatte. Das hatte Patrick mir nicht nur einmal erzählt. Und jetzt verstand ich auch, warum mir Monsieurs Nachname so vertraut vorkam. Monsieurs Vater war der väterliche Freund Patricks gewesen, den Patrick so verehrt hatte. Monsieurs Vater ist schon eine Weile tot, aber dass Monsieur und Patrick und ich uns in den vergangenen Jahren nicht begegnet waren, grenzt an ein Wunder. Und dass Monsieur exakt in dem Sommer im Dorf auftaucht, in dem Patrick mich »verlassen« hat, ist für mich ein Zeichen. Als hätte er mich in gute Hände weitergeben wollen. Aber das erzählte ich zu dem Zeitpunkt nur wenigen Menschen.

Zu Beginn unserer Beziehung hatte Monsieur keinen Fernseher. Wir unterhielten uns, lasen oder hörten Musik. Und wir hörten all diese französischen textlastigen Chansons, Aznavour, Brassens, Moustaki, Gainsbourg, Jeanne

Moreau. Wir hörten Musik und lauschten den Texten. Also, zugegeben, ich verstand nicht allzu viel, aber es waren innige Momente. Ich lag mit dem Kopf auf Monsieurs Knien, hörte Musik, und mehr war gar nicht. Aber zum ersten Mal in meinem Leben hatte ich das Gefühl, ich könne ausatmen und mich ausruhen. Ich wusste, dass Monsieur das Beste ist, was mir in meinem Leben passiert war. Manchmal erzähle ich diese Geschichte, um zu erklären, was mich mit Monsieur verbindet, aber es ist wohl zu mystisch, zu unbedeutend, zu viel und gleichzeitig zu wenig Gefühl. Ausruhen, aha. Das Geld wird es sein. Finanzielle Sicherheit gibt auch Ruhe, und das kann man ja verstehen, besonders nach dem Schock mit Patricks Schulden. Alle dachten das. Mich kränkte es. Geld war noch nie ausschlaggebend gewesen bei meinen Entscheidungen für oder gegen einen Mann, das müssten wenigstens meine Freunde doch wissen. »Naja, immerhin bist du nicht mehr alleine« oder »Du musst ja auch nicht ewig mit ihm zusammenbleiben« waren noch die verständnisvollsten Aussagen, die ich zu hören bekam. Ich ließ es unkommentiert, ich hatte keine Lust, mich und meine Entscheidung weiterhin zu rechtfertigen

Monsieur aber glaubte, die Anfeindungen in der Familie und im Freundeskreis würden enden, wenn wir verheiratet wären. »Dann müssen sie dich respektieren und hören auf, dich hinausekeln zu wollen«, sagte er. Mehr als einen Antrag machte er mir. »Lass uns heiraten, ich weiß, dass wir füreinander gemacht sind«, bat er mich immer wieder. Irgendwann sagte ich Ja, und keine vier Wochen später waren wir verheiratet. Es war sicher nicht der schönste oder gar der glücklichste Tag meines Lebens, aber ich war gerührt und bewegt und aufgewühlt. Der Bürgermeister hatte eine schöne Traurede gehalten, Freunde aus dem Dorf hatten auf mein Leben ein Lied getextet und sangen es dreistimmig. Es gab einen großen *apéro* auf dem Dorfplatz, und alle Dorfbewohner waren eingeladen, und sie zumindest freuten sich für mich, für uns. Nur die Mitglieder von Monsieurs Familie machten alle ein Gesicht wie sieben Tage Regen. Sie hatten es zu verhindern gesucht, Einspruch erhoben, einen Familienrat einberufen, abwechselnd an meine oder Monsieurs Vernunft appelliert »Es ist zu früh, zu überhastet«, »Ihr kennt euch gar nicht«, warnten sie.

Aber auch im Dorf waren nicht alle von unserer Liebe überzeugt. Zumindest nicht von meiner. »Mal unter uns, du willst mir doch nicht sagen, dass du in den da superverknallt bist«, nuschelte bei einem Fest kurz vor der Hochzeit eine leicht angetrunkene Dame vertraulich halblaut in mein Ohr und zeigte abschätzig auf Monsieur, der immerhin neben mir saß. Erwartungsvoll sah sie mich an. Superverknallt war ich sicher nicht. Superverknallt war ich in Patrick gewesen. So verknallt, dass ich mich in dieser Beziehung verloren habe. Ich wollte gar nicht mehr superverknallt sein. Ich war froh, diese ruhige, liebevolle und gesunde Beziehung gefunden zu haben, und ich schätzte sie so viel mehr als das Superverknallte, das ich drei anstrengende Jahre lang gelebt hatte. Aber könnte ich ihr das vermitteln? Wollte ich das überhaupt? Ich sah sie an und blieb stumm. Für sie ein Zeichen, dass ich natürlich nicht verliebt war und mir mit einer wie auch immer gearteten Taktik den größten Fisch des Dorfes geangelt habe. »Na Hauptsache, du schläfst nachts gut«, sagte sie spöttisch. Dankeschön auch.

Nach unserer Hochzeit änderte sich das Verhältnis zur Familie nur insofern, dass man mir nun die Kinder hin und wieder anvertraute, eine Ehre, auf die ich gerne verzichtet hätte. Auch wenn ich die Kinder mochte und sie mich auch, mir fiel es immer schwer, mich ein paar Stunden um sie zu kümmern, und die Verantwortung, wenn ich sie ein paar Tage in den Ferien zu betreuen und zu bekochen, mit ihnen zu spielen, sie zu duschen und ins Bett zu bringen hatte, wog schwer auf meinen Schultern. Autorität hatte ich keine, und kochen konnte ich auch nicht.

In meinen wöchentlichen Kolumnen, die ich immer noch schrieb, gab ich davon, etwas anonymisiert, die eine oder andere Kostprobe:

Kinder, Kinder

Samstag Vormittag, acht Uhr: Es klingelt pünktlich, ich öffne mit meinem reizendsten Morgenlächeln und stehe ein bisschen aufgeregt der Nachbarin und ihren zwei Kindern gegenüber. »Guten Morgen«, flöte ich. »Du blutest!«, sagt mit Grabesstimme Lena. Ich tausche mit der Mutter zwei Worte über den zu verbringenden Vormittag aus. »Du blutest SCHLIMM!«, wiederholt eindringlich das Kind, das während des Gesprächs kein Auge von mir gelassen hat. Mir war nicht bewusst, dass ich offenbar blutüberströmt wie Frankensteins Monster die Tür geöffnet hatte. Die Nachbarin sieht nicht allzu besorgt aus und vertraut mir, trotz der dramatischen Blutung, ihre Kinder an. Ich schaue dennoch nervös in den Spiegel und sehe nichts. Also zumindest kein Blut. Ah, doch: Aus einem winzigen aufgekratzten Pickelchen am Kinn blutet ein stecknadelkopfgroßes Tröpfchen. So viel zur Aufmerksamkeit der zwei hellwachen Kinder, mit denen ich ab sofort alleine bin. Für lange viereinhalb Stunden.

Sie sind nicht schüchtern und schütten ihre beiden mitgebrachten Rucksäcke mit Spielsachen aus. Krachbumm. Autos, Bausteine, Plastikmännchen. Es geht rund. Die Katzen flüchten unter das Bett. Es wird heftig gespielt und laut gezankt. Alle zwei Sekunden geht es: »Hee! Matz hat mich geschubst.« »Uhuuu! Lena hat mich gebissen.« Dann: »Gehst du mit uns rau-aus?« Wir gehen in den Park. Am See werden Fische und Enten beobachtet und Steine ins Wasser geworfen, bis wir alle nass gespritzt sind. Rotbackig und aufgedreht muss schnell noch getestet werden, ob die Schuhe wasserdicht sind. Sie sind es nicht, und so viel Wasser ist dann doch zum

Heulen. Im Badezimmer werden Kinder, Schuhe, Socken und Tränen mit dem Fön trocken gepustet. Das ist dann wieder ganz lustig. Noch lustiger ist die Unterwäsche auf dem Wäscheständer: die Körbchengröße des BHs sowie die Farbauswahl der Unterhosen von Monsieur. Alles wird kichernd bestaunt. Davon angeregt stellen sie inquisitorische Fragen zur Familienplanung: »Warum habt ihr keine Kinder?« »Sind die Katzen deine Kinder?« »Und die Puppe?« »Gehört die Puppe den Katzen?« Die Antwort, es handele sich um meine Puppe aus Kindertagen, wird mit offenem Mund und heftigem Gekicher quittiert. Schon die Vorstellung, dass ich mal Kind gewesen sein soll, ist allzu komisch. Ich bin ein bisschen getroffen. Was denken diese kleinen Wesen? Dass ich alt wie ein Dinosaurier und seit jeher auf der Welt bin?

Ich beschließe, dass es jetzt aber dringend Zeit für die Käsenudeln ist. Vorher bleibt aber noch genug Zeit, um unter dem Tisch eine Höhle zu bauen. Ich rutsche auf einem kleinen roten Auto aus, schimpfe ein lautes »Scheiße« und werde von unter dem Tisch sofort gerügt: »Das ist ein schmutziges Wort! Das darf man nicht sagen!« »Äh ja. Pardon, ich vergaß …« »Christjann!!! Minnie hat die Vase umgeworfen, und jetzt ist hier alles nass.« Wie kommen Katze und Vase unter den Tisch, frage ich mich?! »Scheiße!«, sage ich erneut, als ich das Wasser aufwische. »Aber, Christjann!«, kommt es vorwurfsvoll von unter dem Tisch im Chor. Wir essen Käsenudeln. Zwei saugen Käsenudeln ein. Es spritzt. »Christjann, kuck mal!«

Es klingelt. »Mama, Christjann hat ganz oft ›Scheiße‹ gesagt. Und uns die Füße geföhnt, und der Reibekäse war in einer Tasse.« Ich warte, ob sie noch etwas zur BH-Körbchengröße sagen wollen, aber das war's schon, weg sind sie. »Super. Alles prima gelaufen«, sage ich der Mutter. »Nein, kein bisschen anstrengend die beiden, supernett, echt«.

Die Tür ist zu. Ruhe. Welche Wonne. Ich trete auf einen vergessenen Baustein und jaule schmerzverzerrt schon wieder dieses böse Wort.

Danach falle ich drei Stunden erschöpft in einen Mittagsschlaf.

Wobei die Kinder noch relativ anspruchslos waren. Nudeln, Schokoladenpudding und ab und an ein Rührkuchen reichten damals noch völlig zu ihrem Glück. Aber das Kochen für die Erwachsenen brachte mich regelmäßig an den Rand eines Nervenzusammenbruchs.

Nein, es ist keine Koketterie. Ich konnte wirklich nicht kochen, ich wusste anfangs nicht mal, wie man eine Vinaigrette für den Salat anrührt. Aber jetzt wurde Essen zuzubereiten von mir erwartet, als wäre es eine selbstverständliche Tätigkeit wie atmen. Wie kann man denn nicht kochen können? Schon die kleine Enkelin rührte gerne und perfekt den Teig für Crêpes an oder backte einfache Kuchen. Mich stresste es fürchterlich. Ich wusste schon mal gar nicht, was ich mittags und abends kochen sollte. Jeden Tag aufs Neue. Nach den ersten mit Monsieur verbrachten Sommermonaten, in denen ich beinahe täglich Tomate und Mozzarella servierte, in französischen Augen nur eine Vorspeise, die auch nicht zum Hauptgang wird, wenn man mehr Tomate und mehr Mozzarella hinzufügt, was ich anfangs der Einfachheit halber tat, zeigte sich Monsieur doch zunehmend unzufrieden. Dass er darüber hinaus Tomaten nicht mochte, erfuhr ich nun auch.

Es mangelte mir zunächst an Ideen, dann an der Fertigkeit. »Mach halt was Einfaches«, schlug mir Monsieur freundlich, aber wenig hilfreich vor, wenn ich Kochbücher und Zeitschriften durchblätterte und seufzte und jammerte. »Mach irgendetwas, aber ohne Tomate und ohne Mozzarella und wenn möglich ohne Basilikum«, bat er mich, was auch Spaghetti mit Tomatensoße oder mit Pesto, meine beiden Essensklassiker, quasi ausschloss. Herrje.

»Was Einfaches!«, schrie ich gequält auf. »Als könnte ich was Kompliziertes!« Monsieur zuckte nur uninteressiert mit den Schultern, und schon war er wieder vertieft in einen Kriminalroman. Er, aus einer anderen Generation und seit jeher mit ihn umsorgenden und bekochenden Frauen gesegnet, erwartete selbstredend auch von mir, dass ich für ihn kochte. Und zwar *à la française*. Nicht, dass ich deutsche Gerichte leichter bewerkstelligt hätte, aber da gäbe es zumindest abends einfach Brot mit Aufschnitt und basta. Dass man hier mittags und abends warmes Essen zubereitet und jedes Mal Vorspeise, Hauptspeise und Nachtisch von mir erwartete, war ermüdend. Ganz zu schweigen von den Einladungen der Nachbarn, der Freunde oder entfernter Cousins, für die man dann doch etwas Besonderes machen soll. Alle wehren zwar vehement ab, »Mach nur keinen Aufwand!«, aber wehe man macht dann wirklich keinen Aufwand oder serviert gar etwas vom Tiefkühlsupermarkt. »Ach, Picard«, wird dann leicht verächtlich und mit hochgezogenen Augenbrauen gesagt. »Doch, doch«, heißt es dann leidenschaftslos, wenn überhaupt, »Picard hat wirklich gute Qualität.« Lassen Sie es sich gesagt sein: Essen von Picard, das geht zur Not für die eigene Familie hin und wieder an einem Mittwochabend, wenn es schnell gehen muss, aber niemals für Gäste! Die Wertschätzung Ihrer Gäste wird nach dem Aufwand gemessen, den Sie in der Küche betreiben. Picard ist ganz unteres Niveau. »Du warst doch mal *Aubergistin*, oder?«, fragte Monsieurs Tochter spitz. Ja, ich war zumindest die Frau des *Aubergisten* gewesen, ja, verdammt, ich habe Betten gemacht und Wäsche gewaschen, aufgehängt und gebügelt, ich habe geputzt und wieder geputzt, ich habe Tische gedeckt und den Saal dekoriert, ich bin treppauf und treppab gerannt, um auf der Terrasse zu servieren, ich habe Geschirr hinauf- und hinuntergetragen, und ich habe mir sogar einmal dabei den Fuß gebrochen, und ich habe, verantwortungsvolle *Aubergistin,* die ich war, nicht einen Teller dabei fallen lassen! Ich habe manchmal Kuchen gebacken und das eine oder andere Dessert schön angerichtet, ja, ich habe auch ganzjährig in der *auberge* gelebt, aber nein, ich habe nicht gekocht. Ich konnte beteuern, sooft ich wollte, dass es Patrick war, der gekocht hatte, in den Augen der Familie machte mich das trotzdem zu einer Hochstaplerin. Stell dir mal vor, eine *Aubergistin,* die nicht kochen kann, also so was …

Immerhin konnte ich meine kulinarischen Misserfolge in den wöchentlichen Kolumnen verbraten:

Pot au feu

Monsieur möchte immer schon morgens wissen, was es mittags oder abends zu essen gibt, damit sich seine Geschmacksnerven freudig darauf einstellen können. »*Qu'est-ce qu'on mange, chérie?*«, lautet die stets wiederkehrende Frage. Immer wird sie erwartungsvoll ausgesprochen, und meistens wird meine Antwort darauf mit einem resignierten »Hmhm« zur Kenntnis genommen, denn leider ist Monsieur mit mir und nicht mit einer leidenschaftlichen Sterneköchin verheiratet. Auch zur Enttäuschung meiner Schwiegermutter, die stets gerne Rezepte mit mir austauschen würde und die der Meinung ist, ihr Sohn leide unter Mangelernährung, nur weil ich nicht ständig fette Gänseleber in Portwein köchele. Sie hat mir daher letztes Jahr zu Weihnachten ein französisches Kochbuch geschenkt, einen Klassiker, mit dem sie selbst kochen gelernt habe, wie sie immer gerne betont. Die Kochkunst meiner Schwiegermutter gilt es nicht anzuzweifeln, sie ist kurz vor Sterneniveau, so viel ist sicher. Ständig werde ich nun gefragt, ob ich daraus schon etwas gekocht hätte, was ich bislang verschämt verneinen musste. Nun also widme ich mich endlich der Kochbuchlektüre. Es ist leider ein sehr textlastiges Buch ohne jegliche inspirierende Abbildung, und meine mangelnden fachsprachlichen Kenntnisse erschweren den inhaltlichen Zugang erheblich. Mein Französisch reicht, wie auch meine Kochkunst, eher für den kleinen Alltag. Es gäbe da ein sehr abenteuerliches Rezept mit gefülltem Schafsmagen, der nur etwa acht bis zehn Stunden gekocht werden muss, oder eine Fischsuppe, für die man Fischsorten benötigt, von denen ich nicht mal wusste, dass es sie gibt. Ich entscheide mich für einen Klassiker, der nur etwa drei Stunden Kochzeit benötigt. Mir scheint, die Französin hat nichts anderes zu tun, als zu kochen.

»Ich werde für heute Abend ein *pot au feu* machen«, sage ich morgens schon zu Monsieur. Ihm steigen Tränen in die Augen, und er küsst mich voller Dankbarkeit. Ach, denke ich erfreut, wenn ich das gewusst hätte, dann hätte ich das Buch nicht so lange links liegen lassen. Ich erstehe beim Metzger meines Vertrauens ein Stück Rindfleisch und auf dem Markt Gemüse und bereite es so zu, wie beschrieben. *Pot au feu* übersetze ich frei mit »Pott auf Feuer« denn so ist es: Der Topf steht auf dem Feuer, und es köchelt und köchelt und köchelt, und ich stehe aufgeregt daneben, um nur nichts falsch zu machen. Nach Anweisung gebe ich das Gemüse hinzu, alles wird weich, nur das Fleisch wird hart. Ich koche alles noch ein halbes Stündchen länger und dann noch ein halbes Stündchen, und dann schleicht Monsieur wie ein hungriger Wolf um den Herd, er hat Hunger und beschließt, dass es jetzt gut ist. Er kostet erwartungsvoll. Dann schweigt er. Er versucht, das Fleisch zu schneiden. Es hat die Konsistenz eines Steines. Der Rest ist verkochtes Gemüse, und es schmeckt recht wässrig. Jetzt habe ich Tränen in den Augen vor Zorn und Enttäuschung. »Dieses blöde französische Rezept«, schimpfe ich. »Stundenlang muss es kochen, und x-mal muss man das Wasser abschütten!«

»Wieso hast du das Wasser abgeschüttet?«, fragt Monsieur befremdet. »Na, weil es so drinsteht!«, fauche ich und halte ihm empört das Kochbuch hin. »Da, lies selbst!«

»Mehrfach den Schaum abschöpfen heißt das, nicht das Wasser abschütten«, sagt er trocken.

»Oh!«, sage ich. Dann sage ich nichts mehr.

So viel zu meinen Anfängen. Aber Essenseinladungen strengen mich immer noch an, auch die, die ich annehme. Eine angenommene Einladung muss nämlich erwidert werde. Und zwar bald. Dieses Prozedere war mir unbekannt, ich war wirklich eine vollkommene Anfängerin in der Disziplin und wehrte mich anfangs mit Händen und

Füßen dagegen und musste mir bald anhören, wie vielen Menschen ich eine Einladung schulde und dass wir auf dem Weg ins soziale Abseits seien. In Frankreich ist das soziale Leben so wichtig. Viel wichtiger als das Arbeitsleben übrigens. Je mehr Freunde man hat, je mehr man eingeladen wird und je mehr Menschen man einlädt, desto beliebter und angesehener ist man. Alle wollen hier ständig einladen, es ist ihnen eine Ehre, ein Vergnügen, alle sind hier ja so gesellig, nur ich nicht. Ich wollte niemanden einladen, und der soziale Abstieg war mir komplett egal. Ich wollte sowieso niemanden mehr kennenlernen, von diesen mich misstrauisch beäugenden Franzosen. Monsieur raufte sich die Haare. »Wie soll ich die Menschen davon überzeugen, dass du ein wunderbarer Mensch bist, wenn du sie nicht einlädst?« »Ich will nicht!«, schrie ich und hielt mir die Ohren zu. »Du musst!«, schrie Monsieur zurück. »*C'est la France!* So ist es hier! Verstehst du das nicht?« »Ich bin keine Französin«, wimmerte ich, »ich will das nicht, und ich kann das nicht.« »Können wir nicht in ein Restaurant gehen?!«, heulte ich irgendwann verzweifelt. Nein, das kann man nicht. Also, das kann man vielleicht auch, es kommt auf die Umstände an, aber eine Essenseinladung unter Freunden wird zu Hause erwidert. Freunde. Nun ja. Es sind Monsieurs Freunde, sie sind in seinem Alter, und sie betrachten mich alle misstrauisch. Was findet er nur an dieser Frau, die so schlecht Französisch spricht und nicht mal kochen kann?! Schienen sich die Frauen zu fragen, während ich rotgesichtig und verschwitzt Gulasch mit Spätzle servierte, denn anfangs wagte ich mich noch nicht an die französischen Klassiker. Schließlich ist auch der banalste französische Klassiker für mich Neuland. Alles mache ich zum ersten Mal. Ich habe nicht schon 150-mal *blanquette de veau,* ein Kalbsfrikassee in weißer Sauce, gekocht und auch noch keine *daube*, obwohl es diesen Rindfleischeintopf oft genug in der *auberge* zu essen gab. Außerdem wird hier ja für ein ganz normales Gästeessen ein Aufwand getrieben, wie in Deutschland an Weihnachten. Ich stehe also immer aufgeregt vor dem Backofen und hoffe, dass das Rindfleisch bei der Temperatur X am Ende so halbroh ist, wie sie es hier mögen, oder die Lammschulter oder was auch immer im Ofen brutzelt. Die Damen fragen dann gerne, wie ich die Soße gemacht habe oder die Mayonnaise oder den Karamell für die *crème renversé*, um nebenbei zu testen, ob ich Anrührpülverchen nehme oder fertigen Karamell, was natürlich alles verpönt ist. Vermutlich ist sie gut im Bett, dachten hingegen die Herren, und zwinkerten mir zu. Grauenhaft. Es war alles ganz grauenhaft.

Heute, knapp zehn Jahre später, koche ich zumindest unser Alltagsessen recht unangestrengt, wenn auch nicht gerade leidenschaftlich gern. Aber ich kann Fleisch, Suppen, Tartes und klassische Nachtische zubereiten, ohne in ein Kochbuch zu schauen. Essenseinladungen strengen mich immer noch an. Vor allem die überraschenden. »Kommt doch heute Abend zum Essen«, höre ich Monsieur am Telefon sagen. Dann legt er auf. »Maurice und Denise kommen heute Abend«, sagt er mir dann wie nebenbei. »Was wirst du zu essen machen?« Da könnte ich immer noch schreiend davonlaufen.

Immer zu zweit

Heute spreche ich besser, koche besser, und dass man mir besser nicht die Hand aufs Knie legt, hat sich auch herumgesprochen. Ich gehe treu und brav nur mit dem Gatten aus, wir erscheinen überall zu zweit oder gar nicht. Denn auch das ist hier die übliche Gepflogenheit: Paare gehen zusammen aus. Immer.

Ich habe das in der Anfangszeit nicht verstanden, als A., die Mutter auf dem Hof, sich darüber beklagte, dass D., ihr Mann, keine Lust habe, mit ihr zu reisen. Nicht mal einen Wochenendausflug wollte er machen. Dabei hätten sie doch jetzt Zeit.

»Dann fahr doch alleine«, schlug ich in meiner gewohnten deutschen Großstadtunabhängigkeit vor.

Sie sah mich irritiert an, als hätte ich ihr etwas Unsittliches angetragen. Natürlich fuhr sie nirgends alleine hin. Trotz aller Hippiefreiheit, es gibt Konventionen, über die setzen sich selbst Hippies nicht hinweg. Sie KONNTE als verheiratete Frau nirgends alleine hinfahren. Ich verstand das damals aber nicht. Allerdings begann ich es zu begreifen, als ich nach meiner ersten wirklich arbeitsamen Sommersaison, in der ich in der *coopérative* und in der *auberge* gearbeitet hatte, schon wieder dieses depressiv-müde Gefühl spürte, die untrüglichen Zeichen für Überforderung, die mich vor ein paar Jahren zu meinem Burn-out geführt hatten. Ich wusste, dass ich ein paar Tage Alleinsein dringend brauchte. Ohne meinen kapriziösen und anstrengenden Mann, ohne Nachbarn und vor allem ohne Gäste, um wieder ins Gleichgewicht zu kommen. Ruhe, Schweigen, Stille. »Wir können jetzt nirgendwohin fahren«, sagte Patrick zu meinen Plänen. »Der Oktober ist noch so schön, wir müssen alle eventuellen Gäste mitnehmen.« »Die kannst *du* ja mitnehmen«, sagte ich, »aber ich muss ein paar Tage weg.« Ich wollte gern ins Kloster auf der Insel vor Cannes. Ich hatte mich erkundigt, ich könne in den nächsten Tagen kommen. Er verstand nicht, dass ich alleine irgendwohin wollte, so dringend. Und ins Kloster?! Warum denn? Stimmt etwas nicht mit uns? Ich redete mir den Mund fusselig, um zu erklären, dass ich das brauchte, das Alleinsein, hin und wieder. Dass ich schon wieder spürte, wie diese Depression angekrochen käme. Er verstand es nicht. Das Bedürfnis nach Alleinsein wird im geselligen Südfrankreich sowieso nicht richtig verstanden, und ER wolle nicht ohne mich sein. Außerdem brauche er meine Hilfe, und er setzte mich unter Druck. Insofern ließ ich den Klosteraufenthalt schweren Herzens sausen. Etwas später aber sprach ich einen Bekannten an, ob ich nicht sein kleines Ferienhäuschen in einem benachbarten Weiler für drei Tage mieten könne. Er war zunächst nicht abgeneigt, aber als ich erklärte, dass ich es alleine mieten wolle, machte er beinahe einen Rückzieher. »Wozu allein? Irgendwas nicht in Ordnung mit Patrick?« »Doch doch, alles gut«, beteuerte ich, »aber ich will, ich MUSS ein paar Tage alleine sein.« Er sah mich misstrauisch an. »Herrje«, lachte ich verzweifelt, »ich will keinen Liebhaber treffen, ich will mich nicht von Patrick trennen, ich führe auch sonst nichts im Schilde, ich will einfach nur alleine sein.« »Hmhm«, machte er und sah mich befremdet an und dachte vermutlich, dass ich genau das wolle: einen Liebhaber treffen, mich von Patrick trennen. Ich verstand diese Reaktion nicht. Hatte in diesem Land denn noch nie jemand das Alleinsein gebraucht? Letzen Endes log ich, dass Patrick nachkommen wolle, sobald er sähe, dass wir keine Gäste hätten, und bekam damit den Schlüssel für das Häuschen. Aber mit Patrick war noch nicht das letzte Wort gesprochen. Er fand, es ginge nicht, dass ich ohne ihn führe. Was sollten denn die Leute denken? Was sollte er denn sagen, wenn man fragte, wo ich sei? Dann sagst du, ich bin in S., ich erhole mich und komme am Sonntagabend wieder, raunzte ich nun unfreundlich. Ich MUSSTE hier weg, es wurde immer dringender, aber diese Antwort, ich sah es schon, würde er nie im Leben jemandem geben.

Ich weiß nicht, was man ihn gefragt hat in meiner knapp zweitägigen Abwesenheit. Ich weiß auch nicht, was er geantwortet hat. Ich bin irgendwann gefahren, gegen seinen Willen, und habe mich schon auf dem Weg zum Häuschen im acht Kilometer entfernten Weiler S. so frei und erleichtert gefühlt, alle Schwere fiel von mir ab, und ich atmete auf. In dem kleinen Häuschen im verlassenen Weiler verbrachte ich wundervolle anderthalb Tage und zwei Nächte alleine. Dann hatte Patrick die *auberge* zugeschlossen und fuhr mir nach, um zu verhindern, dass ich mich von ihm trennte, denn das musste ja der Grund für diese Aktion gewesen sein.

Hatte ich damals noch gedacht, das sei Patricks konservativen Ideen, dem Landleben und seinen Konventionen geschuldet, sah ich mich in Cannes nun wieder damit konfrontiert. »Du kannst nicht allein weggehen«, sagte Monsieur, »nicht so kurz nach der Hochzeit, wie sieht das denn aus?« Ich lachte ungläubig. Wen hatte ich denn da geheiratet? Schon wieder so einen vorgestrigen Typen? Er redete ähnlich wie Patrick, und zum Schluss sagte er: »Wir stehen unter Beobachtung, verstehst du das nicht?« Ich wollte es nicht glauben. »Ich will doch nur einen Tag ins Dorf fahren, um an der Vereinssitzung teilzunehmen«, wehrte ich ab. »Im Dorf kennen Sie mich doch!« Er ließ mich fahren. Allein. Nach der Vereinssitzung aß ich mit einer Freundin in der *auberge* und wurde dort von Gästen, die mich lange nicht gesehen hatten, die aber mich und meine Geschichte kannten, begrüßt und gefragt, ob ich denn glücklich sei mit meinem neuen Leben. Und noch bevor ich pflichtschuldigst nicken konnte, was sollte ich auch lang über all das Misstrauen erzählen, das mir das Glück, in Cannes zu leben und mit Monsieur zusammen zu sein, etwas vergällte, hatte ein anderer schon zynisch geantwortet: »Siehst du doch, sie ist so glücklich in Cannes und mit ihrem Mann, dass sie heute schon wieder alleine hier ist!« Es machte mich sprachlos, aber langsam verstand ich es. So ist es hier. Immer noch.

Monsieur spielt seit einigen Jahren wieder Bridge in einem Verein. »Möchtest du nicht mit mir zum Bridge gehen?«, fragte er anfangs. »Ich?«, fragte ich fassungslos. »Niemals im Leben!« Er druckste lange herum. »Bist du sicher? Du hast es noch nie probiert, vielleicht gefällt es dir?!«, setzte er nach. »Nee, Schätzchen«, sagte ich entschieden, »wirklich nicht.« Er schien betrübt, aber Kartenspielen generell ist nicht mein Ding, und Bridge mit all den Senioren, *pitié*, wie man hier sagt: Gnade oder Gott bewahre! Etwas später setzte Monsieur noch mal vorsichtig an: »Würde es dich stören, wenn ich da ab und zu hinginge? Nur einmal die Woche, einen Nachmittag, Ich würde so gern wieder Bridge spielen.« Ich lachte los. »Natürlich kannst du dahingehen, warum soll ich denn was dagegen haben?« Er kann es manchmal immer noch nicht glauben, dass ich ihn einfach so gehen lasse, manchmal auch am Wochenende, ohne Genörgel, allein gelassen zu werden, ohne kontrollierende Fragen, ohne Eifersucht. Seine Mitspieler entschuldigen sich häufig am Telefon, dass sie mir den Mann abspenstig machen. Meine entspannte Haltung dazu scheint sie zu irritieren. Dass ich es genieße, immer mal drei Stunden allein zu sein, verschweige ich höflich. Es würde nicht verstanden. Wer will schon allein sein?!

So ermutigt, ging Monsieur kürzlich ebenso allein zu einer Versammlung, die mich ebenso partout nicht interessierte. *»Elle est partie, la petite Allemande?«*, wurde er prompt gefragt. »Na, ist sie weg, die kleine Deutsche?« Hat sie dich verlassen? Denn das erwarten wohl alle immer noch. Dass ich brav alleine zu Hause sein könnte, schien man sich nicht vorstellen zu können. »Aber warum ist sie denn nicht mitgekommen?«

Hier etwas anderes leben zu wollen ist auf Dauer sehr anstrengend. Ich passe mich also an. Als Ausländerin in einem fremden Land passt man sich sein Leben lang an. Ich wollte es anfangs gar nicht glauben, dass das Leben in einem europäischen Land gleich nebenan so anders funktioniert. Und dass es nicht damit getan ist, die Sprache zu lernen und irgendwann halbwegs flüssig zu sprechen. Je mehr man versteht, desto mehr versteht man nicht, sage ich immer. Denn die Regeln der Kommunikation sind andere. Und nicht nur die. Es gibt jede Menge *do's and don'ts* über die man staunt, das Leben funktioniert zwar in den Grundzügen genauso, aber dann ist doch alles anders. *C'est culturel*, sagt man hier. Es ist eine andere Kultur. *Et voilà*, und wenn man halbwegs integriert sein will, dann passt man sich an. *When in Rome, do as the Romans do.* In Südfrankreich lebt man eben *à la française*. Wir sind ein Paar. Wir gehen zusammen aus. Ich gewöhne mich daran.

Von einer französischen Freundin, die eine Zeit lang mit einem Deutschen verheiratet gewesen war und in Deutschland gelebt hatte, hörte ich die Geschichte aus einer anderen Perspektive. »Ich dachte, ich bin ihm schon gleichgültig geworden«, sagte sie, und noch immer klingt Empörung in ihren Worten mit, obwohl sie es in der Zwischenzeit als eine der sonderbaren deutschen Freiheiten verstanden hat, dass ihr Mann sie einfach so »alleine« irgendwohin hat gehen lassen. Damals hat sie es nicht als Freiheit empfunden, sondern als Interesselosigkeit, Gleichgültigkeit. Nicht mal eifersüchtig war er geworden, ihr Mann. Sie hätte doch sonst was tun können, alleine, ohne ihn unterwegs. Noch immer reißt sie die Augen auf und schüttelt den Kopf. So ganz ist es ihr nicht geheuer, dieses Alleineausgehen als verheiratete Frau. Zu ihrem Geburtstag aber lud sie eines Tages mutig nur Frauen ein. Mir war das gar nicht besonders aufgefallen, ich war gerade Witwe geworden und sowieso alleine unterwegs. Aber während wir gut gelaunt zusammen Tee tranken und über Frauenthemen quatschten und zunehmend freier, ausgelassen und albern wurden, sprach eine es dann aus: »Was für eine unerhörte Idee, nur uns Frauen einzuladen!« Jetzt riss ich die Augen auf. »Was ist daran denn so unerhört?«, fragte ich unschuldig. »Ach, Christjann«, sagte die Geburtstagsfreundin, »ihr habt so viele Freiheiten in Deutschland«, und sie erzählte noch mehr Geschichten aus ihrem Leben in Deutschland. *Ah bon*, machten alle anwesenden Französinnen und rissen nun ihrerseits die Augen auf. Verheiratete Frauen gehen dort alleine aus? Manchmal auch mit einem Mann? *Ah booon?* Fassungslos sind sie. Und der Partner lässt das zu? Sie kriegen sich gar nicht wieder ein. Sie würden das nicht wollen, dass ihr Mann alleine ausgeht und dann noch mit einer Frau?! Keinesfalls. Darin sind sie sich alle einig. Der Franzose ist ein potenzieller Fremdgänger, die Französin steht ihm da, wenn wir ehrlich sein wollen, in kaum etwas nach. Lässt man seinen Partner oder seine Partnerin alleine ausgehen, dann öffnet man Tür und Tor für Seitensprünge, ist die einhellige Ansicht. Ich vertrete nun weitschweifig die Theorie, dass Männer und Frauen auch »nur Freunde« sein können. Die Französinnen lachen schallend. Guter Witz. Niemals geht das. In Deutschland geht das, sage ich. Die Französinnen wollen vermutlich nicht unhöflich sein, und sie sagen nichts, aber ich kann sehen, dass sie uns oder zumindest den deutschen Mann für ein unsexuelles Wesen halten. Die Deutschen sind so frei, seufzt V. noch einmal, und ich begreife langsam, wie ungewöhnlich es ist, Frauen alleine einzuladen. Ja, nicken alle anwesenden Französinnen, sie fanden das ungewöhnlich, ein bisschen befremdlich auch, dass sie ihre Männer »alleine« zu Hause gelassen hatten. Sie hatten allesamt Schwierigkeiten, es ihnen zu vermitteln.

Die deutschen Freundinnen, die hier in Frankreich alleine oder mit einem deutschen Partner leben, verstehen diese französischen Paargeschichten natürlich nicht. »Muss dein Mann denn immer dabei sein?«, fragen sie genervt. Ich erkläre dieses französische Paarding, aber ich kann es ihnen nicht begreiflich machen. »Du bist doch Deutsche«, sagen sie. »Du wirst doch hier nicht rückständig werden! Hallo! Wo ist dein feministischer Ansatz? Kämpf mal ein bisschen!« Ich seufze. Jedes Mal, wenn ich etwas einfordere und sage, ich bin aber Deutsche, oder in Deutschland ist es so, oder kann man das nicht anders machen, bekomme ich zur Antwort: *On est en France!* Wir sind in Frankreich! Unausgesprochen heißt das: Pass dich an!

Die Freundinnen verdrehen die Augen, aber letztlich ist es ihnen egal. Die meisten sind nach ein paar Jahren sowieso wieder weg. Genervt von den Südfranzosen und ihrer Art, zu leben und zu arbeiten.

Denn so schön die Landschaft ist, so schön die Sonne scheint, der Himmel und das Meer blau sind, es ist letzten Endes nicht das, was das Leben hier ausmacht. Also zumindest, wenn man nicht nur Urlaub macht, sondern richtig hier lebt. Wenn man da lebt, wo andere Urlaub machen, dann wird aus dem Urlaubsparadies der Alltag, und der Alltag wird bestimmt von den Menschen, die hier leben. Von ihrer Art, zu reden, zu denken und zu arbeiten

Aber das wusste ich alles noch gar nicht, als ich neu in Cannes war. Cannes! Jeder, dem ich erzählte, dass ich nun in Cannes lebe, brach in Entzückensschreie aus. Als würde es bedeuten, dass ich ab sofort reich und berühmt bin. Und allabendlich auf der Terrasse des *Carlton* sehr elegant Champagner trinke oder mich auf einer Jacht in den Sonnenuntergang schippern lasse. Oder gepflegt Golf spiele oder was weiß ich. Also, es gibt sicher Menschen hier, die das machen, aber mit meinem Leben hat es nichts zu tun. Dennoch sieht man diese Welt, den Luxus, die Bentleys und Porsches und Maseratis, die vor den Grandhotels an der Croisette, der Luxusmeile von Cannes, stehen, und schick oder auch schrill angezogene Damen und Herren, die dort hinein- oder hinausgehen oder auf der Terrasse oder im Strandrestaurant Cocktails trinken oder fein speisen.

Cannes schüchterte mich ein. Nicht nur die in Leopard gekleidete Ex-Freundin, sondern all die anderen Damen in bourgeoisem Chic mit Seidenschal von *Hermès*, Handtasche von *Lancel* und Diamantring von *Chopard*. Ich kam aus den Bergen und hatte nicht das kleinste Stück schicker Kleidung, trug flache, derbe Schuhe, und eine Handtasche besaß ich auch nicht mehr, geschweige denn einen Diamantring. Die abschätzigen Blicke über meine ausgebeulten Hosen, meinen schweren Gang in bequemen Schuhen, meine verwaschenen T-Shirts und den Rucksack, alles, was in den Bergen passte, hier passte es nicht. Hier war plötzlich wieder wichtig, wie ich aussehe, es schien sogar das Allerwichtigste zu sein, wer ich hingegen war, interessierte niemanden. Nur widerstrebend ließ ich mich darauf ein und bemühte mich, einen Friseur zu finden und der Stadt angemessene Kleidung, und weinte nicht zum ersten und nicht zum letzten Mal bittere Tränen über die französische Mode, in die ich nicht hineinpasste mit meinem teutonischen Körper, und über die Arroganz der französischen Boutiqueverkäuferinnen, die das alles nicht interessierte. Letztlich erstand ich das eine oder andere Teil auf dem Markt und traute mich dann damit doch nicht aus dem Haus, weil ich dachte, jede dieser aufgetakelten Damen sieht sofort, dass es eine Hose für zehn Euro vom *Marché Gambetta* ist und dass die italienische Handtasche nur eine Luxusmarke imitiert. Ich erstand also online teure deutsche Mode, in der ich mir so lange gefiel, bis ich irgendwo eingeladen war und feststellte, dass ich nicht nur breiter als alle anwesenden Damen war, sondern sie trotz flacher Schuhe sämtlich um einen Kopf überragte, und auch mein lässig-dezenter Leinenschick sah hier nur noch verkrumpelt und die flachen Schuhe plump aus. Ich war umringt von crèmefarbenem oder hellblauem *Chanel*, polierten Lackschuhen und riesigen Designerhandtaschen und dem Familienschmuck, den man zu allen möglichen Anlässen hervorholt. Waren hier eigentlich alle so alt? So bourgeois? Ging es hier immer nur so gediegen zu, selbst beim Kinobesuch? Wo waren denn Leute aus meiner Generation? Oder noch Jüngere? Ich war auf jeden Fall eingeschüchtert, und wenn Monsieur mich nach vorne schubste, um mich den Damen vorzustellen, wurde ich rot, kaum dass das Wort an mich gerichtet wurde, verhaspelte mich sofort in der französischen Grammatik. Mein umgangssprachliches Französisch, das ich mir in den Bergen angeeignet hatte, war und ist genauso hemdsärmelig wie meine Kleidung, ungenügend für die kleine Salonkonversation, die Damen lächelten huldvoll, nicht immer nachsichtig, und ich fühlte mich fehl am Platz. Fürderhin drückte ich mich lieber in den Ecken herum, versuchte, meinen großen Körper unsichtbar zu machen, nippte still an einem Glas Rosé, langweilte mich und hoffte, das Event alsbald zu verlassen. Nur manchmal ergab sich ein freundliches Gespräch, aber da ich verhängnisvollerweise nicht sofort eine Esseneinladung aussprach, wie es die Französin in vergleichbarer

Situation gerne tut und so in aller Leichtigkeit Freunde und Freundinnen findet, versickerte der freundliche Kontakt alsbald wieder. Außerdem gab es immer das nicht unerhebliche Risiko, über Monsieurs nach wie vor hasserfüllte Ex-Freundin zu stolpern, von der ich den Eindruck hatte, dass sie das Ausgehen als Sport betrieb und grundsätzlich an allem teilnahm, nur um mich im Zweifelsfall wegzubeißen. Mir war das alles zu anstrengend, und ich ging nur noch ungern aus. Frühmorgens zum Schwimmen und an den Strand, ab und zu ins Kino, manchmal zum Essen mit Monsieur, und das war's. Ich weigerte mich, all die Vernissagen, Kinohappenings, Konzerte und was auch immer mit meiner Anwesenheit zu beehren, was sollte ich auch in dieser bourgeoisen Welt?

Monsieur war ein bisschen unglücklich, dass ich in seiner Stadt und mit seinen Freunden und Bekannten so unsozial war, immer sagte er mir, wie anders er mich in den Bergen kennengelernt und erlebt habe. Ich war ein bisschen unglücklich, dass ich so ein zurückgezogenes Hausmütterchenleben in dieser eigenartigen Stadt führte, in der ich gefühlt immer nur Essen kochte, das hatte ich mir auch ganz anders vorgestellt.

Kulturschock Frankreich

Ganz ehrlich, ich wusste lange Zeit nicht, was das Wort »Kulturschock« eigentlich meint. Eine Freundin schrieb mir von ihrem mehrmonatigen Aufenthalt in New York, wo sie der Kulturschock verspätet, aber umso heftiger überfallen habe. Am Anfang war ihr alles so vertraut ..., aber dann war doch alles anders. Mir blieb diese Erklärung trotzdem fremd. Das soll ein Schock sein, dass ein anderes Land anders ist? Ich meine, wenn ich nach Indien reise oder nach Westafrika, dann IST da alles anders. Klar, vielleicht verstehe ich vieles nicht, vielleicht schockiert mich manches auch. Ist das dann schon ein Kulturschock? Ist doch klar, dass es nicht so ist wie in Klein-Plittersdorf. Einen Schock kann es doch nur geben, wenn ich denke, alles ist wie in Klein-Plittersdorf, und dann ist es zackpeng Ouagadougou oder Bombay. Aber das passiert doch eigentlich nicht. Man fällt doch nicht aus der Welt, oder?

Ich kam von einem deutschen Großstadtleben in die Bergwelt nach Südfrankreich. Das war so grundsätzlich anders, dass ich nicht mal Vergleiche anstellen konnte. Ich versuchte, mich zurechtzufinden, und kam mir oft vor wie eine Soziologin, die in »teilnehmender Beobachtung« an einem Projekt arbeitet. Fremd war das Leben im Dorf und auf dem Hof. Fremd, aber ein Schock? Ich war aber auch so unendlich verliebt in dieses Land, so gerührt, weil mich die Menschen dort ohne Vorbehalte in ihr Leben aufgenommen haben. Wie wundervoll, ich liebe dieses Land und seine Menschen, und das Land und die Menschen lieben mich.

Es war ja nun nicht die ganze Zeit nur rosig, das Leben da oben, trotzdem habe ich rückblickend das Gefühl, wie in einer Seifenblase gelebt zu haben. Trotz harter Arbeit, trotz Krankheit, Tod und Trauer, trotz und vielleicht auch wegen der gemeinsam verbrachten langen, kalten Winter ist es ein behütetes Leben. Es ist sozial eng, man kennt sich, alle wissen alles, alle reden einem ständig in alles rein, aber alle sind auch verlässlich da. Freundschaft und Solidarität ergeben sich aus dem Gefühl, dass man ganzjährig dieses einfache, körperlich und meteorologisch anstrengende Leben teilt. Ich habe französisches Dorfleben kennengelernt, mehr noch, Bergdorfleben. Und raue, aber ehrliche französische Bergdorfkommunikation.

Jetzt lebe ich in Cannes. Stadtleben kenne ich eigentlich, ich dachte, mich schnell einzufinden, aber ich kenne nur deutsches Stadtleben. Und jetzt fange ich an zu verstehen, was Kulturschock meint. Ich spreche die Sprache, ich bin auf eigentlich vertrautem Stadtterrain, aber das Leben funktioniert doch anders. Seit einigen Jahren lebe ich in Frankreich, aber ich habe das Gefühl, ich fange gerade noch mal von vorne an.

Unverständlich für mich ist allem voran diese unverbindliche Höflichkeit. Hinter dieser freundlich scheinenden Fassade ist es oft gar nicht freundlich, man wird taxiert: Was willst du? Warum bist du da? Kann ja nicht nur aus Menschenliebe sein, also, was ist dein wahres Interesse? Kein Mensch glaubt dir, was du sagst, aber man lächelt freundlich, ach ja, tatsächlich, aber gern, wie schön, *bises* rechts, links. Es bedeutet gar nichts. Es ist anstrengend.

Als ich letztens in Deutschland war, sprach ich mit einem spanischen Taxifahrer, der lange Zeit in Italien gelebt hat, eine südamerikanische Freundin hat, ein Teil seiner Familie lebt in Frankreich … unglaublich eigentlich, wie vielsprachig und kosmopolitisch »andere« Ausländer sein können und wie viel Lebenserfahrung sie haben. Man sollte viel mehr mit Ausländern sprechen, überall! Wir redeten über unser Leben und unsere Erfahrungen in anderen Ländern – und sein Rat an mich, im Alltag Theater spielen zu lernen, »spielerischer« zu sein, lächelnd Küsschen zu geben und dabei zu denken: »Ich küsse dich, aber du kriegst mich nicht«, ist gut gemeint, denn wenn ich etwas nicht kann, ist es das. Ich bin immer noch viel zu direkt, zu ehrlich, zu gerade und zu ernsthaft für so ein Spielchen. Und ausgerechnet Cannes ist die ganze Zeit Bühne. Ich reibe mich also neuerdings an Frankreich und den Franzosen. Was denen natürlich nur ein kurzes Achselzucken wert ist. »Wenn's dir nicht passt, wie wir sind, dann geh nur, wir brauchen dich nicht.« Das sagt natürlich keiner so direkt. Dafür sind sie ja viel zu höflich.

Je mehr ich das verstehe, desto weniger verstehe ich. Ich weiß gar nicht mehr, wo ich dran bin. Es gibt so vieles, was zwischen den Zeilen transportiert wird, so viele *non dits*, das, was man nicht sagt, aber doch sagt. Was meint der andere wirklich? Sagt er lächelnd Ja, meint aber Nein? Und ich merke, wie oft ich Menschen durcheinanderbringe mit meiner direkten Art. Das fragt man nicht, Christjann, und das sagt man nicht, Christjann, und vor allem SO sagt man es nicht ... als ich mich in, wie ich fand, recht einwandfreiem Französisch bei der Telekom beschwerte, dass ich nach sechs Wochen immer noch kein korrekt funktionierendes Telefon und Internet in meinem Büro hatte, hatte ich am nächsten Tag gar nichts mehr. Die Dame von der Telekom hatte mir kurzerhand meinen Vertrag gekündigt. So lässt man sich nicht anraunzen, vor allem nicht von einer Ausländerin. Monsieur sagte: »So hättest du dich nicht beschweren sollen, so geht das hier nicht.« WIE soll ich mich denn beschweren? *Merde!* Seitdem wage ich gar nichts mehr. Wenn es kritisch wird, lasse ich das einen Franzosen für mich machen. Manchmal frage ich mich, ob ich die letzten Jahre hier so glücklich war, weil ich mir über diese ungeschriebenen Regeln gar nicht im Klaren war.

Natürlich wollte ich es nicht zugeben, wenn aber doch, bekam ich verständnisloses Lachen als Antwort. Hallo!

Geht's noch?! Du lebst in Cannes! An der Côte d'Azur! Die Sonne scheint das ganze Jahr über! Palmen, Meer, Strand! Du hast einen guten Mann! Du schreibst und übersetzt und verdienst damit Geld! Was muss denn noch passieren?

Ich hatte erwartet, dass das Glück eines Tages auf mich herabfiele wie das Gold, das Frau Holle auf Goldmarie regnen ließ, dass es mich durchdringen würde, und von da an wäre alles gut. So war es aber nicht, und noch immer weinte ich auch um Patrick. Und ich weinte immer mehr, sah bald regelmäßig eine Therapeutin, und ein Arzt verschrieb mir Antidepressiva. Vielleicht war alles zu früh gekommen, dachte ich. Oder warum kann ich einfach nicht glücklich sein? Diese Frage trieb mich um, immer und immer wieder. Monsieur brachte mir eines Tages ein Holztablett mit, auf dem *»Happiness is not a destination, it is a way of life«* geschrieben stand. Ich sah es von nun an jeden Tag, aber ich verstand die Botschaft dennoch nicht. Wie sollte das gehen, die glückliche Art zu leben? Nicht nur einmal ließ ich meinen Frust in Texten auf dem Blog aus.

Das verflixte siebte Jahr

Sie können dieses Gejammere von Auslandsdeutschen an der sonnigen Côte d'Azur nicht mehr hören? Hat euch ja keiner ins Exil gezwungen. Habt ihr doch gewollt. Na also. Seid mal schön still mit diesem Luxusgemeckere. Das Leben ist kein Ponyhof! Immerhin habt ihr Palmen und Sonne und Strand und Meer. Wenn Sie so denken, sollten Sie hier NICHT weiterlesen. Nehmen Sie einfach den nächsten oder übernächsten Artikel, und gucken Sie, ob's da wieder besser passt. Bis dahin also. Schönen Tag noch …

So, wir sind also unter uns, hoffe ich doch, Sie können noch mal kurz überlegen, ob Sie hierbleiben wollen … es wird ein bisschen meckrig, seien Sie gewarnt! Ja? Nein? Besser doch wegklicken? Ich bin Ihnen nicht böse, wenn Sie so etwas nicht lesen wollen. Aber dann tun Sie es auch nicht. Es ist kurz vor Pfingsten, machen Sie es sich schön, gehen Sie spazieren, die Sonne scheint ja …

So, jetzt aber sind wir sicher ungestört. Haben Sie sich noch einen Kaffee gemacht? Gut so.

Meine Liebesbeziehung mit Frankreich dauert ja gerade sechs Jahre, dennoch habe ich manchmal den Eindruck, wir sind schon im verflixten siebten Jahr. Die erste Verliebtheit ist verflogen, es knirscht. Es gab in letzter Zeit so gehäuft schwarze Tage, an denen ich dachte, warum tue ich mir das an? Warum bin ich nicht einfach brav zu Hause geblieben? Was hat mich, verdammt noch mal, geritten, in diesem Land leben zu wollen? Ich bin ja wirklich freiwillig gekommen. Wie doll müssen sich Menschen an fremden Ländern reiben, wenn sie unfreiwillig dort gelandet sind, als Flüchtlinge, Exilierte, Asylsuchende. Aber vielleicht darf man dann lauter jammern, als wenn man freiwillig kam. Oder vielleicht jammert man nicht, sondern ist einfach froh, weil man in (einer gewissen) Sicherheit angekommen ist?!

Mich nervt so vieles gerade. Auch Dinge, die ich am Anfang so geliebt habe. Diese ständige, mindestens dreigängige gemeinsame Esserei zum Beispiel. Wie soll ich jemals wieder auf mein Normalgewicht kommen, wenn es hier immer nur ums Essen geht?! Essen, essen, essen. Ständig muss gegessen werden und vom Essen geredet und wieder gegessen. Und eingeladen und gegeneingeladen und wieder zurück. Und es wird eingekauft und noch mehr eingekauft und Essen gekocht und noch mehr

Essen gekocht. Und immer hat jemand Geburtstag, oder es sind Feiertage, und alles wird noch üppiger, festlicher und mehr, immer mehr. Ich bin so erschöpft. Kann man nicht einfach mal abends nur ein Butterbrot essen? Allein?

Mich nervt, dass ich immer angeguckt werde wie ein weißer Elefant, weil ich hier nicht unbemerkt durchkomme, ganz gleich, ob ich was sage oder nicht. Ich sehe deutsch aus, ich habe eine deutsche Art, und ich habe einen deutschen oder wie auch immer gearteten Akzent. Ich bin anders. Ich bin keine Französin. Ich tue nicht mal so. Aber ich lebe trotzdem hier. *Merde*. Muss das jetzt bei jedem Radieschenkauf erneut erörtert werden? Das ist das Schicksal der Menschen mit Migrationshintergrund: Wo kommen Sie her? Wie gut Sie sprechen! Und wann gehen Sie wieder zurück?

Ich mache Fehler beim Sprechen, es ärgert mich auch, ja, Herrgott, ich habe die Sprache halt so nebenbei gelernt, ich werde vielleicht doch mal Sprachstunden nehmen müssen. Aber deswegen bin ich doch nicht blöd. Dass man mich für eine Idiotin hält, nur weil ich in Frankreich zunächst Käse und Kaninchen auf einem Markt verkauft habe und noch immer mit irgendwelchen Konditionalformen und *Subjonctiven* rumstottere, nervt mich. Und dieses freundlich-erstaunte »Oh, was für schwierige Worte du kennst, Christjann!«, weil ich mal ein Fremdwort gewählt habe. Oh ja, und auf Deutsch kann ich »Industriestaubsauger« sagen, und ganz ohne Akzent. Ich habe einen Uniabschluss, aber für dieses Land bleibe ich eine stammelnde Idiotin.

Und drinnen waltet die züchtige Hausfrau

Nun, Monsieur und ich, wir lernten uns besser kennen und fochten mehr und mehr kulturelle und Generationskonflikte aus. Monsieur stammt aus einer anderen Generation und war sein Leben lang von ihn umsorgenden Frauen umgeben gewesen. Großmütter, Kindermädchen und eine im klassischen Sinne wirkende Ehefrau. Auch meine Vorgängerin kümmerte sich gerne um alle seine Belange, als wäre er ein in gewissen Dingen unmündiges Kind. »Was soll ich denn anziehen?«, fragte mich Monsieur am Morgen nach der ersten bei ihm verbrachten Nacht. Ich glaubte nicht richtig gehört zu haben. »Du ziehst an, was du willst«, gab ich zurück. Unentschlossen stand er vor dem Kleiderschrank. »Ich weiß nicht, was zusammenpasst. Weißt du, M. hat mir immer rausgelegt, was ich anziehen soll.« »Aha«, gab ich streng zurück. »Ich werde das nicht tun. Ich möchte nicht diese Art von Beziehung, ich möchte nicht deine Mama sein und ich denke, du wählst ab heute selbst aus, was du anziehen willst.« Monsieur schluckte. Ich schluckte ebenso, als er in einer eigenartigen Kombination aus hellblauem Hawaihemd und altmodischer beiger Kordhose vor mir stand. Und braune Schuhe. Egal. Natürlich hagelte es alsbald kritische Kommentare. »Früher war Monsieur besser angezogen«, sagte man so, dass ich es hören konnte.

»Jetzt zieht er sich an, wie er will«, gab ich ungerührt zurück. Aber es war nicht immer einfach. »Kann es sein, dass du farbenblind bist?«, fragte ich manches Mal, wenn mir die Kombinationen allzu abenteuerlich vorkamen. »Warum?«, fragte Monsieur, »sieht es nicht gut aus?!« »Naja«, machte ich vorsichtig. Aber es ist ihm jetzt egal. Es ist warm, praktisch oder bequem, sein Lieblingshemd oder seine Lieblingshose, und er fühlt sich darin wohl. Nun denn. Ich wollte es ja nicht anders.

Nach ein paar Tagen unseres Zusammenlebens kam Monsieur wutschnaubend aus dem Schlafzimmer »Kann man mal erfahren, was du mit meinen Unterhosen gemacht hast?«, fuhr er mich an. »Gar nichts«, sagte ich überrascht. Ich hatte keine Ahnung, was los war. »Ich schwöre, ich habe deine Unterhosen nicht angerührt!« Das aber war genau das Problem. Er hatte nämlich keine saubere Wäsche mehr im Schrank. Alles war in der Schmutzwäsche. Dass es zu meinen Aufgaben gehörte, kaum dass ich meinen Fuß in seine Wohnung gesetzt habe, pflichtschuldigst einen Blick in die Wäschetonne zu werfen und mich um seine Wäsche zu kümmern, war mir nicht in den Sinn gekommen. »Wie hast du das denn vorher gemacht?«, fragte ich. Vorher hatte es einen Deal zwischen der Freundin und der Haushaltshilfe gegeben, die eine warf die Wäsche in die Maschine und stellte sie an, die andere hängte die Wäsche auf und bügelte sie. Ich war Haushaltshilfen nicht gewohnt und fühlte mich auch unwohl mit jemandem, der bei uns aufräumt und putzt. Ich war nicht auf die Idee gekommen, mit ihr irgendeinen Unterhosendeal zu verabreden. Als sie mich fragte, ob ich mich von nun an alleine um die Wäsche kümmern könnte, immerhin wohnte ich ja nun mit Monsieur zusammen und sei nun die Frau im Haus, wagte ich nicht, Nein zu sagen. Bizarrerweise räumte die Haushaltshilfe an ihren Arbeitstagen zwar auch weiterhin Monsieurs herumliegende Kleidung auf, aber keinesfalls meine. Ich gewöhnte mich daran.

In unserer Beziehung gab es noch viele erste Male dieser Art. Auf unserer ersten Reise hatte Monsieur weder Rasierzeug noch Schlafanzug oder Wäsche zum Wechseln dabei, weil »ich« seine Sachen nicht gepackt hatte, wie er es seit Jahrzehnten von all seinen Frauen gewohnt war. Wir kauften also unterwegs das Nötigste. Ich weigerte mich auch weiterhin bei jeder Reise, seine Sachen mitzudenken oder gar für ihn zu packen. Aber es bleibt schwierig, gegen sechzig eingefahrene Männerjahre vorzugehen. Nachdem wir uns unterwegs manches Mal gestritten haben, weil er etwa keinen Pullover dabeihatte und wir deshalb nicht an einem wunderschönen See bei frischen Temperaturen eine Kaffeepause machen konnten – er sauer war, weil »ich« seinen Pullover nicht eingepackt hatte, ich sauer war, weil er demonstrativ frierend im Auto die Heizung anstellte –, seitdem denke ich nun doch, gegen meine Überzeugung, für ihn mit. »Hast du einen Pullover ausgewählt?«, frage ich etwa, oder ich sage: »Du denkst bitte selbst an dein Waschzeug und an deine Medikamente.«

Nicht nur einmal seufzte ich und stöhnte über dieses Hausmütterchenleben in dieser einschüchternden Stadt und über das feindliche Umfeld. So hatte ich mir das nicht vorgestellt. Aber dann wurde Monsieur krank. Eines Tages machten wir einen kleinen Radausflug, und nach knapp zwei Kilometern fiel Monsieur bleich und erschöpft vom Rad. Er versuchte, es runterzuspielen, aber ich spürte, etwas war nicht in Ordnung, die Zeit, dass Patrick bleich und erschöpft war, lag noch nicht lange zurück. »Bitte«, sagte ich, »bitte lass dich untersuchen!« Es war kein Krebs, oder doch, da gab es auch etwas, ein Prostatakrebs wurde entdeckt, das aber, was Monsieur derzeit erschöpfte, war das Herz. Eine Herzklappe arbeitete nicht mehr richtig. Immer schneller war er außer Atem und erschöpft, schon bei der geringsten Anstrengung wie Treppensteigen. Er hatte Angst vor der OP, die unvermeidlich schien, und er schob sie hinaus. Auch ich hatte Angst vor der OP, aber auch davor, was passieren könnte, wenn er sich nicht operieren lassen würde. Sein Zustand verschlechterte sich rapide. Mein Herz verkrampfte sich bei der Vorstellung, dass er, so oder so, vielleicht sterben könnte. Die Familie versuchte noch einmal, mich loszuwerden. Einen herzkranken Mann könne ich doch nicht gewollt haben, redeten sie auf mich ein. Was, wenn die OP schiefgehen würde? Er danach behindert sei? Ich solle doch vernünftig sein. »Geh«, sagten sie unausgesprochen jeden Tag. Natürlich ging ich nicht. Stattdessen begleitete ich ihn nach Lyon, wo er operiert werden würde. Angst hatte ich trotzdem. Es war schrecklich, schon wieder an einem Krankenhausbett zu sitzen und einem von der fünfstündigen Herz-OP deutlich geschwächten Mann die Hand zu halten. Er hatte überlebt, immerhin. Wie wichtig er mir geworden war, hatte ich in all den vergangenen Tagen und halb durchwachten Nächten gespürt. Ich wollte mich nicht mehr um all diesen Alltagskleinkram mit ihm streiten. Das Leben war fragil, es konnte so schnell vorbei sein. Monsieurs Herz wurde langsam wieder stabiler, aber er blieb ein bisschen angeschlagen, ist nunmehr einen Tick weniger dynamisch als vorher, schneller erschöpft, braucht

Pausen, die wir bei allen Unternehmungen einplanen müssen. Die Endlichkeit unseres Lebens ist spürbar. Wie viele gemeinsame und gesunde Jahre werden wir noch haben? Ich wollte, dass wir die Zeit, die uns gemeinsam blieb, froh verbrachten, schluckte all mein trotziges »Ich will hier aber anders leben« hinunter und passte mich an.

Das Cannes des Kommissars Duval

Es hätte trotzdem schiefgehen können mit uns, wenn ich nicht rechtzeitig das Angebot bekommen hätte, Kriminalromane zu schreiben, die in Cannes spielen sollten. Ein neues Projekt! Es holte mich aus meiner Dornröschenabgeschiedenheit und zwang mich, rauszugehen, auf Leute zuzugehen, Fragen zu stellen, zuzuhören und mich auf Cannes in all seinen Facetten einzulassen, denn ich wollte die Geschichte des ehemaligen Fischerdorfs, das zur mondänen Filmhauptstadt aufgestiegen war, kennenlernen und verstehen.

Mal abgesehen von meinem privaten, feindlich gestimmten Umfeld in Cannes, war mein Problem mit der Côte d'Azur und Cannes im Besonderen, dass ich immer diese 50er-Jahre Glamourfotos im Kopf hatte und unbewusst erwartete, an der Ampel stünden plötzlich lächelnd Grace Kelly mit Kopftuch und Cary Grant im offenen Sportcoupé neben mir. Man möchte allein durch Cannes und wie durch ein mondänes Museum flanieren und huldvoll erkennend rechts und links lächeln, ah, Onassis sitzt heute hier, ach, und was hat Jacky so ein niedliches Hütchen! Wer ist denn diese reizende Person da? Nein, tatsächlich? Oh, und was für ein gut aussehender Herr, kennst du ihn? Ach, schau mal an, Depardieu ist auch da. Nehmen wir unseren Aperitif im *Carlton*, *chéri*?

Aber nein, so ist es nicht. Es ist laut, es ist voll, es stinkt nach Auspuffgasen. Mofas knattern, es hupt, es röhrt und kreischt, durch die Straße schieben sich Menschenmassen, mit Hund, mit Kinderwagen, mit Taschen bepackt, Menschen mit Musikstöpseln im und Telefon am Ohr, stöckelnd oder in Flipflops, halb nackt, Kaugummi kauend, rauchend, alle mit Sonnenbrille, und alle sind auf der Suche nach dem Glamour und dem Flair, das sich daher dezent zurückgezogen hat, und sie finden – ja was? Eine banale und vulgäre Stadt, die vor Klamottenläden und Friseursalons überquillt, voller Bars und Restaurants, und trotzdem hoffen alle, noch etwas von dem Glanz von Cannes hier zu finden, von dem Glanz der Jahrhundertwende oder wenigstens dem der 50er-Jahre oder dem heutigen Luxus, und man selbst würde automatisch auch glänzend und besonders. Was für eine Enttäuschung! Und kaum verlässt man die zwei Straßen, die Cannes bedeuten, wird Cannes auch noch hässlich und dreckig, wie jede andere Stadt auch.

Aber fangen wir am Anfang an, Sie wissen es vielleicht schon, es steht so oder ähnlich in jedem Reiseführer.

Cannes ist offiziell in zehn Stadtviertel unterteilt, von denen Reisende in der Regel nur zwei kennenlernen, die Innenstadt nämlich, mit ihren Luxushotels und Luxusboutiquen rund um das Palais des Festivals, in dem sich während zehn Tagen im Mai alljährlich das Filmfestival abspielt; es ist wirtschaftlich und kulturell das wichtigste Ereignis des Jahres in Cannes und macht den Ruf der Stadt als internationale Filmmetropole aus. Durchstreift man noch die Gässchen des kleinen Altstadthügels, Le Suquet, von dessen Aussichtsterrasse man eine gute Sicht über die Stadt, den alten Hafen und die beiden geschichtsträchtigen

Inseln Sainte-Marguerite und Saint-Honorat hat, dann hat man schon das »Wichtigste« von Cannes gesehen und erfahren, aber ist Cannes damit ausreichend charakterisiert? Und was ist mit den verbleibenden acht Vierteln? Und wieso kam es hier überhaupt zu diesem Luxustourismus?

Nun, um Cannes zu verstehen, muss man immer auch die Geschichte des britischen Lord Brougham bemühen, der im 19. Jahrhundert auf der Reise nach Italien in Cannes notgedrungen Zwischenstation machte, denn die Grenzen nach Italien waren wegen einer Cholera-Epidemie geschlossen. Er mietete sich daher in einem Häuschen in Cannes ein und verliebte sich in das beschauliche Fischerdörfchen mit seinem milden Klima, das dem in Italien in nichts nachstand. In den Folgejahren erbaute er dort seine Villa und überzeugte seine aristokratischen britischen Freunde davon, Cannes ebenso als Winterresidenz zu wählen. Erste Villen und großartige Hotels wurden erbaut, und sogar Mitglieder der britischen Königsfamilie ließen sich hier zeitweise nieder. Es gibt im Park eines ehemaligen Grandhotels, das heute in eine Wohnanlage umgebaut wurde, noch Reste des Hundefriedhofs der in Cannes verstorbenen »treuen Freunde« der englischen Monarchie! Dies aber nur am Rande.

Zur gleichen Zeit entdeckte auch Eugène Tripet, seinerzeit französischer Konsul in Moskau, verehelicht mit der wohlhabenden Alexandra Skrypizine, Cannes. Auch sie vom Charme und dem Klima angezogen, ließen sich hier nieder und erwarben den gesamten Hügel, der damals noch nicht La Californie hieß, und ließen dort für sich und ihre Familien Villen erbauen. Aus Russland kam damit von nun an eine nicht minder elitäre Klientel. Dies war der Beginn des Luxustourismus, wenn die Damen und Herren zunächst auch nur die Wintermonate hier verbrachten, um der englischen sowie russischen Kälte zu entgehen.

Die Schönheit der Küste, das Klima und das schillernde Ambiente von Reichtum und Stars ziehen bis heute Menschen an. Die Einwohnerzahl der Stadt nimmt stetig zu. Mehr als 70.000 Menschen leben derzeit in Cannes, das sich mittlerweile über mehrere Hügel erstreckt, und zwischen Appartementanlagen, Hotels, Luxusvillen noch immer überraschend dörfliche Strukturen aufweist. Überdurchschnittlich viele Rentner möchten hier ihren Lebensabend genießen, gleichzeitig verbringen noch immer die Reichen und Schönen aus aller Welt ihren Urlaub in Grandhotels, oder sie liegen mit ihren Jachten im Hafen und in der Bucht vor Cannes.

Das Personal für die Reichen und all die Servicekräfte der Hotels leben eindeutig bescheidener in den anderen Stadtvierteln von Cannes, und dazwischen findet man, eher zurückgezogen und diskret, die *Cannois,* die echten Einwohner von Cannes. Schnell ist man dann auf der anderen Seite der Schnellstraße, die das touristische Cannes vom »anderen« Cannes trennt. Sie gehen nur eine Ecke vom Chichi-Schick entfernt durch eine scharf nach Urin und Desinfektionsmitteln riechende Unterführung und sind zum Beispiel im Viertel République, das sich hinter dem Bahnhof und um den Boulevard de la République drängt. Hier haben sich Ende des 19. Jahrhunderts Italiener angesiedelt, bauten sich ihre Häuser und richteten kleine Läden und Werkstätten ein. Es ist immer noch ein »kleinteiliges« Viertel, niedrige Häuschen, daneben aber auch viele Appartementhäuser aus den 60er-Jahren, im Erdgeschoss dieser

Gebäude dann arabische und russische Händler, halal oder koschere Metzger, afrikanische Friseure, hinter staubigen Vitrinen eigenartige Import-Export-Läden, Bäcker, Schlüsselläden, Autowerkstätten in einer Garage, Fingernagelstudios, Telefonläden, Bars und Teesalons, die nur von arabischen Männern frequentiert werden, verschleierte Frauen mit Kinderwagen auf dem Spielplatz, um ein paar Mofas lungern Gruppen rauchender Jugendliche, die ununterbrochen auf die Straße spucken. Auch das ist Cannes.

Wenn ich auch mit dem Glitzer und Glamour, den es rund um die Croisette gibt, nichts anfangen kann, es ist einfach nicht meine Welt, diese banale, raue, arme und manchmal vulgäre Seite von Cannes gefiel mir auch nicht.

Es muss doch irgendwo ein verstecktes Cannes geben, ein lauschiges Café in einem verwunschenen Park? Das kleine Bistro mit der ursprünglichen Atmosphäre? »Wo gehen denn die *Cannois* wirklich hin?«, fragte ich Monsieur anfangs. Er zeigte es mir, und ich war noch enttäuschter. Nein, in Cannes gibt es keine Geheimtipps mehr.

Insidertipps

»Hallo, Frau Cazon, Mitte Mai kommt ein früherer Kollege nebst Gattin via Kreuzfahrtschiff in Cannes an, Landgang zwischen 7 und 17 Uhr. Ich gedenke ihn dort zu treffen, Cannes ist ja nicht so weit weg von Hyères. Was kann man denn in Ihrer Stadt Schönes sehen und tun? Und vor allem, wo kann man denn schön was essen und trinken? Provenzalisch, Fisch vielleicht, und das Ganze gerne mit Meerblick. Meerblick haben Deutsche aus dem Ruhrgebiet oder von wo auch immer ja nicht so oft. Aber Meerblick ist ja immer schön, auch für unsereinen.

Empfehlen Sie mir aber um Gottes willen keine gehobene Touristen-Massenabfertigung, ich will einen Insidertipp!«

So in etwa lautete die Mail, die mich kürzlich erreichte. »Insidertipp!« Ich rolle die Augen. Nicht nur weil Mitte Mai Filmfestival, die Stadt berstend voll und alles doppelt so teuer ist; da kommt man nur nach Cannes, wenn man aus der Filmbranche ist und eben muss oder weil man *cinéphile* ist und einmal die gleiche Luft atmen will wie Brad Pitt oder Julia Roberts. Denn ja, sie kommt dieses Jahr, die Frau mit dem breiten Lächeln, Julia!

Das ist das eine. Das andere ist, dass ich das mit den Restaurant-Insider-Tipps im 100-prozentig touristischen Cannes, manchmal nicht mehr hören kann. Alle wollen sie das. Auch die Journalisten, wenn die Dame vom *Office de Tourisme* dann weg ist: »Jetzt sagen Sie uns doch mal, wo man WIRKLICH hingeht ...« Herrgott! Hier ist Cannes! Es gibt hier vor allem touristische Massenabfertigung, die kann mal hübsch und teuer und geschmacklich gut oder weniger hübsch, weniger teuer und geschmacklich duchschnittlich bis schlecht sein, aber touristische Massenabfertigung ist es immer. Alles, was halbwegs etwas taugt, steht im *Guide Gantié* oder *Guide Michelin*. Und ist damit kein Geheimtipp mehr. Und ja, es ist teuer. Der echte *Cannois* meidet dieses Chichi in der Regel und bevorzugt eher schlichte Orte, die nicht mal unbedingt kulinarisch der Hit sind. Aber er ist unter *Cannois* und hat seine Ruhe.

Ich hatte ganz zu Anfang auf meinem Blog mal eine Rubrik *Tipps für Cannes* angefangen, da kam ich aber über den ersten Eintrag nicht hinaus, denn ich musste feststellen, dass es einfach keine Tipps gibt. Zunächst dachte ich immer noch, ich hätte sie nur noch nicht gefunden, all die netten versteckten Orte: die kleine, unentdeckte Bucht mit einem fantastischen Fischrestaurant, und nicht mal teuer. Oder das lauschige Café im stillen Garten mit ausladenden Bäumen hinter der Jugendstilvilla. Oder ein nettes Museumscafé mit überraschendem Blick über die Dächer von Cannes. Oder den hippen Laden in einer Seitenstraße von der Croisette, wo man gaaanz tolle Cocktails trinken kann. Oder wenigstens eine nette Strandbar mit gutem Kaffee und Blick aufs Meer, und drängelte Monsieur, mit mir auszugehen und mir zu zeigen, wo man hingeht. Und war dann immer enttäuscht. Erst vermutete ich, es sei die Schuld von Monsieur. Monsieur ist schließlich *Cannois*. Er geht dorthin, wo *Cannois* hingehen. Ja!, juchzen Sie auf, genau das meine ich, da will ich auch hingehen! Nein, sage ich, glauben Sie mir, das wollen Sie nicht. Die Orte sind vielleicht touristisch unentdeckt, was bedeutet, sie liegen in abseitigen Vierteln jenseits der Schnellstraße, sie sind aber weder verwunschen noch lauschig. Es gibt keinen Blick nach draußen, riecht vielleicht nach Fischfett, und die Küche ist oft nur mittelmäßig. Aber da geht er wirklich hin, der *Cannois*, da ist und isst er nämlich unter seinesgleichen und hat seine Ruhe vom Touristentrubel. Früher gab es mal das Restaurant *Le Pacific*. Ich habe es geliebt und ihm im ersten Krimi ein Denkmal gesetzt. Gut, das mit dem guten Essen war vielleicht etwas geschönt, aber die Atmosphäre war wirklich einzigartig und 100-prozentig *cannois*. Ich habe das mal deutschen Gästen empfohlen, die natürlich auch nach einem Insidertipp lechzten, aber sie fanden es, glaube ich, nicht nur banal, sondern geradezu schlecht. Heute ist da übrigens eine Bar drin, neu, laute Musik, junges Publikum. Denn das ist das andere Problem. Alles dreht sich hier sehr schnell. Kaum habe ich eine Empfehlung ausgesprochen, schon gibt es das Etablissement nicht mehr. Wir hatten bereits dreimal einen

Lieblingsitaliener, einer davon ganz bescheiden, aber mit großem Garten in einem abseitigen Viertel, sehr gut und billig (naja, Cannes eben), der war plötzlich weg. Gestern noch dort gegessen. Heute weg. Pizzalieferanten wechseln sich dort mit Sushilieferanten ab, aber der Garten bleibt geschlossen. Dann gab es einen etwas edleren Italiener jenseits der Schnellstraße, ohne Blick, kein Draußen. Gerade geöffnet, wir haben noch einmal Freunde hingeschleppt, schon wieder weg. Konnte sich nicht halten, Mafia, Korruption, was weiß ich. Dann ein teurer (touristischer) Italiener am Hafen, »unser« Restaurant, dort, wo ich merkte, ich bin verliebt in Monsieur; gleiche Geschichte: *plouff*, weg. Die Restaurants im Suquet, der Altstadt, alle banal, man bezahlt das, in der Tat, pittoreske Ambiente. Da wechseln Koch und/oder Besitzer fast jede Saison, entweder weil sie genug Geld verdient haben oder eben gerade nicht. Die Strandrestaurants, *c'est pareille*: Und man zahlt zusätzlich den Meerblick. Immer noch einen Zacken teurer als sonst in Cannes. *Voilà*, so viel also zu den Insidertipps. Vergessen Sie's. Lauschige, verwunschene und unentdeckte Orte gibt es nicht in Cannes. Gehen Sie dorthin, wo es Ihnen gefällt, wo Sie das Menü und/oder der Preis anspricht und wo Sie einen Tisch bekommen. Um zumindest gut zu essen, hilft ein Blick in einen Restaurantführer. Mittags gibt's oft ein Tagesgericht oder eine *formule*, Entrée und Hauptgang, oder Hauptgang und Dessert zum ermäßigten Preis. Das ist überhaupt das Insidermäßigste, was ich Ihnen sagen kann. Aber das weiß der Herr aus Hyères natürlich. Lebt ja selbst schon ein paar Jährchen in Südfrankeich. Mitte Mai sollten Sie auf jeden Fall vorher reservieren. Die Stadt ist voll. Und wenn alle 3000 Kreuzfahrtschiffgäste zusätzlich Landgang haben, ist zu überlegen, ob man nicht besser zum Kreuzfahrtschiff schwimmt und dort auf dem jetzt sicher leeren Oberdeck in Ruhe sein Bierchen oder seinen Rosé trinkt und mit dem Besuch dort plaudert. Der Blick vom Meer auf Cannes ist nämlich wunderschön, allemal schöner als der von Cannes auf das die Bucht verstopfende Kreuzfahrtschiff.

Von Anfang an wollte ich in den Kriminalromanen nicht nur eine Krimihandlung, sondern wirklich Cannes erzählen, so wie es ist und mit allen Problemen und Herausforderungen und nicht nur eine bunte Fantasiekulisse beschreiben. Monsieur war ebenso enthusiastisch wie ich, freute sich, dass ich mich endlich für Cannes interessierte, und erläuterte mir das »*Who is Who*« und das »Wer macht was« in dieser Stadt.

Ich nahm von nun an mutig an kulturellen und auch an politischen Veranstaltungen teil, nahm das Risiko in Kauf, dort auf ungeliebte Menschen zu treffen, und tat es selbst, wenn die Veranstaltungen mir nicht zusagten, wie etwa eine Wahlkampfveranstaltung von François Copé, weil ich dachte, es sei nützlich zu wissen, wie das abläuft. Mit diesem recherchierenden Blick wurden plötzlich jede noch so langweilige Vernissage und sogar das zänkische Gerangel während einer Eigentümerversammlung spannend.

Mit jeder Geschichte, die man mir erzählte, tauchte ich etwas mehr ein und näherte mich dieser Stadt und ihren Einwohnern langsam an. Wenn man einmal angefangen hat hinzuschauen, kann man damit nicht aufhören, und man sieht immer mehr.

Schauen Sie sich beispielsweise nur mal den alten Hafen an. Dort liegen riesige weiße Luxusjachten, große und edle

Segelschiffe und die kleinen Fischerboote nebeneinander. Letztere sind keine Dekoration, keine Folklore für die Touristen, die Fischer gehen ihrer Arbeit damit nach, auch wenn es immer schwieriger für sie wird. Tatsächlich ist die Situation der Fischer alles andere als rosig, eingezwängt zwischen den reichen Jachtbesitzern, den Segelschiffen, den Motorboot- und Wassersportlern, die alle glauben, das Mittelmeer sei einzig ihr großer Vergnügungspark, und keine Rücksicht auf ausgelegte Netze nehmen.

Und je mehr ich Cannes und seine Akteure vor und hinter den Kulissen kennenlerne, je mehr das Alltagsleben mit seinen Alltagswidrigkeiten sich intensiviert und mir damit, zumindest vage, das Gefühl gibt dazuzugehören, desto seltener gelingt mir noch der leichte unbekümmerte Blick von außen auf das lieblich scheinende Cannes, auf Palmen und auf das azurblaue Meer, den die Feriengäste auf Zeit haben mögen.

Dann gibt es Tage, da glaube ich wieder, dass mir das Leben in Cannes nicht entspricht und ich woanders vielleicht glücklicher wäre.

Heute zum Beispiel. Heute Morgen war ich in Nizza, Mitte Februar, ein wundervoller Tag, 17 Grad, die Sonne scheint, wir hatten ein Rendezvous in einem Büro am Hafen. Wie hübsch fand ich die Architektur der alten Häuser mit den Holzgiebeln unterhalb des Schlossbergs, himmlisch geradezu der Blick aus dem Fenster, mit den typischen ausklappbaren Fensterläden, wie charmant. Wie strahlend blau war der Himmel, wie weit die Bucht von Nizza, la Baie des Anges, die Engelsbucht. Tatsächlich wird mir in Nizza immer das Herz leicht, ich fühle mich emporgehoben, als wären wirklich Engel in dieser Bucht, ich kann besser atmen, und jedes Mal denke ich sehnsüchtig, ach wohnte ich doch in Nizza ... und dann sitzt man in einem Büro und bespricht sehr irdische Dinge, und man erzählt uns von den Schwierigkeiten, die es hier auch gibt. Natürlich ist es so. Lebte ich in Nizza, verlöre Nizza seinen Charme, es ist ein Trugbild, dass ich in Nizza glücklicher sein könnte. In dem Moment, in dem man eindringt und nicht nur die Kulisse bestaunt, wird alles zum Alltag. Und das Leichte, das Heitere verlieren sich. Vor Jahren, als ich das allererste Mal Ruhe und Stille in einem Kloster suchte und mir diese abgeschiedene Welt so heilsam vorkam, dass ich kurzzeitig sogar erwog, in ein Kloster einzutreten, sagte mir sehr ernsthaft ein Mönch: »Wenn Sie draußen nicht glücklich sind, dann werden Sie es auch hier drin nicht.« Ich hörte es, verstand es aber nicht. Heute in Nizza habe ich es begriffen. Das Glück ist in mir. Oder eben nicht. Ich kann in Cannes glücklich sein oder unglücklich. Und es wäre in Nizza, in St. Tropez oder in Marseille vielleicht kurzzeitig anders und dann genau dasselbe. »Man nimmt sich immer mit.« Auch diesen Satz habe ich lange nie wirklich verstanden. In Abwandlung gilt, was der Mönch mir seinerzeit sagte: Wenn Sie in Köln, Wuppertal, Klein-Plittersdorf oder Dingolfing nicht glücklich sind, dann werden Sie es auch in Nizza, Cannes oder Ramatuelle nicht werden.

Ich bin in Cannes, und ich kann in Cannes glücklich sein, wenn ich versuche, mich auf Cannes so einzulassen, wie ich mich vor Jahren auf das Bergdorf eingelassen habe. Vorurteilsfrei hinzusehen und es anzunehmen. Glücklicherweise habe ich jetzt meinen Commissaire Léon Duval, der in Cannes allerhand Intrigen auf den Grund gehen kann und der die Stadt hinter den Kulissen erlebt. Er wie auch ich, wir mögen das Cannes der kleinen Leute, wir haben eine Schwäche für all das Alte, das man neben den Luxushotels und den neuen Appartementanlagen aus Glas und Stahl immer noch findet.

Dank der Krimiserie freundete ich mich also mit Cannes an, wie es ist.

Immer wieder Sommer

So vergingen die Jahre. Nach dem ersten Sommer in Cannes folgten der zweite und der dritte, und jedes Mal nahmen alle, mich eingeschlossen, einen neuen Anlauf für den Familienurlaub in den Bergen. Denn diese gemeinsamen Ferien sind nicht nur in meiner französischen Familie eine Tradition, es ist eine sehr französische Art, die Sommerferien zu verbringen. Immer hat eine Großmutter oder eine Tante ein Haus auf dem Land, wo man sich zu vielen trifft und wo man vor allem die Kinder mit ihren überlangen Schulferien eine Zeit lang bei Verwandten unterbringt. Kinderbetreuung in den Ferien ist, ungeschriebenes Gesetz, die Aufgabe der Großeltern. Die mögen das in der Regel auch. Monsieurs Mutter, damals 91, hat diese Tradition immer bewahrt. Sie hat schon Monsieurs Kinder, als sie so klein waren wie die Enkel jetzt, in diesem Haus in den Bergen während der Ferien betreut und verbringt seit eh und je mindestens vier Wochen Urlaub hier oben. Die Regel lautet, spätestens am Nationalfeiertag, dem 14. Juli, reist sie an. Es ist ein ebenso ungeschriebenes Gesetz, dass sich die Familie einfindet und während dieser vier Wochen mit ihr dort gemeinsame Zeit verbringt. Ein jeder, wie er es einrichten kann. Es ist eigentlich Monsieurs Haus, aber sie hat dort das Sagen, und niemand widerspricht ihren Anordnungen.

Es ist amüsant, denn nach dem Tod Patricks, als ich im Bergdorf im Blaumann werkelte und als »Dorfhausmeisterin« für die Gemeinde arbeitete, sahen die diversen Zweitwohnsitzdörfler, die nur den Sommer in ihrem Ferienhaus und nicht wirklich Zeit »unten« im Dorf verbringen und die nichts über mich wussten, in mir die »ausländische Putzfrau«. Meine Schwiegermutter, die damals noch weit entfernt davon war, meine Schwiegermutter zu sein, forderte mich von der *mairie* dann auch als Putzfrau an. Als hätte ich nach meinem Knochenjob noch Lust, anderer Leute Fenster zu putzen. Sie verstand nicht, dass ich es ablehnte. Denn sie und andere aus dem Weiler hielten mich nun mal für die Putzfrau und behandelten mich auch so. Ein bisschen herablassend. Niemand interessierte sich für mich oder wollte etwas von meiner Geschichte wissen. Dass ich mich später mit Monsieur verheiratete, war *shocking*. »Er hat die ausländische Putzfrau geheiratet, die Deutsche, die so schlecht Französisch spricht«, tuschelten sie. Ich glaube, manche denken das bis heute, und auch meine Schwiegermutter bekam es nicht aus dem Kopf. Sie meldete mich einmal zu einer Art Volkshochschulkurs an, damit mein Französisch etwas gewählter und grammatikalisch einwandfrei würde, denn das war doch unschicklich, wie schlecht ich sprach. Wie sollte man glauben, dass ich intelligent war, wenn ich immer diese dummen Fehler machte?

Ich könnte ihnen mit meinem Magisterzeugnis vor der Nase herumwedeln, sie würden immer nur denken, ich sei eine Hochstaplerin. Irgendetwas musste ich mir in Deutschland zuschulden kommen lassen haben, denn jemand mit einem Hochschulabschluss würde doch nie und nimmer in diesem abgeschiedenen Dorf so eine dreckige, unqualifizierte Arbeit machen und sich zudem so umgangssprachlich ausdrücken. Dass zwischen meinem Deutsch und meinem Französisch ein großer Unterschied lag, weil ich das Französisch spät und auf einem Bauernhof und nicht an der Uni oder in einer bourgeoisen Familie gelernt habe, konnten sie, die niemals aus ihrer Welt hinausgekommen waren, nicht verstehen.

Nun, jetzt war die Dame, meine Schwiegermutter, mit 91 seinerzeit durchaus noch rüstig, aber doch nicht mehr so, als dass man sie dort oben auch nur ein paar Tage alleine lassen könnte. Mir obliegen jetzt also im Sommer Kinder- und Schwiegermutterbetreuung.

Sommerfreuden oder Ausgerechnet Begonien

Warum schreibt sie denn nicht, wenn sie doch sogar Internet da oben hat, haben Sie sich vielleicht gefragt. Erst hat sie das so vollmundig angekündigt und dann ... ?! Ich sage Ihnen, die Ferien waren anstrengend. »Ferien!« Dass ich nicht lache.

Mehrere Wochen auf engem Raum umgeben von viel Familie nennt sich zwar Ferien, ist aber anstrengend, also zumindest für mich Einsiedlerkrebs, der es gern ruhig und einsam hat. Einsam. Genau. Was machst du denn da oben in der Einsamkeit so lange, fragte mich zwischenzeitlich eine Freundin – welche Einsamkeit, frage ich zurück? Nichts ist geselliger als ein kleines Dorf, je weniger wir sind, desto dichter rücken wir zusammen – das ist im Sommer nicht anders als im Winter. Und in dieser Sommer-Dorfgemeinschaft gibt es seit jeher kleine

Rituale, die aufrechterhalten werden wollen – da wird hier zum Essen eingeladen, dort zum Sardinengrillen, hier zum Boulespielen und zum Apéro und noch woanders zum Pizzaessen. Und da muss man sich natürlich einfügen, das gehört sich so: heute ein kleiner Apéro für alle, morgen werden die Nachbarn von links unten zum Essen eingeladen, und solange noch die Mutter von X da ist, müssen wir auch noch schnell etwas machen, einen Apéro zumindest. Irgendjemand steht also ziemlich viel in der Küche und bereitet Tartes und Häppchen oder aufwendige Essen vor. Raten Sie mal, wer?! Genau, meine schnelle Alltagsküche, die in der Regel ein kurz gebratenes Stück Fleisch, Nudeln, Polenta, Gnocchi oder Reis, etwas Gemüse oder einen Salat und zum Nachtisch einen Joghurt vorsieht, wurde durch den eisernen Willen meiner Schwiegermutter in ausufernde Essen umgewandelt, mit aufwendigen Vorspeisen, Aufläufen, Gratins, Braten, Tartes, Kuchen, Cremes, Käse und Kaffee. Mittags und Abends und von mir zubereitet, wohlgemerkt. Nach ihren Vorstellungen, versteht sich. Ihre Hilfe bestand vor allem darin, in der Küche zu sitzen und mir kontrollierend beim Zubereiten zuzusehen und mir unfreundliche Tipps zu geben: Nicht dies und nicht das, keinesfalls so und auch nicht so, wenig fand Gnade vor ihren Augen und in ihrem Gaumen. Es wurde nicht leichter für alle Beteiligten, dass sie eines Morgens gefallen war und sich den Ellbogen verletzt hatte. Nach drei Wochen entwickelte ich spannende Krimi-Szenarien und wünschte sie mir sehr weit weg. Sie reiste dann auch früher ab, denn sie machte sich zusehends Sorgen um den Ellbogen, der, wie wir nun wissen, tatsächlich gebrochen ist. Und nein, ich schwöre, ich habe sie nicht geschubst! Im Anschluss hatte ich meine angeheirateten Enkel zur Aufsicht – im

Vergleich dazu ein Vergnügen –, für die ich dann ganz freiwillig neben Hühnchen und Nudeln noch Brot und Kuchen backte, Halbgefrorenes und Sorbets zauberte, Flans und Cremes anrührte, was sie alles genüsslich mampfend (»Oooh, echte Schlagsahne! Das machst du jetzt immer, wenn wir kommen, Christjann, ja?«) in Windeseile verputzten. Nebenbei wurde übrigens auch noch etwas Johannisbeergelee gekocht. Anstrengend war es natürlich auch, denn ich bin es nicht gewohnt, dass ich alle zwei Sekunden gerufen werde, um ausgefallene blutige Milchzähne zu bewundern oder eigenartige Käfer zu bestaunen, Wespenstiche zu behandeln, oder dass ich ständig die Welt erklären muss (»Was ist das für ein Käfer? Stein? Wurm? Pilz?«, »Antoine sagt, es ist Gott, der es regnen lässt, das ist doch Quatsch, oder?«), Streit schlichten, Tränen trocknen, Pflaster aufkleben und schon wieder Kakao für fünf kochen und Kekse für das Hüttenleben herausrücken muss. Denn hier werden noch Hütten gebaut, zu meiner Zeit hieß das Lager und war ungleich primitiver. Die Hütte hatte sogar zwei Stockwerke und war heiß umkämpft und stetes Streitobjekt. Die Kids waren voller Blessuren und schmutzig, geduscht wurde aber nur im Notfall, höchstens alle zwei Tage, wozu hat man denn Ferien?! Na also! Ich fand es bald ungleich stressfreier, nur die sichtbaren Körperteile mit einem Waschlappen zu säubern, als die ganzen Kinder jeden Abend heulend und widerstrebend unter die Dusche zu zwingen. So eine Zeitverschwendung, man hätte noch mindestens eine halbe Stunde länger spielen können, wenn ich sie nicht schon wieder zum Duschen gerufen hätte, murrte man mir ungnädig zu … Überhaupt war es schwierig, vor den Kids wach zu sein und nach ihnen einzuschlafen. In diesem Alter muss noch so unendlich viel gespielt werden, dass die Tage nicht lang genug scheinen.

Rückblickend bin ich froh, diese Zeit mit den verfressenen und fordernden Kindern verbracht zu haben, und auch ein bisschen stolz, dass sie es als »super Ferien« erlebt haben, aber währenddessen war ich nur sehr müde.

Wieder zurück in Cannes, finde ich auf meiner kleinen Hofterrasse nur bis zur Unkenntlichkeit vertrocknete Pflanzengerippe. Die Nachbarin von oben, die Mutter der Kinder, hat, obwohl sie das Gegenteil beteuert, natürlich wieder kein einziges Mal gegossen. Außer den Kakteen und dickblättrigen Pflanzen von Monsieur ist nach sechs Wochen Trockenheit alles komplett hinüber. Alles? Nein, ein kleines Pflänzchen hat sich in der Hitze tapfer gehalten: die Begonie. Die Begonien hatte ich von meiner Schwiegermutter geschenkt bekommen, weil ich einmal unvorsichtigerweise in Ermangelung anderer Gesprächsthemen so etwas sagte wie »Wirklich schön, Ihre Begonien!« (man siezt sich hier in der Familie). Daraufhin bekam ich im Frühjahr zwei kleine Körbchen mit rosafarbenen und roten Begonien geschenkt. Schockiert darüber, nun zwanzig eigentlich hässliche kleine Begonien pflanzen zu müssen, wollte ich sie gern zurückgeben (»Sie haben doch so gern Begonien!«). Sie antwortete mir nur schnöde, fürs Blumenpflanzen habe sie dieses Jahr keine Zeit, aber ich sei ja die ganze Zeit zu Hause … dankeschön auch. Nicht, dass das Pflanzen von Begonien viel Zeit in Anspruch nähme, aber ich wollte sie einfach nicht. Nun, ich ließ sie zwei Wochen in ihren Plastikkörbchen warten, sie überlebten, und ich pflanzte sie dann widerwillig überall ein, wo ich einen Platz fand. Ich pflanzte natürlich noch allerhand anderes, was ich mir selbst ausgesucht hatte. Keine Geranien mehr, nein, die werden hier gnadenlos von irgendwelchen Schädlingen von innen heraus abgefressen, aber Nelken, Lobelien, Tagetes, Lavendel und meine geliebten, wenn auch giftigen Wandelröschen, dazwischen immer duftende Kräuter. Die Lobelien waren ziemlich fragil dieses Jahr, die Tagetes wurden von den Schnecken ratzekahl abgefressen, der Rest, einschließlich Rosmarin und Thymian, fiel komplett der Trockenheit zum Opfer, außer, ich fasse es nicht, den Begonien! Obwohl sie für den »schattigen Balkon« empfohlen werden, sind sie mitten in der Sonne immer noch da und blühen unverdrossen in Rosa und Rot vor sich hin. Nicht üppig natürlich, aber gemessen an dem Pflanzendesaster auf meiner kleinen Terrasse doch beachtlich. Die Begonie ist in meiner Achtung enorm gestiegen und wird hier ausdrücklich als widerstandsfähig, anspruchslos und unkompliziert empfohlen. Die Begonie lebt! Es lebe die Begonie!

Jedes Jahr erschöpfte mich diese »Ferienzeit«, das Zusammenleben mit der Schwiegermutter wurde nicht harmonischer, auch wenn ich untertänigst alles tat, um sie zufriedenzustellen. Für mich war es jedes Mal ein Fulltime-Job. Erst im letzten Jahr ihres Bergaufenthalts, sie war da schon 97, riss mir der Geduldsfaden: Ich raunzte sie an, knallte die Tür und reiste am nächsten Tag ab. So ein Eklat sei nun wirklich nicht nötig gewesen, musste ich mir von der Familie sagen lassen. Ich zuckte mit den Achseln, innerlich froh, dass ich keines meiner Krimi-Szenarien, die ich in den vergangenen Wochen im Kopf entwickelt hatte, in die Tat umgesetzt hatte.

Alltag oder Zwischen Putzeimern, Krimis und Kochbüchern

Bin ich mit Monsieur alleine unterwegs, ist es harmonisch, doch wie es so ist mit einem älteren Ehegatten, er hat alles schon gesehen und erlebt, und Reisen, egal ob Paris, London, Marseille oder Bandol, dienen heute in erster Linie dazu, Familie und Freunde zu besuchen und mit diesen stundenlang am Tisch zu sitzen und zu essen. Man wohnt dann auch dort. Das ist charmant, aber für mich auch anstrengend, wieder werde ich begutachtet, und einmal verlassen wir einen Freund kurzfristig und investieren in ein Hotel, weil ich die Hand auf dem Knie nicht gemocht habe. Ich hatte eine dringende Übersetzung fertigzustellen und war zwar brav mit Monsieur nach Paris gereist, ließ ihn dort aber allein zur Pariser Buchmesse ziehen. Und Sie wissen ja schon, Paare, die nicht gemeinsam unterwegs sind, bei denen ist etwas faul. Der Freund dachte, dass ich allein mit ihm in der Wohnung geblieben war, anstatt mit Monsieur auf der Pariser Buchmesse zu sein, wäre indirekt die Einladung zu mehr gewesen.

Ich übersetze immer weniger und schreibe mehr. Dass in meinem Büro eingebrochen wurde und man mir das einzig wertvolle, nämlich den PC, gestohlen und ansonsten das Büro auf der vergeblichen Suche nach Schmuck oder Geld verwüstet hat, ist zwar eine schöne Inspirationsquelle für die Kriminalromane und zeigt auch, dass die Kriminalität in Cannes nicht nur die wirklich Reichen betrifft, und es erschüttert mich mehr, als ich anfangs glaubte. Es dauerte Jahre, bis ich in dem Büro wieder Ruhe finden und konzentriert schreiben konnte.

Einmal wurden wir vom Hochwasser heimgesucht und mussten in der Folge mehrere Tausend Bücher aus Monsieurs Kriminalromansammlung wegwerfen.

La Série noire est morte

In drei Kellerräumen eines alten Hauses in einer Nebenstraße des Boulevard de la République hatte Monsieur den größten Teil seiner Kriminalromansammlung aufbewahrt. In diesen Kellern und in einer benachbarten Souterrainwohnung stand das Wasser einen Meter fünfzig hoch, das kann man an den Wänden noch schön sehen. Die Feuerwehr hat das Wasser ausgepumpt, und die Mieterin der kleinen Souterrainwohnung hat all ihr aufgeweichtes Hab und Gut in den Garten geworfen, Teile der Einbauküche sahen wir schon auf der Straße liegen. Alles habe sie verloren, schreit sie hysterisch. Und der Nachbar aus dem Hochparterre nickt mit düsterer Miene dazu. Sie besaß nicht viel: Kühlschrank, Mikrowelle, Fernseher, ein Bett und einen Sessel, und versichert ist sie natürlich nicht. Wer ist hier schon versichert. Ein großer Haufen Kleider und Wäsche liegt auch im Garten. »Alles ist hin!«, hört sie nicht auf zu lamentieren, und als reiche das nicht, malt sie sich und uns dramatisch aus, was passiert wäre, wenn sie zu Hause gewesen wäre, als das Wasser stieg: Tot hätte sie sein können! Nun, sie lebt glücklicherweise, aber sie kann nicht aufhören, zu jammern und zu klagen, und ich lasse sie irgendwann stehen und versuche, Monsieur zu helfen, seine Kriminalromansammlung aus den drei überschwemmten Kellern zu retten. Zunächst müssen wir hier die Türen aufbrechen und herausheben, denn die Bücherregale mitsamt den Büchern waren dahintergefallen und blockierten sie. Türen aufbrechen muss man ja auch mal gemacht haben, wenn man Kriminalromane schreibt, nicht wahr? Auf Französisch heißt das Brecheisen sehr hübsch *pied-de-biche*, Rehbein also, und ich finde es bei aller Tristesse amüsant, dass ein Rehbein beim Retten von Kriminalromanen hilft, hieß doch die Sekretärin des Kommissars Erik Ode auch Rehbein. »Rehbeinchen, machen Sie uns doch mal einen Kaffee« ist ein Satz, der sich mir ins Gedächtnis gegraben hat (vor langer Zeit, wenn Sie nach 1970 geboren sind, können Sie sich vielleicht nicht erinnern). Aber trotz Rehbein ist von Retten leider keine Rede. Hier ist auch alles hin, und Monsieur könnte vermutlich ebenso laut heulen wie die Nachbarin, aber er ist nur sehr still und weint vermutlich leise im Innern.

Mehr als 10.000 Bände standen hier. Sämtliche französischen Kriminalromanserien seit dem Zweiten Weltkrieg hatte Monsieur gesammelt, vollständig, einschließlich der Spionageromane, wie er ausdrücklich sagt, denn die *BiLiPo*, die *Bibliothèque des littératures policières*, in Paris hat die Spionageromane nicht in ihr Sammelgebiet aufgenommen. Offiziell wurden sie als »zu vulgär« eingestuft, aber vermutlich war es der antisowjetische Tenor, der den überwiegend politisch links stehenden Bibliothekaren nicht gefallen habe, meint Monsieur. Nein, er habe nicht die größte Sammlung nach der *BiLiPo* gehabt, sagt er bescheiden, in Avignon gebe es noch jemanden, der die gleiche Sammlung habe, und zusätzlich seien die Bücher dort in einem besseren Zustand.

Wir haben uns heute zentimeterweise vorgearbeitet. Die Bücher sind mit Wasser vollgesogen wie Schwämme, manche sind schlammig, sie kleben aneinander, und sie sind schwer. Sie haben in der vergangenen Woche bereits angefangen zu schimmeln, man sieht es, und man riecht es.

Vermutlich eignen sich die Keller künftig nur noch zur Pilzzucht. In einem anderen niedrigeren und fensterlosen Kellerraum ist es nicht nur feucht, sondern auch noch entsetzlich warm, und hier riecht es zusätzlich nach Gärung. Ich überlege, ob man nicht einen Bücherschnaps brennen könnte, ein Buchparfüm gab es ja auch schon, aber Monsieur hat nur ein müdes Lächeln dafür übrig.

Wir haben viele Serien komplett weggeworfen, darunter die *Collection Feu*, eine antimilitaristische Serie und sehr, sehr viele Bände der berühmten *Série noire,* deren Titel ich heute sehr sprechend fand. Lustigerweise trägt eines der wenigen Bücher, die die Überschwemmung trocken überstanden haben, den Titel *Après moi le déluge*: *Nach mir die Sintflut*.

»C'est la fin«, sagt Monsieur betrübt, als er die glitschigen Bücher der *Collection mystère* und der *Collection angoisse* in die Plastikkisten legt, mit denen wir sie aus dem Keller tragen, *on ne les trouve plus*. Alle diese Bücher, die populäre Literatur der 50er-Jahre, teils mit eindringlich gezeichneten Covern, aber auf schlechtem Papier gedruckt, findet man kaum noch bei den *Bouquinisten*, und die *Bouquinisten* selbst verschwinden ebenso, einer nach dem anderen. *C'est la fin*.

Wir hingegen haben noch ein paar Tage zu tun, allein mit dem Entsorgen der Bücher. Erst haben wir alles zur nächsten Straßenecke getragen, am Nachmittag haben wir sie dann, schon etwas müde geworden, auf der gegenüberliegenden Straßenseite entsorgt. Morgen bekommen wir mehrere große Mülltonnen geliefert. Der Anfang vom Ende einer großen Sammlung.

Nachdem wir gerade so schön in Aufräum-, Renovier- und Wegwerfstimmung waren, machten wir zu Hause gleich noch eine weitere Baustelle auf. Das war schon lange geplant und gedanklich schon mehr als einmal in Angriff genommen worden, ich war grundsätzlich dafür, aber jetzt kam es mir doch etwas ungelegen, es war nämlich Advent.

Adventsbaustelle

Wir nähern uns der besinnlichen Adventszeit, und ich habe keine Küche. Kurzfristig haben wir beschlossen, die Küche zu renovieren. Das Projekt war eigentlich schon für letztes Jahr angedacht, neue Küchenmöbel inklusive, damals musste aber viel dringlicher eine andere Wohnung instand gesetzt werden. Jetzt also. Als ich nachschaute, ob der große schwedische Möbelmarkt alles, was wir kaufen wollten, auch vorrätig hat, stellte ich konsterniert fest, dass man dort im Sommer auf ein anderes Küchenmodul umgestellt hatte, also *bye bye*, meine bereits ausgeklügelte Küchenplanung. Wir waren schon mal ziemlich weit gediehen letztes Jahr. Auf ein Neues ... Leider ist mein spontaner, aber eng gestrickter Terminplan schon durch meine überraschend heftige Erkältung in Verzug geraten. Ich lag zwei Tage wirklich erschöpft im Bett, *cloué au lit*, wie man hier sagt, »ans Bett gefesselt« heißt hier wörtlich »aufs Bett genagelt«.

Und seit heute hat Monsieur Halsweh und liegt mit Schüttelfrost darnieder. Schöne Aussichten.

Ich weiß ja nicht, wie das bei Ihnen so läuft, aber so sehr Monsieur und ich sonst eine Beziehung auf Augenhöhe haben, so wenig haben wir das im Bereich *bricolage*, beim Heimwerken. »Das muss da mal weggeräumt werden!«, »Da muss mal durchgewischt werden!«, »Hier muss alles frei sein!«, knurrt Monsieur chefmäßig seine Anweisungen. Ich werde vorübergehend zur Putzhilfe degradiert, allerhöchstens darf ich Anreichungen machen (»Ich brauch' einen anderen Spachtel! Nein, nicht den!«). Alles andere kann nur Monsieur. Schon allein sein Ton lässt mich regelmäßig in die Luft gehen. Und dass er einfach anfängt, ohne Absprache, ohne irgendeine Planung und vor allem, ohne irgendetwas abzudecken oder zur Seite zu räumen. Jedes Mal, es macht mich wahnsinnig! Und schon wird die wegen eines Wasserschadens blätterig gewordene Decke abgekratzt. Eine Schicht der Decke liegt jetzt abgebröckelt überall herum, auch im Futterschüsselchen von Katze Pepita, die es extrem ungerecht findet, dass es draußen seit Tagen regnet und drinnen jetzt auch ungemütlich wird. Ungemütlich ist es allerdings. Ich räume in Eile alles aus. Es mangelt an Kartons und Kisten und vor allem an Platz. Die Küche ist jetzt in der gesamten Wohnung verteilt. Die Kaffeemaschine, der Wasserkocher, der Toaster und die Küchenmaschine stehen im Wohnzimmer auf dem Fußboden. Kaffee, Tee, Reis, Nudeln, Zucker, Mehl und Gewürze stehen im Flur auf dem Tisch. Cola, Bier, Wein und Wasser darunter, Geschirr und Gläser lagern in Monsieurs Büro zwischen Meccano-Metallkonstruktionsteilen und Bücherstapeln. Küchentisch und Stühle werden hingegen den ganzen Tag in der Gegend herumgeschoben. Am längsten brauche ich, um Monsieurs enorme Flaschensammlung, die auf den Hängeschränken ausgestellt war, zu säubern und ordentlich in Zeitungspapier zu packen und zu verstauen. Ich weiß nicht, ob ich es schon einmal erwähnt habe, aber Monsieur ist Sammler. Monsieur sammelt alles. Vor allem Krimis, Vinylplatten, aber auch altes Spielzeug, Steine, Muscheln oder eben Flaschen. Ich mag das eigentlich. Die Sammlungen anderer können sehr inspirierend sein, aber auch sehr einengend, wenn man mit ihnen leben muss. Monsieur hat viele Jahre allein in einer großen Wohnung gelebt, und sie wurde systematisch mit Sammlungen gefüllt. Ich unterstelle den Frauen seiner Familie, dass sie zusätzlich alles, was sie nicht in ihrem Haushalt haben, aber auch nicht wegwerfen wollten, in Monsieurs Schränken zwischengelagert haben. Anders kann ich mir nicht erklären, dass ein allein lebender Mann, der nicht kocht, zu einer solch gewaltigen Sammlung an uneinheitlicher Bett-, Tischwäsche und Geschirr gekommen ist: Wir hätten da etwa 36 große weiße flache Teller, zwölf cremefarbene Suppenteller, zwei Dutzend dunkelbraune Fondueteller, zwölf Dessertteller mit psychedelischem orange-braunem 70er-Jahre-Muster, ein Set riesiger verbeulter Aluminiumkochtöpfe, zehn emaillierte Kochtöpfe in allen Farben und Größen, fünf gigantische Bratpfannen, drei flotte Lotten in unterschiedlicher Größe, etwa 15 gläserne Auflaufformen jeder Form und Größe und jede Menge ehemals weiße Tupperdosen, vermutlich noch aus der ersten Generation. Und natürlich ein Geschirr für zwölf Personen, verziert mit reizenden gelben und violetten Schmetterlingen. Als ich das bei meinem Einzug vor knapp fünf Jahren zum ersten Mal sah, war ich fassungslos. Das Problem, dass man zu viele Bücher haben kann, ist mir vertraut, aber dass man von allem zu viel haben kann, hat mich doch erschüttert. Kann irgendetwas davon weg? Natürlich nicht. Monsieur mit seinem Sammelcharakter ist der Ansicht, man müsse alles behalten, wenn man es schon mal hat, weil man es vielleicht irgendwann doch noch einmal gebrauchen könne. Irgendwann wird das Fondueessen wieder in Mode kommen, besser, man behält die Teller. Seufzend nahm ich auf der Suche nach etwas Platz für meine Dinge eine Kommodenschublade in Angriff. »Hängst du sehr an der Tischdecke?«, fragte ich Monsieur und hielt ein verwaschenes Tischtuch hoch. Und siehe, ein Wunder, er schüttelte den Kopf. Beglückt legte ich sie beiseite und noch das eine oder andere Stück, das ich sicher nie auflegen würde. »Nein!«, schrie jetzt aber die Tochter von Monsieur empört auf, als sie das sah: »Das ist die Tischdecke, die meine Eltern zur Verlobung bekommen haben!« Anklagend sah sie mich und Monsieur an. Was für ein Frevel! »Nimm sie!« Ich drückte ihr die Tischdecke in die Hand, und noch drei andere dazu, soll sie damit glücklich werden. Alles in allem habe ich damals ein paar Tischdecken, sechs Servietten, und ein Dutzend eigentlich unglaublich praktischer Senfgläser aussortieren dürfen, aber das Haus blieb voll. Und ich unter kritischer Beobachtung. Jedes Mal, wenn Monsieur etwas suchte, sah er mich streng an. Hast du das etwa weggeworfen? Niemals! Ich schwöre! Jetzt aber sah ich meine Chance gekommen. Und bekomme überraschend Hilfe von Monsieurs Tochter: »Jetzt wirfst du aber mal das alte Zeug weg!«, sagt sie, meint damit allerdings nur die Flaschensammlung, der ich sogar einen gewissen Charme nicht absprechen kann. Und ich mache mit Monsieur einen Deal: In der neuen Küche dürfen in einem rotierenden System immer drei bis fünf ausgewählte Flaschen stehen. Monsieurs Tochter darf aber jetzt die psychedelischen Dessertteller mitnehmen. Die 70er-Jahre kann nur schön finden, wer sie nicht bereits einmal gelebt hat, vermute ich. Viele Einzelstücke verschenke ich jetzt, indem ich sie bei uns auf die Gartenmauer stelle und hoffe, die vorbeieilenden Passanten können davon noch etwas gebrauchen. Ich traue mich allerdings nicht, mehrere bunte Keramikbecher und Keramikschüsseln mit bunten Schmetterlingen, die Monsieurs Ex-Gattin gerne an Weihnachten verschenkt (jedes Jahr ein neues Stück!) dazuzustellen. Ich fürchte, das wird mir demnächst ganz unglücklich aus der Hand fallen.

Heute Morgen suchte ich mir das Nötigste aus allen Kisten zusammen: Kaffeefilter, Kaffee, Milch und Zucker, und kochte im Wohnzimmer auf dem Fußboden Kaffee. Dann suchte ich verzweifelt eine Tasse, wo hatte ich sie noch gleich hingeräumt? Gestern fand ich den Ort total praktisch. Ach so, ja, im Büro, ich habe sie nur nicht gesehen, weil Monsieur in der Zwischenzeit seine Farbeimer davorgestellt hatte. So sieht es bei uns aus, die Küche ist leer, alles andere voll, und ich fürchte, so wird es bis Weihnachten bleiben. Nix mit Advent und beschaulicher Stimmung, weder Zimt- noch Lebkuchenduft, kein Stollen und keine Springerle. Und eine zusätzliche Adventsdeko werde ich nicht in das überquellende Chaos integrieren. Aber immerhin habe ich vier Kerzen auf einen Silberteller gestellt. Einen schönen ersten Advent wünsche ich Ihnen!

Der ganz normale Wahnsinn eines ganz normalen Lebens. Denn nein, es ist nicht das Paradies, in Cannes zu leben. Aber es ist das Leben, und es geht auf und ab. Die Jahreszeiten wechseln, Geburtstage und die Feiertage mit ihren traditionellen langen Essen wiederholen sich.

Ich lerne auch, wie ich die Familie an Feiertagen zu bekochen habe. Üppig nämlich, auch wenn alle sagen: »Mach nur nicht so viel!« In den letzten Jahren hatte ich mir angewöhnt, Weihnachten in Deutschland und bei meiner Familie zu verbringen. Das entsprang einerseits dem Bedürfnis, deutsche Adventsstimmung, einen Besuch auf dem Weihnachtsmarkt und deutschen Winter an Weihnachten zu haben. Außerdem konnte ich bei meiner Familie sein und darüber hinaus dem französischen Weihnachtsessen entgehen. Nicht nur, weil mir die *foie gras*-lastige Esserei, der gefüllte Kapaun an getrüffeltem Champagnerschaum oder was weiß ich, all die Schokotrüffel, der Champagner und der Wein, nicht nur weil mir das alles aus den Ohren kommt, sondern weil ich auch ein über das andere Jahr »dran« wäre, die französische Familie bei einem Weihnachtsmahl zu verwöhnen. Und weil mich das schon wochenlang im Vorfeld beschäftigt und gleichzeitig angstvoll lähmt. Die oft lässig hingeworfene Variante *fais simple*, mach was Einfaches, gilt hier, das weiß sogar ich inzwischen, nicht. *Fais compliqué* trifft es schon eher, ganz egal ob traditionell oder nicht, wobei man das Traditionelle hier bevorzugt, allenfalls *revisité,* ein bisschen modernisiert, aber aufwändig wird es, da gibt es kein Pardon. Hier werden keine Kosten und Mühen gescheut, und, wie schon häufiger erwähnt, es ist der Einladenden eine Ehre, die Familie zu bekochen und zu verwöhnen, mit dem besten vom Besten, bei niedrigster Temperatur in Portwein geköchelte *foie gras* zum Beispiel, oder doch besser *nature*? »Da kann ich dir ein ganz einfaches Rezept geben«, sagt nebenbei immer irgendjemand und legt schon los, ob man es hören will oder nicht. Die Französin will es in der Regel hören und setzt ihr eigenes *foie gras*-Rezept dagegen. Das wird man auf jeden Fall mal ausprobieren, versichert man sich gegenseitig vollmundig, macht aber dennoch wieder jeder sein eigenes Rezept. Einig ist man sich aber, dass es wirklich ganz ausgezeichnete Qualität sein muss. Die *foie gras*, die man beim Erzeuger selbst irgendwo im Gers erstanden hat, ist kaum zu übertreffen. Oder beim darauf spezialisierten Feinkosthändler. So etwas gibt es hier ja. Einen Händler, der zum Beispiel alles von der Ente in allen Variationen anbietet: *confit de canard, magret de canard, fois gras de canard*. Frisch oder eingeschweißt oder auch in der Dose, aber das, auch da sind wir uns einig, ist eigentlich schon nicht mehr zulässig und schon gar nicht zu Weihnachten. Alles frisch in letzter Minute erstanden und zubereitet, tage- und nächtelang hat man darauf hinorganisiert, damit es das perfekte Menü wird. Als ich das erste Mal »dran« war und ein »kleines« Weihnachtsessen plante, dachte ich noch, ich könne mich dafür am deutschen Weihnachtsessen orientieren, aber ein deutsches Weihnachtsessen, sagen wir Ente, Rotkohl und Klöße, das begriff ich bald, entspricht, gemessen an dem französischen Aufwand für die festlichen Jahresendfeste, sei es Weihnachten oder Silvester, nur in etwa einem Mittagessen an einem normalen Sonntag im Oktober oder November. Das »kleine« Weihnachtsessen wurde dann doch etwas aufwendiger und brachte mich einmal mehr an den Rand eines Nervenzusammenbruchs. Und wie gut, dass ich meinen Blog habe, auf dem ich mir immer alles von der Seele schreiben kann:

Zwischen den Jahren

Es sieht ganz so aus, als käme ich endlich mal dazu, einen Text zwischen den Jahren zu schreiben ... eine Zeit, die sonst immer davonfliegt ... irgendetwas ist dieses Jahr anders, es liegen noch ein paar Zwischen-den-Jahren-Tage vor mir, und ich habe Zeit. Und gerade ist es so friedlich, wie man sich das an Weihnachten immer vorstellt: Bei Kerzenlicht, heißem Tee, leckerem Christstollen und weihnachtlicher Musik habe ich eine Katze und zusätzlich einen Laptop auf den Knien. Das heißt, eigentlich ist es umgekehrt, die Katze ist es, die sich zusätzlich zwischen mich und den Laptop gequetscht hat und sich davon trotz meiner Tipperei auch nicht abbringen lässt. Nebenan liest Monsieur in Band fünf eines uralten sechsbändigen Werks über die deutsche Zwischenkriegszeit. Er ist seit Wochen davon absorbiert, und sollte ich es trotz allem wagen, ihn anzusprechen, antwortet er nur durch abwesend gebrummte *»Hms«*. Es ist also gerade sehr ruhig und friedlich bei uns. *Stille Nacht, o wie lacht,* sozusagen. So war es aber nicht die ganze Zeit, es war im Vorfeld sogar sehr unfriedlich und sehr ungemütlich. Ich war genervt und gestresst. Aber rückblickend war mein Weihnachten doch schön, und ich bin ganz zufrieden damit. Davor und zwischendrin aber, ich sag's Ihnen, da habe ich mehrfach aus tiefstem Herzen »Ich hasse Weihnachten!« geflucht. Das alles ist zwar jetzt gar nicht mehr wichtig, und gerade ist es auch so schön friedlich, ich erzähle es Ihnen aber doch. Als nachträgliches Weihnachtsschmankerl. Ich musste dafür aber tatsächlich meine Notizen ansehen, denn das Weihnachtswunder hat stattgefunden und mir »o du fröhliche« all die Ärgernisse aus dem Kopf geblasen.

Nun, die Küche, das wissen Sie ja, war Baustelle, und meine beiden Christstollen habe ich noch zwischen Farbeimern gebacken. Eine Woche vor Weihnachten sah es hier überall noch katastrophal aus, und ich konnte mir selbst nicht richtig vorstellen, wie ich an Heiligabend zwölf Menschen gemütlich um einen Tisch versammeln und bekochen sollte. Denn das durfte ich. Dieses Jahr war ich ja zu Weihnachten nicht in Deutschland, und unausgesprochen war sogar mir klar: *C'est mon tour!* Nach fünf Jahren ist es an mir, ein Weihnachtsessen für die französische Familie zu kochen. Ich versuchte, es zunächst als »gemeinsames« Projekt anzuleiern, indem ich sagte, ich will gern was machen, aber nicht am hochheiligen 25., und vielleicht machen wir alle zusammen etwas und mit Blick auf die Baustelle am besten nicht bei uns … Aber das wurde nicht verstanden, konnte vielleicht auch nicht verstanden werden. Es ist doch eine Ehre und eine Freude, die Familie festlich zu bekochen, und keine Sorge, das wird schon mit der Baustelle … Nun, das Ende vom Lied war, dass ich nun den 24. an der Backe hatte für ein »kleines« Weihnachtsessen. Und zwar allein, abends immerhin, aber schon der engste Familienkreis umfasst zehn Personen. Wir wurden dann zwölf, weil man in Frankreich ja an Weihnachten niemanden allein sein lässt und mir Monsieurs Tochter mit aufgerissenen Augen berichtete: »X und Y sind an Weihnachten ganz allein!« Was für ein Drama. Man muss wissen, X und Y sind ein Paar, zwei erwachsene Menschen, die seit zwei Jahren glücklich und ganz allein zusammenleben und auch ganz allein in den Urlaub fahren. Und jetzt sind die beiden an Weihnachten ganz allein. Ich dachte, die wissen sicher auch etwas mit sich anzufangen, wenn sie mal einen freien Abend allein zu zweit haben, aber ich verkniff mir diese zynische Bemerkung und lud selbstverständlich beide ein. Ob zehn oder zwölf, darauf kam es jetzt auch nicht mehr an. Dabei blieb es dann aber auch, denn mehr Personen passen wirklich nicht um den Tisch.

So blätterte ich also Zeitschriften und Kochbücher durch, klickte mich im Internet durch Kochseiten und Foren und las Hunderte von Rezepten. Festlich musste es werden, so viel war sicher, aber einfach musste es sein, damit ich das alles hinkriegen konnte. Immerhin braucht es mehrere Vorspeisen und mehrere Desserts und einen soliden Hauptgang und natürlich schon einen kleinen selbst gezauberten Schnickschnack zum Apéro. Und Frankreich ist ja so traditionell, eigentlich gibt es immer nur Varianten des Ewiggleichen, kein Weihnachten ohne *foie gras*, Austern, Hummer oder Jakobsmuscheln, Truthahn mit Maronenfüllung oder Ente *à l'orange* und natürlich eine *bûche de Noël,* das traditionelle Weihnachtsdessert, eine aufwendig verzierte Variante einer Biskuitrolle. Aber alle diese französischen Klassiker wollte ich nicht machen, weil es eben nicht meine Klassiker sind, und eine Deutsche, die Franzosen an Weihnachten französische Klassiker serviert, nee, dem wollte ich mich nicht aussetzen. Aber ein typisch deutsches Weihnachtsessen mit Gans und Rotkraut und Knödeln wollte ich auch nicht machen, ganz abgesehen davon, dass ich weder Gans noch Knödel jemals gemacht habe, und Rotkraut, das weiß ich schon, wird hier nicht besonders geschätzt. Ich kaufte also diverse Dinge ein und köchelte und mixte und fror ein und taute auf und überprüfte Konsistenz und Farbe, und Monsieur musste eine Woche lang Essen probieren, das er zumeist höflich mit »*C'est original*« bewertete. »Interessant« würde ein Deutscher vielleicht sagen, wenn er nicht »schmeckt nicht« sagen will. Für Monsieur waren das keine bekannten weihnachtlichen Geschmäcker. Und Fragen, die für mich von existenzieller Wichtigkeit waren, etwa »Schmeckt der Meerrettich vor?« oder »Findest du das Lachsrillette mit Dill oder mit Estragon besser?«, wurden häufig nur mit Achselzucken beantwortet. Ich schob es auf Monsieurs Erkältung, dass er diese Fragen nicht beantworten konnte und dass er zusätzlich behauptete, das Grünteeparfait habe überhaupt keinen Geschmack, denn ich fand es köstlich. Ebenso wie die Rote-Bete-Suppe, die mich vor die schier unlösbare Aufgabe stellte, Meerrettich aufzutreiben. Für das Rezept dieser Suppe danke ich an dieser Stelle Vici von ganzem Herzen, die Suppe wurde echt der Knaller, und selbst ich, die ich Rote Bete hasse, fand sie großartig! Mein Weihnachtsessen, man ahnt es schon, war sehr rot und grün, und dazwischen gab es Kalbsbraten. Aber so weit sind wir noch nicht, erst muss aufgeräumt und geputzt werden, und nein, die Flaschensammlung kommt nicht mehr auf den Schrank, und ein paar Dinge habe ich jetzt dann doch ändern können in der Küche, auch wenn die neue Küche die alte ist, manche Sachen will ich nicht mehr sehen. Beispielsweise Monsieurs alte, ungleiche Küchenlampen. Das kränkt Monsieur, und er versteht das nicht, denn erstens haben wir sie schon, was ausgesprochen praktisch ist, und sie sind nicht kaputt, und sie machen so schön neonhell, und ich sage, wer ist denn die meiste Zeit in der Küche und muss dieses kalte Licht ertragen, und die Lampen sind hässlich, und praktisch schön und gut, aber schön ist anders, und ich will jetzt wenigstens schöne Lampen, wenn ich schon keine neue Küche bekommen kann. So. Die Verhandlungen dauern an. Bislang hängen zwei Glühbirnen von der Decke.

Dann zwinge ich Monsieur, mir zu helfen und staubzusaugen. Ich glaube, es ist das erste Mal (und vermutlich auch das letzte Mal) in seinem Leben, dass er das tut. Er ist erstaunlich schnell fertig und schimpft dann lange über den Mechanismus des Saugrohrs, das sich nicht richtig fixieren lässt. »Nie wieder mache ich das, man verschwendet seine Zeit damit, dieses Rohr immer wieder dranzustecken. Unmöglich.« Daher hat er auch weder unter dem Bett noch unter den Schränken oder die Teppiche gesaugt. Unter den Schränken ging nicht mit diesem blöden Rohr, und auf dem Teppich sieht man doch sowieso nichts. Danke, Schatz.

Zu allem Übel gibt der Boiler drei Tage vor Weihnachten seinen Geist auf, und wir haben in der Küche nur noch kaltes Wasser. Monsieur, der, das muss ich zu seiner Ehrenrettung sagen, jeden Morgen in aller Frühe meditativ Geschirr spült, denn, nein, wir haben keine Geschirrspülmaschine, sieht sich ab sofort außerstande, Geschirr zu spülen. »Mach am besten bis Weihnachten kein Geschirr mehr schmutzig«, sagt er. »Mittags können wir oben im Imbiss was essen gehen«, schlägt er gnädig vor. Ich bekomme einen hysterischen Anfall. Was glaubt er eigentlich, wie ich drei Tage vor Weihnachten mit all den Vorbereitungen kein Geschirr mehr schmutzig machen soll? Aber Monsieur hat hin und wieder Anwandlungen von etwas, was man hier *psychorigide* nennt. Und wer spült also Geschirr mit im Wasserkocher erhitztem Wasser? Dreimal dürfen Sie raten. Die Stimmung ist deutlich angespannt. Immerhin bekommen wir einen Techniker für den 24. morgens, der den Boiler repariert. Die Waschmaschine erklärt sich jedoch mit dem Boiler solidarisch und wäscht ab sofort nur noch kalt. Aber wir haben dank des sonnigen Wetters ausnahmsweise warmes Wasser im Bad. So viel zum Luxusleben in Cannes.

In meiner unendlichen freien Zeit bastelte ich derweil hübsche Weihnachtskarten und schrieb sie abends – und ab der 30. wurde ich ein bisschen unoriginell, fürchte ich, mir fiel gar nichts Persönliches mehr ein, aber es ist ja die Geste, die zählt. In der Zwischenzeit machte ich mir nämlich Sorgen, denn die Familie beschloss, die erste von vier Bescherungen bei uns zu machen. Bescherung? Ich bin ja seit Jahren gegen Geschenke zumindest für die Erwachsenen, aber das kriege ich hier nicht durch, weshalb ich in der Regel Christstollen backe und verschenke. Ich habe dieses Jahr aber nur zwei große gebacken, und ich habe keine Zeit (und keine Kraft) mehr für einen weiteren Christstollenbacktag, es gibt also schätzungsweise nur ein paar Scheiben für jeden. Und so backe ich lieber schnell noch Springerle. Aber auch das ergibt nur sechs Plätzchen pro Person, und ich finde das alles etwas mickrig, aber für etwas anderes ist es jetzt zu spät, und mir fällt auch nicht ein, was ich all den Eingeladenen jeweils schenken könnte. Monsieur findet meine Sorgen unnötig, Geschenke, Geschenke, tss, Geschenke werden komplett überbewertet … er ersteht grundsätzlich auf den letzten Drücker Pralinen, *fruits confits* oder *marrons glacés*. Basta.

Ich schlafe wenig in den Nächten vor dem 24., aber alles wird gut. Ich habe es tatsächlich geschafft, die Krippe und die Weihnachtspyramide aufzustellen, einen geschmückten Kranz an die Tür zu hängen und eine Lichterkette über den Ficus zu werfen. Und alles ist aufgeräumt und sauber, aber schauen Sie nur nicht in mein Büro im Erdgeschoss, ich hoffe, dass niemand überraschend bei uns übernachten will. Am 24. schnippele, brutzele und köchele ich und versuche, ruhig zu bleiben. Punkt zwölf steckt Monsieur den Kopf durch die Küchentür und fragt leutselig: »*Qu'est-ce qu'on mange à midi, chérie?*« Das ist das letzte Mal, dass ich schreie an diesem Tag. Den Tisch decke ich in letzter Minute, damit Pepita sich nicht wieder breit zwischen Gläser und Teller legt, nach dem Motto, hier passiert was, und ich bin dabei. Aber alles wird gut, alles ist fertig, auch die Köchin schafft es noch, zu duschen und sich aufzuhübschen, und das Essen überrascht und gefällt und schmeckt (auch Monsieur hat sich nun, nachdem er alles vorab schon mehrfach gegessen hat, an den Geschmack gewöhnt), und es gibt viel Lob, selbst meine Schwiegermutter sagt nichts, was ganz im schwäbischen Sinn »Nicht geschimpft ist genug gelobt« positiv gewertet werden kann. Hurra! Am nächsten Tag mache ich eine dreistündige Siesta. Und jetzt bin ich tatsächlich zufrieden, denn ich habe mich, so scheint es, in die Herzen meiner französischen Familie gekocht … und unser gegenseitiges Misstrauen scheint sich nach fünf langen Jahren zu legen, und allmählich entsteht, »aus einer Wurzel zart«, ich bin noch etwas zögerlich, aber ich glaube doch … echte Zuneigung … Wenn das nicht Weihnachten ist!

Das Weihnachtsessen gelang, aber den Stress tue ich mir nicht noch mal an, dachte ich und fahre seither – wie schon gesagt – an Weihnachten nach Deutschland und lasse die französische Familie allein mit ihrem verfressenen Weihnachtswahn. Die anderen festlichen Feiertagsessen habe ich in den vergangenen Jahren immer so lange ausgesessen, bis sich Monsieurs Tochter oder seine Ex-Gattin aufraffte und sagte, ich mache es, kommt zu uns. Ostern etwa.

Dieses Jahr kränkelt die Ex-Gattin seit Wochen, und nachdem sie drei verschiedene Antibiotika erfolglos ausprobiert hat, kam einer der Ärzte auf die Idee, ihren schmerzenden Brustkorb zu röntgen, und stellte fest, dass die Wirbelsäule angebrochen war, was erklärte, dass die Antibiotika nicht halfen. Sie ist also außer Gefecht, ihr Lebensgefährte weilt in Kanada, es ist unausgesprochen klar, dass wir sie an Ostern bei uns haben. Niemand soll allein sein, das kennen Sie schon. Die Schwiegermutter darf auch nicht allein sein. Einmal noch Ostern mit der Schwiegermutter, es könnte ja das letzte Ostern sein, das sie erlebt. Das sagen wir uns hier zwar schon seit ein paar Jahren, aber vielleicht ist es dieses Mal doch das letzte Mal, was weiß man schon. Ich denke also über ein Essen für vier nach. Die Schwiegermutter aber kann keine Stufen mehr gehen und wird in einem Gartenstuhl die Treppen hinauf- und wieder hinuntergetragen, die manuelle Variante eines Sessellifts. Dazu braucht es aber zwei mal zwei kräftige Männer, die finden sich in der Familie der Tochter. Ich kann sie aber nicht bitten, uns die Schwiegermutter hinauf- und später wieder hinunterzutragen, und ihnen dann aber die Tür vor der Nase zuschlagen und sagen, essen müsst ihr allein, für euch koche ich nicht. Es wird also, und das ist unausgesprochen klar, ein Essen für acht. Am Mittwoch vor Ostern kläre ich das mit der Tochter ab, die sich freut, dass ich endlich mal von mir aus eine Familienpflicht anpacke. »Nur, da wären auch noch meine Tante und mein Onkel ...«, sagt sie, »die sind ganz allein.« Das ist ja für mich immer der Gipfel, zwei gesunde und erwachsene Menschen sind »ganz allein«, aber ich weiß, was sich gehört, und lade sie ein. Auch sie sind hocherfreut, kommen dann aber doch nicht, weil sie auch noch eine Mutter haben, die dann wiederum ganz allein wäre ... Ich zögere kurz, wie immer unsicher über die französischen Geselligkeitsregeln, frage ich mich, ob ich diese Dame jetzt auch einladen muss?! Aber nein, hier ist es dann gut. Am Mittwochabend habe ich Gäste, und wir reden über Ostern. Ich erzähle, dass ich das Osteressen machen werde, und zähle auf, wer kommt. Zu dem Zeitpunkt denke ich noch, wir sind zehn, und erwarte ein verständnisvolles »Ach, du Arme, es ist so viel Arbeit«, aber ich bekomme nur ein begeistertes »Ach, wie toll, dann seid ihr alle zusammen« zu hören. So ist es hier. Es ist vielleicht viel Arbeit, aber alle machen sie gerne. Eine Ehre, wie gesagt. Ich versuche, es als solche zu sehen.

Am Donnerstag spreche ich mit der Tochter das Menü durch. Spargel zum Entrée, schlage ich vor: Spargel wird hier traditionell mit Vinaigrette als Entrée gegessen, nicht mit Béchamelsauce und auch nicht mit zerlassener Butter. Die Variante mit Béchamelsauce, Schinken und Kartoffeln als Hauptgang kennt man hier nicht. Will man auch nicht kennen. *On est en France*. Einmal hatte ich es der Schwiegermutter so zubereitet, aber sie verstand es nicht. »Wo ist die Vinaigrette?«, fragte sie. »So isst man es in Deutschland«, erklärte ich. »*On est en France*«, erwiderte sie spitz und forderte die Vinaigrette ein, die ich pflichtschuldigst in der Küche noch schnell anrührte. Hier isst man den Spargel mit Vinaigrette. Basta.

Zurück zum Ostermenü: »*Panna cotta* zum Nachtisch«, schlage ich vor, entweder mit Erdbeeren oder Himbeeren – das ist leicht, kann ich, der Nachtisch wird schon am Vorabend gemacht. Basta. Das sage ich zwar nicht, aber es wird dennoch so verstanden. *Panna cotta* ist ein banaler Nachtisch, spüre ich. »Und einen Biskuitkuchen vom Bäcker, der backt ihn in Form von Lämmchen, das ist sehr hübsch und der Biskuitteig sehr fein«, ergänze ich. So eine Kuchenform hatten wir in meiner Kindheit, und ich bin wirklich entzückt, dass der Bäcker das seit ein paar Jahren backt. Kuchen vom Bäcker, nimmt die Tochter zur Kenntnis. Aha. »Was machst du als Hauptgang?«, geht die Inquisition weiter. Ich zucke mit den Schultern. »Lammkeule«, ruft Monsieur dazwischen. Also, natürlich ruft er: *»Gigot d'agneau«* und weiter *»Tu n'a pas de choix!«*. Da habe ich keine Wahl. Die Tochter nickt. Ich verstehe, die Traditionen. Lammkeule also. Ich eile zum Metzger meines Vertrauens und bestelle ein *gigot d'agneau* für acht Personen. »Was machen Sie dazu?«, erkundigt er sich. Sagte ich schon mal, dass hier alle immer übers Essen reden und Rezepte austauschen? Sogar der Metzger mischt sich jetzt in unser Essen ein. Reicht es nicht, dass ich bei ihm die Lammkeule bestelle? »Was weiß ich«, sage ich unwirsch. »Kartoffeln wahrscheinlich.« »Kartoffeln«, sagt er abschätzig. »Nehmen Sie *la ratte*?« Und nein, er schlägt mir hier nicht alternativ eine Ratte als Beilage vor, *la ratte* ist eine alte französische Kartoffelsorte (gesprochen »la ratt«; die Ratte, um das auch noch zu sagen, heißt *le rat*, gesprochen »lö rah«). Die Kartoffeln mit diesem rattigen Namen sind klein, haben eine längliche Form und einen nussigen Geschmack. *La ratte* gilt als eine geschmacklich sehr hochwertige Speisekartoffel, sie war eine Zeit lang, weil anfällig für Schädlinge, fast verschwunden, wird aber seit den 1990er-Jahren wieder als hochpreisiges Produkt in kleinen Mengen für den Feinschmeckermarkt angebaut. »Sicher«, sage ich. Das hatte ich zwar nicht vor, spüre aber, dass die Lammkeule meines Metzgers traditionell mit hochwertigen Kartoffeln geschmort werden will. Er nickt gnädig. Na dann. *La ratte* also. Ich hoffe, ich kriege die auf dem Wochenmarkt und muss nicht noch zu einem Erzeuger in die Bretagne fahren.

Ich denke wieder über das Menü nach. »Ist es zu simpel?«, frage ich bei der Tochter nach, die mir freundlicherweise Käse und Salat mitbringt, und die Enkelin hat sich bereit erklärt, für den Apéro kleine Käsewindbeutel zu backen. Super. Den Champagner bringt die Schwiegermutter mit. »Nein, nein«, sagt sie, aber es klingt nicht überzeugend. Ich schlage einen Karottenflan zusätzlich zum Spargel vor – der wird freundlich abgenickt. Ich wusste, dass es zu wenig ist nur mit dem Spargel. Zwei Vorspeisen braucht es an Ostern. Und der Nachtisch, setze ich an, also wenn mir die Enkeltochter, eine leidenschaftliche *pâtissière*, die sich zu ihrem 13. Geburtstag eine Küchenmaschine gewünscht (und bekommen) hat, helfen würde, dann würde ich mit ihr zusammen eine Schwarzwälder Kirschtorte backen. *Ah oui!* Kein Zögern. Schwarzwälder Kirschtorte ist Ostern angemessen. Gut, dass ich das noch gemerkt habe. Ein einfaches Menü geht an einem Feiertag nun mal nicht.

Jetzt wühle ich mich durch diverse Schwarzwälder-Kirschtorten-Rezepte, die ich selbst bislang tatsächlich auch nur ein einziges Mal in Form einer Rolle gebacken habe – welches Rezept ist das Beste? Mit welchem Rezept gebe ich unser deutsches kulinarisches Tortenerbe weiter? Ich habe da Verantwortung!

Ich mache es kurz. Das Essen war gelungen – nicht so gelungen, wie ich es mir gewünscht hätte, der Spargel etwas zu knackig, die karamellisierten Mairübchen hingegen etwas zu verkocht, das Fleisch war nicht ganz so rosig, wie sie es hier mögen – Kartoffeln immerhin kann ich – *»C'est la ratte?«*, wurde da sofort gefragt (uff!), und natürlich war die Schwarzwälder Kirschtorte der Hit des Tages. Damit haben wir das ganze Menü gekrönt. Sie sah gut aus und war lecker (auch wenn ich da Verbesserungspotenzial sehe – ich bin und bleibe eine Perfektionistin). Aber wissen Sie, was noch passierte? Meine Schwiegermutter, mit fast hundert Jahren, halbverwirrt, aber noch immer streitbar und nicht nur von mir gefürchtet, bedankt sich zum Abschied bei mir für das ausgezeichnete Essen! Mehrfach sogar. *»C'était extra!«*, sagte sie am nächsten Tag noch einmal am Telefon. Ich bin mir ziemlich sicher, dass es vor allem an den verkochten Mairübchen lag, die sie so schön mit der Zunge an den Gaumen drücken konnte, aber trotzdem, Lob aus dem Mund dieser Dame! Aber seien wir ehrlich, meine Schwiegermutter war schon ein bisschen dement zu diesem Zeitpunkt. Nicht alle Aussagen durften ernst genommen werden. Mich freute es trotzdem, nach all den Jahren, in denen an mir herumgenörgelt worden war. Wenn das so weitergeht, denke ich mal wieder, werde ich tatsächlich noch Freude und Ehre verspüren, die Familie zu bekochen.

Einmal erleben Monsieur und ich auch einen richtigen Kultur-*Clash*, einen heftigen Zusammenstoß der deutschen und französischen Kultur. Wir haben eine kleine Einzimmerwohnung im Erdgeschoss unseres Hauses. Sie ist eigentlich mein Büro, gleichzeitig mein privates Zimmer und dient hin und wieder als Gästezimmer. Weil in unserer Wohnung kein Zimmer mehr frei war für mich, ein Büro oder Gäste. Man hat ziemlich oft Gäste, wenn man in Cannes an der Côte d'Azur lebt. Zum Beispiel auch während des Filmfestivals. Seit drei Jahren überlasse ich die Wohnung in dieser Zeit einem deutschen Paar, das aus beruflichen Gründen kommt. Wir kennen uns jetzt schon ein bisschen, mögen uns auch, aber ich würde nicht sagen, dass wir Freunde sind. Unser Kontakt ist auf ihr Hiersein während des Filmfestivals beschränkt.

Sie beabsichtigen, mittwochs abends zu kommen, erfahre ich aus einer Mail. Dienstags fange ich an, meine Dinge, die ich für die nächsten zehn Tage brauchen könnte, aus dem Büro nach oben in unsere Wohnung zu befördern. So viel ist es nicht, aber man weiß ja nie. Ich überlege, räume und ordne. Sauber machen werde ich mittwochs. Da habe ich ja noch den ganzen Tag Zeit. Mittwochs vormittags beginne ich eine große Putzaktion: Ich reiße das Fenster auf, staube die Regale ab, beziehe Kopfkissen, entkalke den Wasserkocher, putze das Klo, ziehe das Ausziehsofa von der Wand, um auch dahinter sauber zu machen ... wirbele also an allen Stellen gleichzeitig. Kurz vor zwölf kommt Monsieur nach unten und sagt: »Sie haben gerade angerufen, sie sind in einer Stunde da!« Ich bekomme fast einen Herzschlag. »Ich bin noch nicht fertig!«, schreie ich hysterisch und lasse Wasser in den Eimer laufen, um den Boden zu wischen.

»Mais, arrête ça!«, schimpft Monsieur. »Das ist doch jetzt alles nicht wichtig. Was machst du zu essen?«

Ich verstehe nicht, wie er jetzt ans Essen denken kann. Außerdem gibt es noch Reste von gestern, die kann er sich warm machen, wenn er jetzt schon Hunger hat. Aber nein, es geht nicht um seinen Hunger, er sorgt sich um unsere in einer Stunde ankommenden Gäste. »Aber die kommen doch nicht zum Essen«, sage ich, »die kommen wegen der Wohnung.«

»Écoute«, sagt Monsieur, »die haben extra angerufen, um zu sagen, dass sie in einer Stunde da sind!« Für ihn, den Franzosen, bedeutet das unausgesprochen, dass sie zum Mittagessen kommen. So macht man das hier. »Ach was«, versuche ich zu erklären, »das sind Deutsche, die würden das niemals wagen, sich bei uns improvisiert zum Essen einzuladen. Bei uns macht man das nicht. Und die wissen von dieser französischen Sitte nichts. Die haben angerufen, weil sie ursprünglich für abends angesagt waren, jetzt kommen sie schon mittags. Das ist alles.«

Aber ich kann sagen, was ich will, Monsieur ist sicher, das deutsche Paar will bei uns zu Mittag essen. Nach einer langen Fahrt aus Deutschland werden sie ausgehungert sein. *»Tu ne comprends pas? Ils ont faim!«,* sagt er empört. »DU hast vielleicht Hunger!«, gebe ich zurück. Ein Wort gibt das andere. Ich sehe nicht ein, dass ich alles stehen und liegen lasse, um improvisiert ein aufwendiges Essen zu kochen, und putze unverdrossen, aber etwas schneller weiter. Monsieur ist verärgert und verzweifelt. Selbst wenn ich recht hätte, sagt er, »in Frankreich ist es jetzt meine Pflicht, sie wenigstens zum Essen einzuladen. So macht man das in Frankreich, hast du das immer noch nicht verstanden?« Er sieht mich wütend an. »Sie können dann immer noch Nein sagen«, räumt er gnädig ein. Aber damit die deutschen Gäste die Essenseinladung ablehnen können, muss ich erst mal ein Essen gemacht haben. Ich weigere mich. Letzten Endes geht er zum *traiteur* und kauft dort für alle *un plat préparé, »au moins on a fait face!«. »On a fait face à quoi?«,* brülle ich ihm hinterher. Später deckt er in der

Küche den Tisch. Als ich mit der Putzerei fertig bin, mache ich nun doch noch schnell etwas Karottensalat zum Entrée und putze ein paar Radieschen, um meinerseits gegenüber Monsieur mein Gesicht gewahrt zu haben. Dann warten wir. Denn keinesfalls können wir ohne die Gäste anfangen zu essen. Auch wenn wir jetzt wirklich Hunger haben.

»*Tu verras*, die kommen nicht zum Essen!«, sage ich zum wiederholten Mal und kaue hungrig ein Radieschen, da fällt es nicht auf, wenn es eines weniger ist. Monsieur hat inzwischen vielleicht auch leise Zweifel, was er aber nie zugeben würde. »Die werden mit uns essen«, beharrt er. »Ja«, sage ich, »jetzt vermutlich aus Höflichkeit. Weil sie sich nicht trauen zu sagen, dass sie das nicht wollen.« »Höflichkeit!«, Monsieur schnaubt. »Man isst doch nicht aus Höflichkeit!«

Um Viertel vor zwei klingelt es an der Tür. Monsieur öffnet erwartungsvoll. Es ist nur ein Teil des deutschen Paares, der Mann nämlich, voll bepackt, er will nur schon mal etwas abladen, den Schlüssel entgegennehmen und dann gleich in die Stadt. »Und deine Frau?«, fragt Monsieur. »Ach, die ist schon ins Festival eingetaucht, und ich werde auch gleich ...«, antwortet der Mann. »Aber hast du keinen Hunger?«, fragt Monsieur fassungslos und sieht auf die Uhr. »Nein, nein, wir haben vor der Abfahrt was gegessen«, sagt der Mann mit einer wegwerfenden Handbewegung. »Wir haben in Orange übernachtet und sind dort kurz nach zwölf weggefahren. Da haben wir vorher schnell was gegessen.«

»Siehst du«, sage ich süffisant zu Monsieur.

Der Mann spürt etwas. »Habt ihr etwa Essen gemacht?«, fragt er erschrocken. »Ja«, sage ich, »denn wenn man in

Frankreich mittags anruft und sagt: ›In einer Stunde sind wir da‹, dann heißt das, wir kommen zum Essen.« Der Mann wird rot vor Scham: Niemals hätte er das … er hatte schon Angst, überhaupt mittags anzurufen, weil er uns nicht beim Mittagessen stören wollte, und das Ankommen um halb zwei war ihm auch unangenehm, weil er doch weiß, wir machen immer eine kleine Siesta nach dem Essen. »Muss ich jetzt noch mal was essen?«, fragt er mich leise. »Mach, was du willst«, antworte ich. »Das Essen ist ja jetzt da. Du kannst es ablehnen, ohne dass ich mein Gesicht verliere.«

»T'as pas un petit creux?«, fragt Monsieur jetzt drängend und entkorkt schon mal den Wein. Nach einer Stunde Fahrt kann man doch sicher schon wieder was vertragen? »Na gut, ich will ja jetzt nicht unhöflich sein!«, murmelt der Mann. Leider kann Monsieur es nicht verstehen, weil es auf Deutsch gesagt wurde. Beim Essen erklärt der Mann noch einmal lang und breit, dass es niemals seine Absicht war, sich zum Essen einzuladen und so weiter. Monsieur nimmt es schweigend zur Kenntnis. Um kurz vor halb drei, noch vor dem Käse, springt der Mann dann auf, er hat nämlich wirklich eine Verabredung mit seiner Frau in der Stadt. Da muss er jetzt aber doch hin … oder muss er das jetzt absagen, weil er unsere Essenseinladung nicht unterbrechen kann? Er schaut mich Hilfe suchend an. »Nur zu«, fordere ich ihn auf.

»Siehst du!«, kann ich es mir erneut nicht verkneifen, nachdem der Gast gegangen ist.

»Vielleicht hast du recht, was das Verhalten deutscher Gäste angeht«, sagt Monsieur, »aber ich bin doch froh, dass wir ihn eingeladen haben. Und er hat ja gegessen.«

»Ja, aus Höflichkeit«, sage ich.

»Höflichkeit, pah«, macht Monsieur. »Es hat ihm gefallen. Und deutsch hin, deutsch her. Wir sind in Frankreich. So gehört sich das hier. Und ich bin stolz auf diese Tradition.«

Sie merken schon, es dreht sich alles ums Essen im französischen Alltag. Aber natürlich auch um all das andere: Wir überstehen immer wieder die gefürchtete Männergrippe, eine Lungenembolie und einen miesen Prostatakrebs, und einmal darf ich auch lange liegen, weil ich mir beim Skifahren einen Bänderriss zugezogen habe. Seitdem bin ich nicht mehr schwindelfrei, die vereiste steile Abfahrt und das Liegen am Steilhang, bis der Sanitäter über die Piste angerauscht kam, haben meine Höhenangst und die Schwindelgefühle wohl verstärkt. Rauf komme ich, aber runter, selbst den banalsten Wiesenhang, komme ich nun nicht mehr, zumindest nicht allein. All das Erlebte schweißt uns zusammen, auch wenn das Umfeld und die Familie immer noch misstrauisch blieben. Eines Tages werde ich schon mein wahres Gesicht zeigen, scheinen sie zu denken. Da könnt ihr lange warten, denke ich, lächle freundlich, trinke Tee und stricke.

»Wool War I«

Ein Abenteuer der anderen Art war meine Teilnahme an einem vier Jahre dauernden Kunstprojekt, dem *Wool War I*, dem *Ersten Wollkrieg*, ein Wortspiel und eine Anspielung auf den *World War I*, den Ersten Weltkrieg. Man muss vorausschicken, dass der Erste Weltkrieg in Frankreich ein ganz anderes Gewicht hat als in Deutschland. Ich schreibe fast jedes Jahr im November auf meinem Blog darüber, denn der 11. November, der Tag, an dem 1918 ein Waffenstillstandsabkommen unterzeichnet wurde, auf Französisch *l'armistice* genannt, ist frankreichweit ein hoher Gedenktag. Dass im Rheinland und allen voran in Köln ausgerechnet an diesem Tag der Beginn des Karnevals ausgerufen und bunt und ausgelassen gefeiert, gesungen und getanzt wird, das verschweige ich wohlweislich, es stößt hier auf Unverständnis und Befremden.

Vom August 2014 bis zum November 2018 jährte sich der Erste Weltkrieg zum hundertsten Mal. In allen beteiligten Ländern gab es dazu Gedenkveranstaltungen, teils mit unterschiedlichen Kunstprojekten – sehr beeindruckend fand ich persönlich die Keramikmohnblumen im ausgetrockneten Festungsgraben um den Tower von London. Die Installation mit dem Titel *Blood Swept Lands and Seas of Red* (*Blutgetränkte Erde und ein Meer von Rot*) ist das

Werk von Bühnendesigner Tom Piper und Keramikkünstler Paul Cummins. Sie ließen die 888.246 Blumenskulpturen von Hand anfertigen und von freiwilligen Helfern einsetzen. Eine blutrote Blüte für jeden gefallenen Soldaten. Von Weitem sahen die Keramikblüten wirklich aus wie eine blutrote Woge, die sich über die Mauer des Towers ergoss und den Festungsgraben flutete. Kritiker bemängelten jedoch, dass es ein kitschiges Spektakel sei und zudem nur ein nationales Denkmal, weil ausschließlich der englischen Gefallenen gedacht würde.

In Frankreich boten Presse und Medien alles auf, um jeden Tag während der vier Jahre des Gedenkens an den Krieg, die Zerstörung, die Menschen, die Soldaten zu erinnern. Und ich strickte winzige Soldatenjäckchen für das unglaubliche Projekt eines gestrickten Weltkriegs.

Bevor Sie abwinkend »So ein Quatsch« murmeln, lassen Sie es mich Ihnen erklären.

Zunächst gab es eine Künstlerin, Anna mit richtigem Namen, die eines Tages angefangen hatte, die absurden tagesaktuellen Nachrichten strickend auf ihrem Blog *Délit Maille* zu verarbeiten. *Délit Maille* ist ein unübersetzbares Wortspiel aus »Delikt« und »Masche« in Anspielung auf die Zeitung *Daily Mail* = *Tägliche Post* oder *Tägliche Nachrichten*. Sie strickte kleine Figuren, die Dominique Strauss-Kahn, Präsident Sarkozy, Angela Merkel, dem Papst, Prinzessin Kate aus England und anderen VIPs erstaunlich ähnlich sahen, setzte sie in Szene, schrieb einen bissigen, ironischen oder berührenden Text dazu und bot einen fiktiven Stricksatz an, mit dem man sich seine »deutsch-französische Freundschaft« (*»Tricote-toi ton amitié franco-allemande«*) oder »den Papst-Rücktritt« (*»Kit émérite«*) selbst stricken könne. Absurd, aber amüsant und sehr erfolgreich in Frankreich. So erfolgreich, dass das Museum in Roubaix Anna und ihren Strickpüppchen eine Ausstellung widmete. Am Ende dieser Ausstellung hatte man dort eine zündende Idee: und wenn Anna für das Museum eine Installation des Ersten Weltkriegs stricken würde?

Anna war zunächst perplex: den Weltkrieg stricken? Was für eine absurde Idee! Sie lehnte zuerst ab und überlegte dann doch. Wie konnte man den Weltkrieg stricken, ohne dass er verniedlicht würde? Denn niedlich sind die kleinen Strickpüppchen allemal. Sie las über den Ersten Weltkrieg, reiste zu einem der vielen Soldatenfriedhöfe im Osten Frankreichs und strickte zur Probe einen kleinen französischen Soldaten, zog ihn so an, wie die ersten Soldaten gekleidet waren, mit roten Hosen und einem blauen Jäckchen, gab ihm einen Rucksack mit und eine Mütze auf den Kopf. Eine Idee reifte in ihr. Was, wenn man eine Armee aus kleinen Wollsoldaten stricken würde? Eine riesige Armee, in der nicht nur die Franzosen, sondern alle beteiligten Nationalitäten vorkämen? Allen voran die Deutschen, die Briten, die Russen, aber auch die Neuseeländer, die Australier, nordafrikanischen Spahis, die Chinesen, die Inder, einfach alle?! Ein Jahr hatte sie noch bis zur geplanten Ausstellungseröffnung, aber klar war, alleine würde sie das nie schaffen. So stellte sie das Projekt, selbst noch ganz zögerlich, auf ihrem Blog vor und fragte, ob es unter den Lesern und Leserinnen unterstützende, helfende und vor allem strickende Hände gäbe für dieses eigentlich unmögliche Projekt. Sie konnte nicht fassen, was sie damit losgetreten hatte. Innerhalb von drei Tagen haben sich mehr als 500 Frauen und ein Mann gemeldet, die Feuer und

Flamme waren. Und ich war dabei. Von der ersten Stunde an. Ich weiß nicht, was mich geritten hat, ich bin keine begeisterte Handarbeiterin, und stricken kann ich gerade so *là là*. Aber ich fand die Idee großartig. »Ich war dabei«, schreibe ich hier so, ich war aber zunächst gar nicht sicher, ob man mich, eine Deutsche, überhaupt dabeihaben wollte, und bot meine Strickunterstützung entsprechend schüchtern an: »Ich würde gern, darf ich?« Anna sagte mir später, dass es genau meine Anfrage war, die sie bewogen hat, das Projekt wirklich zu wagen. Wenn hundert Jahre nach dem Ersten Weltkrieg eine Deutsche in Frankreich noch so zögerlich anfragt, ob sie bei einem Kunstwerk zum Ersten Weltkrieg mittun dürfe, dann müsse man es geradezu anpacken! Etwas tun, das die Menschen in der Erinnerung zusammenbringt. Sie limitierte die Zahl der Helferinnen auf fünfhundert, versuchte aber, Teilnehmende aus allen am Ersten Weltkrieg beteiligten Ländern zusammenzubekommen. Und dann ging es los.

Klar war am Anfang nur, was es alles nicht werden sollte, kein Ding der Rekorde, also nicht wie viele Hände aus wie vielen Ländern wie viele Meter Wolle verstrickt haben, es soll auch weder albern noch niedlich werden. Und dann fingen wir einfach an: Anna verschickte die Wolle in alle vier Richtungen des Globus, und wir begannen zu stricken. Schwungvoll oder zögerlich, und man kam nicht umhin, beim Stricken an diesen Krieg zu denken und an all die Männer, Deutsche oder Franzosen und später auch all die anderen, die in diesen Krieg geworfen wurden, die noch so schrecklich jung waren und die um ein dummes Wäldchen oder um sage und schreibe fünfhundert Meter Feldweg kämpften und in schlammigen Gräben ausharrten, litten oder verreckten. Im französischen Fernsehprogramm gab es damals viele Dokumentationen, ich strickte, während ich sie anschaute, andere dachten an ihre Urgroßväter oder Großonkel, die den Krieg überlebt hatten oder nicht, und suchten und fanden alte Fotos oder Briefe oder Postkarten oder andere Erinnerungen und zeigten sie in einer extra dafür gegründeten *Facebook*-Gruppe und erzählten davon. Es gab viel Austausch, virtuell, und auch im *real life* fanden sich Frauen in Gruppen zusammen, zum Stricken und Reden. Das zunächst so vage und fast unmögliche Projekt wurde plötzlich ganz persönlich, berührend, traurig, auf jeden Fall sehr lebendig, und wir alle strickten klitzekleine Jäckchen, Helme, Schuhe, Gürtel und Taschen für die Stricksoldaten, genau wie einst Frauen vor hundert Jahren Socken für die Soldaten an der Front strickten.

Ich bekam ein Knäuel graublauer Wolle und eine Anleitung für ein acht Zentimeter kleines Jäckchen, kaufte dafür magere Zweier-Stricknadeln und legte los. Ich ging es ganz naiv an, machte nicht mal ein Probejäckchen aus anderer Wolle, dachte, das werde ich schon können und wird sicher schnell gehen, ist ja alles so klein. Ha! Denkste! Ich hatte meinen persönlichen Krieg mit der Strickerei. Erst strickte ich zu locker, das allererste Jäckchen wurde zu groß, also zog ich alles wieder auf und strickte von nun an fester. Zu fest für die empfindlichen Bambusnadeln, sie brachen erst mal ab. Ich strickte lauter klitzekleine Teile, es dauerte länger, als ich dachte, und nähte sie mit, laut Anleitung, »unsichtbarer Naht« zusammen. Ich kann nicht nähen. Außerdem hasse ich es. Stricken mag ich, aber nähen? Es hingen so viele Fädchen dran herum, die irgendwo verwahrt werden wollten, schrecklich! Und wie geht denn unsichtbar?

Das Jäckchen wurde fertig, es hatte die richtige Größe, aber es sah krumm und schief aus. Ich war ziemlich unglücklich. Und versuchte das zweite, und jetzt lernte ich schnaufend, Ärmel und Kragen direkt anzustricken. Immer wieder maß ich nach: 24 Maschen mal 35 Reihen sollen acht mal acht Zentimeter geben. Ich strickte hier eine Reihe mehr, dort eine weniger und obwohl ich x-mal gemessen hatte, passte es am Ende weder vorne noch hinten richtig zusammen, und ich versuchte, es beim Zusammennähen auf die richtige Größe zu zerren. Nun, man durfte nicht so genau hinschauen, ich war auch mit diesem zweiten Jäckchen nicht sehr glücklich. Und statt dass es bei jedem neuen Jäckchen leichter gehen würde, nein, es kam immer wieder zu neuen Schwierigkeiten, und Maschen fallen, Himmelherrgott noch mal, sowieso auch immer wieder runter. Ich zog auf und strickte neu und noch einmal und noch einmal ... und wenn es nicht für dieses Projekt gewesen wäre und wenn ich nicht immer an die Jungs in ihren schlammigen Gräben voller Ratten hätte denken müssen, dann hätte ich es hingeschmissen, aber so ... machte ich weiter. Nun, trotz alledem war und bin ich sehr stolz auf meinen Strickbeitrag an diesem Projekt und freute mich riesig auf die Ausstellungseröffnung im November 2014.

Ein Jahr lang hat mich dieses Projekt in der Vorbereitung begleitet, mich und die anderen Frauen und einen Mann. Ein Jahr lang gab es (vor allem auf *Facebook*) fast täglich Austausch über das Stricken und den Weltkrieg und mehrfach gab es sogenannte *woolstocks* an unterschiedlichen Orten: Treffen der Teilnehmerinnen in Paris, Bordeaux oder Marseille, wo wir uns bei Kaffee und Kuchen Stricktechniken erklärten, erzählten, lachten und gerührt waren, wenn wir am Ende ein paar fertig bekleidete kleine Soldaten vor uns sahen. Und immer hatte jemand Fotos, Briefe oder Objekte eines Großvaters oder Urgroßvaters dabei, der den Krieg erlebt und manchmal überlebt hatte. Dieses Projekt war unglaublich. Frauen jeden Alters, jeder Herkunft und jeden Berufs waren ein Jahr darin vereint, und wenn man den ganzen Wahnsinn des Internet kennt und weiß, wie schnell dort etwas hochkochen und ausarten kann, kann man nur erstaunt sein, wie friedlich und freundlich und positiv gestimmt wir alle ein Jahr lang miteinander umgingen. Es wurde in all den Monaten erstaunlicherweise weder langweilig noch nervig, es war auch nicht ständig tragisch und traurig, es wurde auch gealbert und gelacht, aber es war immer ernsthaft und sehr menschlich. Das alles dank Anna und ihrem Talent, stets zur rechten Zeit die richtigen Worte zu finden. Manche von uns strickten viel, andere weniger, aber alle haben wir etwas beigetragen zu diesem Kunstprojekt, und alle sind wir unglaublich stolz und gerührt, und natürlich habe ich mir die fertige Installation in Roubaix angesehen.

Ich hatte vorab schon ein paar Fotos davon im Internet gesehen, alles war ganz schlicht und klein und leise, aber es war doch ein kleiner Schock, denn zuerst sieht man die Armee von kleinen wollzarten Soldaten von hinten, diese lange, lange Reihe so vieler winzig kleiner Wesen. »Oh Gott, sie sind schon unterwegs«, dachte ich, »da ziehen sie hin, in den Krieg.« Und ich wischte mir tatsächlich ein paar Tränchen weg.

Und dann sah ich sie mir alle an, die Franzosen und die Deutschen, die Russen, die Türken, die Engländer, die Belgier, die Australier, die *Tirailleurs sénégalais*, die Spahis, die

Neufundländer … und ich legte mich flach auf den Boden, um sie zu fotografieren. Sie waren rührend, und ich denke, es sind gerade ihre Weichheit und Winzigkeit, die den ganzen überdimensionierten Wahnsinn dieses Krieges deutlich machten. Wie klein ist der Mensch und wie verletzlich.

Die Installation reiste in den vier Jahren, in denen der Erste Weltkrieg sich zum hundertsten Mal jährte, durch die Welt: vom Grand Palais in Paris bis nach Kanada, und ab September 2018 war sie in der Nécropole de Notre-Dame-de-Lorette à Ablain-Saint-Nazaire (Pas-de-Calais), einen symbolischeren Ort gibt es wohl nicht, wo sie am 11. November 2018 ihren Schlusspunkt hatte.

Zum Abschluss der vierjährigen Erinnerungsarbeit zum Ersten Weltkrieg, am 11. November 2018, potenzierte sich das Gedenken noch einmal. Im Fernsehen, in der Presse, in den Schulen und quasi überall ging es um nichts anderes. Eine Woche tingelte unser Präsident damals an der ehemaligen Frontlinie entlang. Von Straßburg aus ging es nach Morhange (Moselle), Verdun (Meuse), Péronne (Somme) und zum Abschluss zu besagter Nécropole de Notre-Dame-de-Lorette im Departement Pas-de-Calais. Dort, hatte ich gehofft, würde es vielleicht ein Foto geben, der Präsident auf Knien vor der kleinen Wollarmee. Aber nein, leider, kein Foto von Macron und den Wollsoldaten. Wir wissen nicht, ob er die Installation überhaupt gesehen hat.

Die Frage, was nach den vier Jahren mit den 781 Stricksoldaten passieren sollte, stellte sich. Fast alle, die mitgestrickt haben und die sich auch vier Jahre später immer noch in einer *Facebook*-Gruppe austauschten, waren bereit, einen kleinen Soldaten oder auch zwei zu adoptieren. Anna, der Künstlerin hinter dem *Wool War I*, aber war das zu wenig. Sie beschloss, dass die kleinen Wollsoldaten verkauft werden und das damit eingenommene Geld dem Verein Ärzte ohne Grenzen, *Médecins Sans Frontières,* zukommen solle. Als Preis wurden 30 Euro pro Soldat festgesetzt. Anna hatte Sorge, dass zwar alle die Soldaten niedlich finden, aber letztlich niemand sie kaufen würde. Aber klar, in nicht mal zwei Tagen waren alle Wollsoldaten weg! Ausverkauft! Auf diese Weise kamen 23.430 Euro zusammen! Wie großartig! Anna wollte es nicht glauben, und auch die Dame von *Médecins Sans Frontières,* die vorsichtig bei Anna anfragte, ob der Verkauf sich denn konkretisiere, war sprachlos, als Anna ihr die Summe nannte. Selbst so ein großer Verein bekommt nicht jeden Tag eine derartige Zuwendung. Tolles Ende dieses einzigartigen Kunstwerks, oder?!

Ich bin wahnsinnig stolz, daran mitgewirkt zu haben, habe ein paar der kleinen Soldaten bei mir zu Hause aufgenommen, ich hätte gerne ein deutsch-französisches Paar gehabt, aber bezeichnenderweise bekam ich nur Franzosen (es gab einen Zufallsverteiler). Es war ein Akt, mich nicht nur der französischen Sicht auf den Ersten Weltkrieg zu nähern, sondern mich Frankreich, seiner Geschichte und den Franzosen insgesamt anzunähern.

»Je suis … française«

Wenn man lange im Ausland lebt, kommt man nicht umhin, sich mit seiner Herkunft zu beschäftigen. Wo kommst du her? Warum bist du hier? Und häufig auch »Wann gehst du wieder zurück?«. Das sind Fragen, die einem immer wieder gestellt werden. In Deutschland habe ich mich nicht sehr deutsch gefühlt. Zur Deutschen wird man erst im Ausland. In den Bergen wurde ich zu »Christjann, *l'allemande*«. Anfangs hat es mich gestört, dass man mir diesen Zusatz »die Deutsche« gegeben hat. Jetzt nehme ich es hin. Ich kann mein Herkunfts-Deutschsein sowieso nicht verbergen, ich sehe nicht französisch aus, und trotz aller Mühe, die ich mir beim Sprechen gebe, werde ich immer einen Akzent behalten. Viele Jahre versuchte ich, mein Deutschsein im Ausland zu verbergen, nachdem ein Italiener mich bei einem Sprachaufenthalt in der Toskana, gut gelaunt und vermeintlich witzig, zackig salutierend mit »Heil Hitler!« begrüßt hatte. Ich erstarrte und konnte nur mühsam meine Tränen zurückhalten. *»Scherzo! Scherzo!«*, rief er patzig, man wird doch noch mal einen Scherz machen dürfen, warum heult sie denn da gleich, diese komische Deutsche?! Alle waren betreten, nicht von dem Witz, hallo, es war doch nur ein Witz, aber von meiner Überempfindlichkeit, meinen Tränen und meiner gekränkten Miene, mit der ich nun allen den Abend versaute. Ich trug schwer an unserer deutschen Vergangenheit.

Nun, ich bin Deutsche, werde es immer bleiben, aber nach fünfzehn Jahren in Frankreich habe ich auch ganz viel Französisches angenommen. Dass ich zumindest für Nichtfranzosen als Französin durchgehe, machte mir eine Begegnung mit einem französischsprachigen Iren auf der Buchmesse vor zwei Jahren deutlich. Mit diesem polyglotten und multikulturellen Iren sprach ich auf Deutsch über meine Bücher und mein Leben in Cannes. »Ihr Deutsch ist ganz ausgezeichnet!«, sagte er anerkennend. Ich lachte über den Scherz, aber es war ernst gemeint. »Ich bin Deutsche«, erklärte ich ihm. »Ich lebe in Frankreich und bin mit einem Franzosen verheiratet, aber ich bin Deutsche.« »Sie sind Französin!«, beharrte er. »Nein«, sagte ich, »wir können gern Französisch miteinander sprechen, aber ich bin Deutsche.« Er wollte es mir nicht glauben, und es ging nun ein bisschen wie in Louis-de-Funès-Filmen hin und her: Nein! Doch! Nein! Doch! Oooh! Und während ich ihm auf einen Stadtplan von Cannes *»à bientôt à Cannes«* schreibe, sagt er: »Sie haben da eine schöne französische Persönlichkeit entwickelt!« Da sehen Sie's.

In Frankreich glauben sowieso achtzig Prozent der Bevölkerung, ich sei, Persönlichkeit hin oder her, gesetzlich Französin, weil ich mit einem Franzosen verheiratet bin. Diese Regelung, meine lieben Leser und Leserinnen, galt vielleicht mal in den 50er- oder 60er-Jahren. Heute jedoch habe ich zwar automatisch den französischen Namen meines Mannes bekommen, allerdings nur für die französische Verwaltung, in Deutschland bin ich immer noch Frau Dreher, und so steht es auch in meinem deutschen Reisepass.

Französin bin ich deswegen aber noch lange nicht. Will ich es werden, muss ich wie alle Ausländer den behördlichen Parcours durchlaufen, zunächst einen Sprachtest bestehen, dann einen Antrag stellen, danach werde ich auf Herz und Nieren geprüft, und eventuell wird man mir dann die Gnade gewähren, Französin zu sein.

Ich habe den Antrag im letzten Februar abgegeben. Man muss es wirklich wollen oder dringend benötigen, sonst wird man alle die Dokumente, die übersetzt und beglaubigt und alle insgesamt nicht älter als drei Monate sein dürfen, vermutlich nicht zusammenbringen. Ich habe es vor Jahren schon einmal versucht und wieder aufgegeben. Wie mühsam, noch nachzuweisen, dass mein vor über dreißig Jahren verstorbener Vater auch einmal geboren worden war. Auch der Sprachtest ist nicht gerade leicht. Zumindest der Teil über das Hörverstehen, der einen in exponentiell schwieriger werdenden Fragen mit immer komplizierteren Sachverhalten und französischer Sprache und ihren diversen Akzenten aus Kanada oder den überseeischen Territorien konfrontiert. Als ich mich vor ein paar Jahren schon einmal darauf vorbereitete, schien es mir absolut nicht sicher, dass ich diesen Test bestehen würde. Außerdem hatte ich nur lustlos in dem Büchlein geblättert, das einem die Geschichte und Kultur Frankreichs vermittelte. Ich wusste zwar, wann die Französische Revolution war, warf aber die vielen Könige, Louis, den XIV., den XV. und den XVI. und all die anderen, einschließlich der diversen Napoleons durcheinander und hatte auch keine Lust mehr, die Lebensdaten von Victor Hugo, von Racine, Rimbaud und Molière auswendig zu lernen, und gab das Projekt vorzeitig auf. Jetzt aber war wohl die Zeit reif, und ich fühlte mich sicher genug in der französischen Welt, um es auch ohne konkrete Lebensdaten von Königen und Schriftstellern zu wagen.

Nun, ich habe den Sprachtest bestanden und ein paar Monate später die knapp ein Kilo wiegende Dokumentensammlung in doppelter Ausführung, einschließlich frankiertem Rückumschlag und mit Steuermarken versehen, abgeschickt. Im Februar.

Im August hatte ich dann, gemeinsam mit Monsieur ein Gespräch auf der Präfektur. Wir sahen wohl nicht aus wie ein Ehepaar, das sich nur zu dem Zweck verheiratet hat, dem ausländischen Partner die französische Staatsbürgerschaft zu verschaffen, *un mariage blanc* nennt man das hier. Ich bin Europäerin, Deutsche gar, ich kann hier auch ohne die französische Nationalität leben. Wir wurden daher nicht getrennt befragt, um zu testen, ob man den anderen wirklich kennt, sondern durften gemeinsam unsere Geschichte erzählen. Da wir bei der Vorbereitung aber von einem getrennten Gespräch ausgingen, haben wir ganz viel geübt. Ich lernte als Erstes die *Marseillaise* auswendig und sang sie den lieben langen Tag vor mich hin: *»Aux armes, citoyens!«* schmetterte ich, wenn ich in der Küche mit dem Küchenmesser den Lauch hackte, und mit einem auffordernden *»Marchons, marchons!«* dirigierte ich Monsieur mit dem Müllsack zur Tonne. Monsieur stöhnte genervt, aber nur kurz, denn dann ging es an die gemeinsame Arbeit, ein bisschen wie in *Green Card*, falls Sie den Film mit Gérard Depardieu noch kennen. Monsieur hat nur ein sehr selektives Gedächtnis, meinen Geburtstag kann er sich seit zehn Jahren nicht merken, und ganz viel anderer Alltagskleinkram geht an ihm ebenso unbemerkt vorüber. In *Green*

Card scheitert Gérard Depardieu im Gespräch bei der Einwanderungsbehörde und wird in der Folge aus den USA ausgewiesen, weil er sich den Namen der Gesichtscreme seiner ursprünglich nur Zweck-Ehefrau, gespielt von Andy McDowell, nicht merken konnte: *Monticello*. Ich habe mir dieses Detail aus diesem dreißig Jahre alten Film bizarrerweise gemerkt! Würde man Monsieur nach solchen Kinkerlitzchen fragen, er wüsste es hundertprozentig nicht. Und wäre die Entscheidung, ob ich Französin würde, davon abhängig, dass er meine Gesichtscreme benennen könnte, ich würde sofort abgelehnt. Nicht ausgewiesen, immerhin, Europa sei Dank.

Wir haben also geübt: Wann ist mein Geburtstag, wann ist unser Hochzeitstag, wie lange kennen wir uns schon? Auf welcher Seite des Bettes schlafe ich? Und warum? »Ach, es gibt einen Grund?«, wunderte sich Monsieur nach zehn Jahren gemeinsamen Ehelebens und nimmt die Erklärung, dass ich immer nahe zur Tür liege, weil ich leicht klaustrophob bin, überrascht zur Kenntnis. »Ach so«, sagt Monsieur, als hörte er das zum ersten Mal. Das kann ja heiter werden, denke ich. Man muss erwähnen, dass meine Schwiegermutter im Vormonat verstorben war, und Monsieur hatte es sehr mitgenommen. Mehr als er und wir alle erwartet hatten. Meine Schwiegermutter war betagt, dement und am Ende sehnten wir alle, einschließlich sie selbst, ihren Tod herbei. Aber es ist nie leicht, seine Mutter zu verlieren, ganz gleich vermutlich, wie alt man ist, und ganz gleich, wie das Verhältnis zu Lebzeiten war. Monsieur war nach ihrem Tod lange Zeit leicht depressiv und stellenweise teilnahmslos, und seine Gedächtnisleistung ging gegen null zu dieser Zeit. »Du weißt schon noch, wie ich heiße?«, scherzte ich manchmal, aber er sah mich dann so irritiert an, dass ich diese Art Scherz schnell aufgab. Immerhin konnten wir am Tag X unsere Geschichte lückenlos und glaubhaft gemeinsam erzählen, und nachdem ich auch die Frage, warum ich eigentlich Französin werden wollte, es sei doch im Rahmen von Europa nicht mehr nötig, fühlte ich mich nicht als Europäerin, auch noch beantwortet habe, wurden wir entlassen. Sie leite mein Gesuch an das Innenministerium weiter, erklärte mir die strenge Dame, ein Jahr nehme sich das Ministerium von nun an als Bedenk- oder sagen wir als Bearbeitungszeit.

Nun, warum will ich denn so dringend Französin werden? Muss ich doch gar nicht, kann doch auch so hier leben, sagte mir die Dame bei der Präfektur doch auch noch einmal. Ja, kann ich, aber ich kann nicht wählen! Also, ich kann bei den Kommunalwahlen meine Stimme abgeben, ebenso bei der Europawahl, aber nicht bei der Präsidentschaftswahl. Och jeh, machen Sie vielleicht. Interessiert einen das wirklich?

Ja, sage ich. Ja, das interessiert mich wirklich. Wer in Frankreich Präsident oder Präsidentin wird, interessiert mich mittlerweile tatsächlich mehr, als wer in Deutschland Kanzler oder Kanzlerin wird. Nicht, dass es mich nicht auch interessieren würde, aber ich lebe in Frankreich und bekomme einfach nicht mehr so viel mit von deutscher Politik, abgesehen von Skandalen, die auch grenzübergreifend durch die Medien rauschen. Dagegen schaue ich täglich abends französische Nachrichten und nehme so seit einigen Jahren das französische Politikgeschehen auf.

Mein *déclic*, der Moment, indem sich das für mich geändert hat, war, so eigentümlich es vielleicht klingen mag (die

Dame von der Präfektur zog kurz die Augenbrauen hoch, als ich es sagte), das Attentat auf die Redaktion von *Charlie Hebdo* im Januar 2015. Dieses schreckliche Jahr voller Attentate begann so grausam. Ich weiß noch, wie ich fassungslos vor dem Fernseher stand und schluchzte. Es traf mich, nicht nur weil die Terroristen Zeichner und Redakteure erschossen haben, Kollegen im weitesten Sinne, sondern es betraf mich.

Vorher hatte ich oft das Gefühl, dass mich die Politik in Frankreich nichts angehe. Ich kannte die Politiker nicht, verstand zu wenig, und ich hatte hier schon mal nicht gewählt. Wenn Nicolas Sarkozy dies oder jenes gemacht hat, dachte ich: »Betrifft mich nicht, ist nicht mein Land.« Für die deutsche Politik fühlte ich mich aber auch nicht mehr zuständig. Dort verlor ich den Überblick, und ich hatte auch dort nicht gewählt. Wenn man mir hier etwas zu Angela Merkel sagte und zu ihrer Haltung zu Griechenland beispielsweise, dann zuckte ich die Achseln. Betrifft mich nicht, ich lebe dort nicht mehr. Ich sagte es nicht laut, aber Politik war mir eine Zeit lang ziemlich egal. Mein privates Leben war lange Jahre einfach wichtiger.

Aber jetzt hatte ich zum ersten Mal das Gefühl, betroffen zu sein. Nicht nur als Autorin, sondern als Französin. Ich trauerte nicht *mit* den Franzosen, sondern ich trauerte. Punkt. Und ich war so stolz an einem der friedlichen Märsche für *Charlie Hebdo* teilzunehmen und die Marseillaise immerhin mitzusummen. Wie stolz war ich, dass überall in Frankreich die Menschen friedlich auf die Straße gingen. Seit der *Libération*, der Befreiung Frankreichs nach der Besatzung durch die Deutschen im Zweiten Weltkrieg, seien nicht mehr so viele Menschen auf der Straße gewesen, hieß es. Es war der Beginn, mich aktiv für Politik in Frankreich zu interessieren. Was wird aus diesem Land?

Dann wartete ich auf die ministerielle Entscheidung. Damit ging es mir wie vermutlich sehr vielen Menschen auf der Welt, die irgendwo festhängen, um eine andere Staatsangehörigkeit zu bekommen. Für mich ist es allerdings nicht lebenswichtig, für mich ist es ein zusätzlicher Luxus. Ich darf nämlich zwei Staatsangehörigkeiten haben, meine alte deutsche und meine neue französische, und ich darf ganz großzügig auch ohne viel Verwaltungsaufwand und ohne Anstehen in der Präfektur für Aufenthaltsgenehmigungen in Frankreich weilen. Europa sei Dank. Man kann es gar nicht hoch genug loben, dieses Europa, das so viele nicht mehr wollen, weil man angeblich so viel »Gesocks« hereinlässt ins Land. Das wird nämlich in Frankreich genauso bemeckert wie in Deutschland. Ich kam nicht umhin, mich als Teil dieses ungewollten Gesocks der Franzosen zu fühlen. Als Ausländerin. Ich kann dann zwar zukünftig ganz elegant mit meiner neuen *carte d'identité* herumwedeln und beweisen, dass ich Französin bin, aber ob es hilft, wenn es hart auf hart kommt? Aber DU bist doch nicht gemeint! Gegen DICH haben wir doch nichts, heißt es, wenn ich es anspreche. Ich bin weiß, Europäerin und vielleicht noch ein bisschen katholisch. Ich passe mich an und koche dem Gatten treusorgend wie eine perfekte Französin sein Mittagessen. Aber reicht das? Tatsächlich fühle ich mich in meiner Ausländerinnenrolle doch in einer fragilen Situation. Und wenn die extrem linken und extrem rechten Politiker und ihre Wähler giftige Spitzen gegen Deutschland loslassen (Jean-Luc Mélenchon hat das äußerst deutschfeindliche Buch *Le Hareng de Bismarck*, zu deutsch *Der Bismarckhering*, mit dämlich-schlechten Kalauern auf Kosten von Angela Merkel geschrieben), frage ich mich schon, was mit mir, immerhin »Deutschstämmigen« passiert, wenn die einen oder die anderen an der Regierung wären. »Wir lassen uns nicht mehr von Deutschland gängeln!«, heißt es jetzt schon. »Maul zu!«, empfahl Melenchon bereits Angela Merkel. Eine allgemein verständliche, wenn auch vulgäre und nicht korrekte Übersetzung von *Ferme la!*, meint »Halts Maul!«, und ich tue vermutlich gut daran, auch meinen Mund zu halten, wenn diese Töne hier vielleicht bald an der Tagesordnung sind.

Sie merken, unpolitisch sein kann ich mir nicht mehr leisten, egal in welchem der beiden Länder, und ich bin froh, dass ich in Frankreich nun bald auch »richtig« wählen darf.

Denn das darf ich jetzt. Ich habe sie nämlich, die französische Staatsangehörigkeit! Mitte Februar, während ich noch an diesem Text schrieb, rief mich morgens jemand von der *mairie* von Cannes an, um mich dazu zu beglückwünschen. Tatsächlich bin ich jetzt rückwirkend, *rétroactif*, Französin geworden. Ausschlaggebend ist das Datum des Poststempels, mit dem mein Antrag bei der Präfektur eingegangen ist. Ich bin seit einem Jahr schon Französin. *Je suis française*. Und ich freue mich viel mehr darüber, als ich selbst erwartet hätte.

Ich bin nun also Französin und Deutsche. Und eine doppelte Staatsangehörigkeit entspricht absolut meinem Leben. Ich bin beides. Herr Schäuble ist (oder war zumindest) gegen die doppelte Staatsbürgerschaft, weil sie doppelte Loyalitäten schaffe. Man könne ja auch nicht zweimal verheiratet sein, meint er. Man muss sich mal entscheiden.

Diesen Diskurs führen natürlich immer nur die, die sich nicht entscheiden müssen, die das gar nicht kennen, beides zu sein. Die eben nicht zerrissen zwischen zwei Kulturen sind und nirgends richtig zu Hause oder im besten Falle glücklich, beides zu sein, so viel reicher, viel mehr zu sehen und zu verstehen. Ich bin doppelt loyal, auch wenn sich das Menschen, die nur eine Staatsangehörigkeit haben, nicht vorstellen können. Ich bin auch doppelt empfindlich: bin verletzt, wenn Deutsche Frankreich kritisieren, und genauso verletzt, wenn Franzosen Deutschland kritisieren.

In einem anderen Land zu leben verändert den Blick. Wenn man es denn zulässt. Ich wünschte mir, jeder Mensch lebte einmal ein paar Jahre in einem anderen Land, fremd zwischen Fremden mit anderer Sprache und Kultur, und müsste sich dort alleine zurechtfinden. Man bekäme eine andere Sicht auf Menschen und würde vielleicht selbst angesichts seiner eigenen Fremdheit sanfter, verständnisvoller und menschlicher mit sich und den anderen. Nur so könnte sich unser Blick wirklich weiten. Und wir würden vielleicht insgesamt offener, freundlicher für Unvollkommenes, für Uneindeutiges, für Fremdes. Eine doppelte Loyalität ist noch viel zu wenig.

2. Teil

Alles, was ich sein will, kann ich sein
Ich kann alles sein, was ich will
Jeder Traum, jeder Traum, den ich träum
Wird wahr, wenn ich es will

RIO REISER: Alles

Noch mal: die Sache mit dem Glück

Die Frage nach dem Glück und warum ich es nicht spürte, trieb mich weiterhin um. Jedes Jahr findet sich mindestens ein Text auf dem Blog, indem es darum geht. Vielleicht habe ich einfach keine Glücksbegabung, dachte ich manchmal. Vielleicht bin ich einfach für immer auf der dunklen und schweren Seite zu Hause. Nicht auf der hellen und leichten. Vielleicht habe ich einfach keinen Zugang zum Glück.

Als ich wusste, dass ich an Horst Lichters Sendung *Auf der Suche nach dem Glück* teilnehmen würde, suchte ich auch wieder angestrengt danach. Ich hätte mich bis zur Sendung gerne wahnsinnig glücklich gefühlt. Aber so sehr ich mich auch bemühte, ich spürte nichts davon. Herrje, dachte ich, ich MUSS doch überzeugend von meinem Glück sprechen können!

Vielleicht gibt es auch gar kein Glück, überlegte ich eines Tages. Vielleicht ist das alles nur eine Erfindung der Industrie, die will, dass man noch ein Parfüm kauft und noch ein Schaumbad und noch eine Klamotte und neue Schuhe und eine Handtasche und einen Diamantring und was weiß ich. Vielleicht geht es um was ganz anderes, um Zufriedenheit nämlich. Ich erinnerte mich wieder an die italienischen Familien auf dem Campingplatz am Gardasee.

Und plötzlich war ich unendlich erleichtert. Zufrieden war ich nämlich. Ich war nicht mehr neidisch auf andere Paare und ihre Vertrautheit. Ich war zutiefst zufrieden: mit meinem Mann, mit meinem Leben. Ich sah das alte Steinhaus von Bekannten mit dem riesigen Garten und dem Swimmingpool. Ich fand es schön dort, aber ich war nicht neidisch, ich wollte es nicht besitzen. Ich brauchte kein großes Auto, ich hatte nicht mal Lust, irgendwohin zu reisen, ich war ja schon da, im Süden. Ich hatte auch diese innere Unruhe verloren, den Glauben, dass es woanders besser sei und ich deshalb weitermusste. Ich muss nirgends mehr hin. Wenn ich Glück auf Zufriedenheit runterbrechen konnte, dann musste ich auf nichts mehr warten, dann habe ich es schon, das gute Leben. Uff, was für eine Erleichterung!

Aber ... immer war da ein Aber. Letztlich fühlte ich mich schuldig, dass ich dieses objektive gute Leben, das ich nun habe und um das mich viele auch beneiden, trotzdem nicht vollkommen genießen konnte. Warum denn nur?

Nun, ich war schon immer sehr sensibel und habe das, was man ein reiches Innenleben nennt. Vieles passiert bei mir im Kopf. Ich denke lange über Dinge nach, überlege viel, versuche, alles zu analysieren, und wiederhole in meinem Kopf beispielsweise Gesprächssituationen immer und immer wieder. Für mich ist das Leben anstrengend. Anstrengender vielleicht als für andere, die ich als heiterer, leichtlebiger wahrnehme. Ich sehe mich immer auf der dunklen, schweren Seite des Lebens. Ich habe den Eindruck, ich höre und fühle mehr als der Durchschnitt. Ich bin empfindlicher und mache mir wohl auch mehr Gedanken als andere. Eines Tages bin ich über das Wort »hochsensibel« gestolpert. Obwohl es mir ein Modeetikett zu sein schien, sprach mich an, was sich dahinter verbarg: wenig Abgrenzung zu haben, das Gefühl, dass ich die Emotionen der anderen mitspüre, dass die Umwelt in mich hineinfließt, dass ich mit meiner Wahrnehmung sehr im Außen bin und mich immer in einer Art von Überflutung befinde, dass ich Geräusche und Reize von außen stark wahrnehme und deshalb Probleme habe, mich zu konzentrieren. Und dass das alles so anstrengend ist. Alles davon kann ich unterschreiben, und wenn »hochsensibel« der Begriff dafür ist, nun dann bin ich vermutlich hochsensibel. »Ach so?!«, dachte ich nämlich ständig, als ich das erste Buch dazu las. »Die anderen spüren das alles nicht?!« Wie eigenartig. Zunächst half mir diese Erkenntnis, dass ich anders bin, oder sagen wir, dass die anderen nicht so ticken wie ich. Es war insgesamt eine große Erleichterung. Ich verstand plötzlich, dass mir zu viele Kontakte nicht guttun, auch wenn man hier desto angesehener ist, je mehr Sozialkontakte man hat. Es erklärt mir die unendliche Erschöpfung, die mich in der *auberge* am Ende jeder Saison übermannt hatte. Zu viele Begegnungen laugen mich aus. Ich erkläre es heute gerne mit einer chemischen Verbindung, in der ein Element nur eine bestimmte Anzahl von Valenzen hat: Ich habe nicht viele Valenzen, kann nur wenige Beziehungen eingehen und bin schnell saturiert. Das Zusammenleben mit Monsieur und einem Teil seiner Familie im selben Haus reicht mir im Prinzip schon an Sozialkontakten. Mich bei meiner Familie, meinen Freunden in Deutschland und den Menschen in den Bergen zu melden kostet mich Kraft, die ich oft nicht mehr habe, und sie kommen dann zu kurz. Ich weiß es, aber mehr als punktuelles Auftauchen bei Geburtstagen, Krankheit oder Todesfällen schaffe ich eben einfach nicht. Eigene Freunde hier vor Ort sehe ich ein-, zweimal im Jahr und ich telefoniere nicht ständig mit ihnen, wie es etwa Monsieurs Tochter tut, von der ich manchmal sage, ihr sei das Telefon aufs Ohr gepflanzt worden. Ich telefoniere überhaupt nur noch selten und gebe meine Handynummer nur widerstrebend heraus. Das ständige Plaudern der Franzosen, das viele Gerede um alles und nichts, es ist mir oft zu viel.

Dabei bin ich ja ursprünglich nach Südfrankreich gegangen, weil ich eine solche Sehnsucht nach mediterraner Leichtigkeit hatte und davon etwas in meinem Leben spüren wollte. Ich glaubte, sie in der Lieblichkeit der Landschaft und in der Helligkeit der Sonne zu finden. Tatsächlich ist es wunderbar, wie hell es hier auch im Winter ist, wie häufig die Sonne scheint, aber sie durchdrang nicht das Dunkle in mir, und das Schwere wurde davon nicht leichter. Die Lebensleichtigkeit der Südfranzosen, auch wenn das so pauschalisiert sicher ein Klischee ist, lässt sich aber nicht einfach kopieren. Wenn man dafür keine Veranlagung hat, beginnt dieses *laissez-faire* irgendwann zu nerven.

Dass ein Einkauf im Einzelhandel so lange dauert, weil jedes Mal über das Befinden, das Wetter, die Kinder, die Schulferien oder was auch immer geredet werden muss, ist mir hier oft lästig. Wie viel von dieser Kunst des Plauderns ich aber bereits selbst übernommen habe, merke ich, wenn ich nach Deutschland fliege. Jedes Mal, wenn ich in den Shuttlebus vom Flughafen nach Heidelberg einsteige und fröhlich »Guten Abend« wünsche und launig einen Satz über das Wetter anfüge, stoße ich auf Schweigen. Niemand spricht. »Guten Abend« wird vielleicht gerade noch gemurmelt, dann herrscht wieder Schweigen. Alles in Ordnung? Möchte ich dann fragen, doch ich weiß schon, natürlich ist alles in Ordnung, ich bin in Deutschland angekommen. Alle haben Ohrstöpsel in den Ohren, starren auf ein Display, und wenn beim Aussteigen »Auf Wiedersehen« gesagt wird, ist es das höchste der Gefühle. In Deutschland plaudert niemand an der Supermarktkasse, niemand macht eine Bemerkung über die Einkäufe. Alles geht zackzack, effizient, und es wird nur das Nötigste gesprochen, sieben Euro 55. Bitte. Danke. Man bekommt das Wechselgeld und den Bon und muss sich beeilen, dass man nicht den Nachfolgenden an der Kassenschlange behindert bei seinem trödeligen Einpacken.

Mit »*Bonjour*« begrüßt man hingegen in Frankreich die Kassiererin, und sie grüßt zurück. Jeden einzelnen Kunden. »*Prenez votre temps*«, sagt sie dann auch beruhigend, wenn ich eilig und mit hochrotem Kopf versuche, meinen überbordenden Einkaufswagen mit meinem wöchentlichen Einkauf für zwei Personen schnell auszuräumen, die Waren auf das Band zu legen und dann alles eilig in 35 Tüten und Taschen zu verstauen. Nicht, dass ihre Freundlichkeit besonders tief ginge, aber sie lässt mir alle Zeit der Welt, um einzupacken, trinkt derweil selbst einen Schluck Mineralwasser und plaudert mit ihrer Kollegin zwei Kassen weiter. Manchmal ergibt sich auch ein Plausch über das, was ich eingekauft habe. Frische Schwarzwurzeln zum Beispiel sind befremdlich, und man bespricht kurz, wie man sie zubereitet. Oder »Ach, es geht doch nichts übers Selbstbacken!«, höre ich, als ich Anfang Dezember meine üppigen Zutaten für Christstollen aufs Band lege. Da lächelt die Christstollenbäckerin erhitzt und stolz. »Fertig?« Sie schaut mich an. Ich nicke. Dann erst zahle ich, und sie hält mir den Kassenbon hin, klärt mich ausführlich über das allerneueste Gewinnspiel auf und über den Einkaufsgutschein oder die Anzahl der Treuepunkte. »Danke«, sage ich und füge höflich ein *»Au revoir«* hinzu. *»Au revoir, bonne soirée, Madame.«* Sie blickt mir sogar noch nach. Erst dann schiebt sie mit eleganter Langsamkeit den Warentrenner zur Seite. »Jetzt zu uns«, sagt sie dem nächsten Kunden und lächelt ihm zu. *»Bon soir!«* Er hat ihre ganze Aufmerksamkeit und bekommt ebenso alle Zeit, die er braucht. Einkaufen dauert lange, alles dauert lange hier, herrje, aber wie sehr genieße ich dieses Langsame und das freundliche Plaudern, wenn ich aus dem effizienten und kommunikationsarmen Deutschland zurückkomme.

Das Ding mit dem Glück aber ließ mich nicht los. Die verschiedenen philosophischen Ansätze, die ich nachlas, »Glücklich ist, wer ein gutes Leben führt« oder »Glücklich ist, wer keine Bedürfnisse hat« oder »Genuss macht glücklich« halfen mir nicht weiter. Das war alles so abstrakt. Ich hätte so gern eine einfache Anleitung für das Glück gehabt. »Kannst du haben«, lachte eine Freundin. »Willst du glücklich sein im Leben? Dann sei es!« Dieser Satz wird abwechselnd Tolstoi oder irgendwelchen mystischen Sufis zugeschrieben. Ich aber fand, dieser Satz sei eine ziemliche Frechheit. Eine Zeit lang las ich alle Bücher, die das Wort »Glück« in ihrem Titel hatten. Mir schien, die Glücksratgeber verdoppelten sich heimlich über Nacht. Immerhin schien die Suche nach dem Glück auch andere zu beschäftigen. *Hectors Reise oder die Suche nach dem Glück* wurde mir von einer anderen Freundin empfohlen. Elke Heidenreich hatte sich dazu verstiegen zu sagen: »Wenn man dieses Buch gelesen hat – ich schwöre es Ihnen – ist man glücklich.« Na bitte, dachte ich, geht doch. Aber ich war am Ende der Lektüre nicht glücklich. Ich war super verärgert, denn am Ende heiratet besagter Hector, der durch die Welt reist und in verschiedenen Ländern und Kulturen zu erfahren versucht, was die Menschen glücklich macht, was er in vielen Punkten aufschreibt, am Ende kehrt er zurück, heiratet seine langjährige Freundin, sie bekommen ein Kind und leben glücklich bis ans Ende ihrer Tage. Hallo? Jaja, ich verstehe, es ist ein Märchenschluss, das ganze Buch ist in diesem charmant-reizenden Märchenton geschrieben, aber das soll ein glücklich machendes Ende sein? Heiraten und Kinder kriegen? Nicht für mich. Ich fand es nicht reizend, mich machte das Ende aggressiv, und glücklich war ich nach der Lektüre nicht. Wenn ich nicht so versteift darauf gewesen wäre, endlich die Glücksformel zu finden, Glück auf Knopfdruck, den *déclic*, dann hätte ich vielleicht verstanden, dass Glück kein absoluter Wert ist. Glück ist relativ. Für jeden ist Glück etwas anderes. Aber ich fand mich nicht in den zwanzig Punkten, die Hector aufgeschrieben hatte. Ich hatte vieles davon und war nicht glücklich, manches betraf mich nicht. Ich fand mich auch nicht in den drei Punkten, die ihm ein Mönch ans Herz legte, einschließlich des unausgesprochenen Rates, sich zu verheiraten, indem er ihm zwei Hochzeitsschalen schenkte. Und wie durch ein Wunder macht Hector seine Arbeit nun mehr Freude, er liebt seine Freundin mehr, und dann heiraten sie und bekommen ein Kind. Vielleicht ist die Reihenfolge auch anders, sie bekommen erst ein Kind und heiraten dann, aber Herr im Himmel, das ist jetzt das Ende? Die Lösung? Das Glück? Heiraten und Kinder kriegen? Ich verstand es nicht.

Da mich die Bücher zur Glücksfrage nicht weiterbrachten, ging ich schließlich zu einem Hypnotiseur. Die Behandlung berührte mich tief, ich weinte alte Tränen, so schien es mir, aber ich stieg danach nicht auf wie Phönix aus der Asche und flog auch nicht leicht und heiter durch den südlichen Himmel. Das erhoffte Wunder auf Leichtigkeit und Glück stellte sich nicht ein, vermutlich weil ich erneut etwas Großes erwartete, das mir, wie der Goldregen bei Frau Holle, passieren müsse, und dass mich der Hypnotiseur mit einem Fingerschnipsen heilen möge. Aber vermutlich hat es mein Unbewusstes Ich angestoßen, denn ich fand einen Podcast mit dem programmatischen Titel *Change ma vie* von Clotilde Dusoulier. In der ersten kurzen Sendung, die ich anhörte, schien mir, dass die junge Frau mit der sympathischen Stimme nur für mich spräche. Was sie von ihrem Leben schrieb, dass sie es anstrengend fände, dass sie sich schuldig fühlte, ihr geradezu perfektes Leben nicht jede Minute zu genießen ... Dieser Podcast ist für mich, dachte ich, und wissen Sie was, die allererste Sendung ging um nicht weniger als die Frage nach dem Glück. Boah! Hier finde ich jetzt aber meine Antwort, dachte ich und ja, tatsächlich fand ich sie. Am Anfang musste ich mir die Sendungen allerdings mehrfach anhören, so unglaublich neblig wogte das Gesagte in meinem Hirn. »Das ist ja unerhört«, dachte ich, oder: »Ja, so ist es!« Aber dann war die Erkenntnis schon wieder verschwunden, wie ein Traum. Aber Gott sei Dank kann ich den Podcast so oft anhören, wie ich will.

»Was ist denn jetzt mit dem Glück?«, fragen Sie drängelig.

Ich werde Ihnen dazu die erste Episode des Podcasts ausführlich wiedergeben müssen, um verständlich zu werden. Alles, was wir wollen, sagt Clotilde, und ich bin so froh, dass sie »wir« sagt, ist glücklich sein. Wir wollen uns gut fühlen. Wir sind auf der Suche nach positiven Gefühlen: Freude, Liebe, Begeisterung, Faszination, Behaglichkeit, Sicherheit, Energie, Selbstvertrauen, Harmonie, Leichtigkeit, Zusammensein mit anderen – wenn man uns all das versprechen würde, wenn unser Leben damit angefüllt wäre, dann wären uns die Umstände unseres Lebens vermutlich egal. Alles, was wir im Leben haben oder erreichen wollen, unterliegt dem Gedanken, wie wir uns fühlen werden, wenn wir dieses besitzen oder jenes erreicht haben.

Jemand, der in der Stadt lebt, wünscht sich möglicherweise ein Häuschen im Grünen. Wenn man genau hinsieht, geht es aber gar nicht um das Häuschen auf dem Land, sondern um den unmittelbaren Zugang zur Natur, zur Stille, Entspannung, dem Zur-Ruhe-Kommen und den Gefühlen, die man damit verbindet, Freude und Unbeschwertheit, Heiterkeit. Das führt uns zu der Tatsache, dass unsere Gedanken und unsere Gefühle zusammenhängen. Also vielleicht wissen Sie das alles schon, dann können Sie getrost weiterblättern, ich weiß, Clotilde ist nicht der erste Mensch, der das erzählt, ich aber hörte das alles zum ersten Mal, und mir eröffneten sich Welten! Alle Umstände, sagt Clotilde, alles, was im Leben existiert oder passiert, ist zunächst neutral. Die Gefühle, die wir mit etwas verbinden, entstehen durch unsere Gedanken, die wir zu diesen Umständen verinnerlicht haben. Schauen wir uns das Beispiel des Ferienhäuschens im Grünen an – das Haus im Grünen ist neutral, es ist weder gut noch schlecht. Es ist eigentlich nur ein Haufen Steine mit einem Dach, in einem Garten vielleicht. Nicht mehr und nicht weniger. Der Traum vom Ferienhäuschen auf dem Land aber, mit einer Hängematte zwischen zwei Bäumen, die Vorstellung von Ruhe und Natur haben für mich etwas Beglückendes und lösen positive Gefühle aus. Jemand anderes, der vielleicht auf dem Land aufgewachsen ist und sich dort zu Tode gelangweilt hat und nichts lieber wollte, als diese öde Gegend verlassen, oder jemand, der keine Lust auf handwerkliche Arbeit und außerdem zwei linke Hände hat und der sich vorstellt, dass dort immer etwas repariert werden muss, der Rasen gemäht oder die Fensterläden gestrichen, für den wird dieses Ferienhäuschen im Grünen negative Gefühle auslösen. Das Ferienhäuschen im Grünen kann also Glücksgefühle und das exakte Gegenteil auslösen, dabei ist es immer noch dasselbe kleine Haus und in sich vollkommen neutral. Es kommt also drauf an, was wir darüber denken. Ich mache jetzt mal ohne weitere Beispiele einen Sprung und komme zum entscheidenden Satz: *Was unser Leben ändern kann, ist die Art, wie wir darüber denken.* Wir haben in unserem Hirn aus Erfahrung oder durch Erziehung zu verschiedenen Umständen bestimmte Gedanken verknüpft, aber wir sind absolut frei, etwas anderes zu den gleichen Umständen zu denken!

Im Schnitt durchlaufen unser Gehirn am Tag etwa 50.000 Gedanken. 50.000! Von diesen 50.000 Gedanken sind wiederum 95 Prozent dieselben, die in Endlosschleife durch unser Hirn rattern. Und 80 Prozent davon sind negative Gedanken! Man sagt, diese Neigung unseres Hirns zum Negativen ist evolutionsbedingt, es war wohl für das Überleben des Höhlenmenschen eher von Nutzen, über die täglichen Gefahren nachzudenken, als sich ins Gras zu legen und zu denken: Oh, wie ist der Himmel heute so schön blau. Fast alles, was wir denken, stammt aus unserer

Vergangenheit. Was wir erlebt haben, was man uns beigebracht hat, was die Gesellschaft um uns herum denkt, all das macht aus, was wir denken. Und unser Hirn, so großartig es ist, arbeitet, wenn es erst mal etwas begriffen hat, gerne mit möglichst wenig Energie und daher immer wieder gern mit demselben Gedanken. Das geht schön schnell, wie ein Automatismus. Ach, die Situation kenne ich, das hatten wir schon mal, das ist das und, zack, das Hirn greift auf den bekannten Gedanken zurück und auf das damit verbundene Gefühl. Es wäre mühsam, wenn man jede Situation immer wieder neu bewerten müsste. Wenn man jeden Morgen aufs Neue alle möglichen Varianten des Frühstücks überlegen wollte. Will ich Tee? Kaffee? Kakao? Milch? Tee mit Milch? Will ich Saft? Welchen Saft? Nehme ich Weißbrötchen? Vollkornbrot? Butter? Schinken? Marmelade? Müsli? Cornflakes? Obst? Joghurt? Wenn man das bis hin zu jedem Löffel Zucker, einen? zwei? keinen? weißen Zucker? Rohrzucker?, immer wieder neu überlegen müsste, mit allem Für und Wider, wäre das Hirn bald heiß gelaufen und erschöpft. Deswegen nimmt man Kaffee mit Milch und Müsli, weil sich das bewährt hat. So ähnlich funktioniert das für alle Situationen. »Es ist schwierig, sein Leben als freischaffender Künstler zu finanzieren«, denkt man vielleicht. Oder: »Mein Vater kann seine Gefühle nicht zeigen.« Oder: »Ich bin eben ungeschickt.« Wenn man etwas ausreichend oft gedacht hat, dann wird es zu einem Glaubenssatz, etwas, was man nicht mehr infrage stellt, obwohl es weiterhin nur *eine* Möglichkeit ist, darüber zu denken. Aber alle diese Gedanken, die den lieben langen Tag durch unser Hirn sausen, sind nur eine vom Hirn langjährig katalogisierte Abfolge von Gedanken und den damit verbundenen Gefühlen. Und ich denke diese Gedanken, *aber sie sind nicht ich*. Das ist das Wichtigste. *Ich bin nicht meine Gedanken!* Meine Identität ist etwas anderes als alle diese Gedanken in meinem Kopf. Ich habe vor ein paar Jahren angefangen, täglich frühmorgens oder auf jeden Fall vor dem Schreiben drei Seiten zu schreiben. Drei Seiten, mit allem, was mir durch den Kopf geht, um all das, was mich beschäftigt, mich aber auch vom inspirierten und freien Schreiben ablenkt, loszuwerden. Manchmal mache ich das auch abends vor dem Einschlafen. Alles, was mir immer und immer wieder durch den Kopf rattert, schreibe ich auf, damit ist es aus meinem Kopf verschwunden, und es wird dort ruhig, ich werde ruhig und kann einschlafen. Ich lasse den Tag Revue passieren, oft sind es Ängste oder Befürchtungen, etwas, worüber ich mich geärgert habe, oder etwas, was ich nicht vergessen will. Ich schreibe auf, was ich denke, und kann mich damit auf eine Ebene darüber begeben und bin nicht mehr mit und in all meinen Gedanken verwickelt, die etwa in Endlosschleife wiederholen: »Wie soll ich das alles nur schaffen?« Solange ich es nicht aufgeschrieben und externalisiert habe, hetzt diese Sorge hechelnd von einer Ecke meines Hirns in die andere: »Ich schaff es nicht, wie soll ich nur, ich werde es nie schaffen«, rattert es dort. Aufgeschrieben wird es gleich viel ruhiger. Ich kann diesen Satz anschauen und denken: Das denke ich also, ich denke, ich schaffe es nicht. Und dann kann ich mir einen anderen Satz überlegen, der vielleicht sagt: »Hö, klar schaffe ich es«, aber, da kenne ich mich und mein Hirn zu genau, diese Angebertöne liegen uns nicht. Aber ich kann denken: »Ich habe genug Zeit, um das Wichtigste gut zu erledigen!« Das finde ich einen absolut beruhigenden Gedanken. Den sage ich mir, und den kann ich glauben. Diesen Satz sage ich mir nun jedes Mal, wenn das Ich-weiß-nicht-wie-ich-das-alles-schaffen-soll-Teufelchen wieder auftaucht. Es ist faszinierend, denn es funktioniert!

Vom Glück dachte ich lange, dass es von außen kommen müsse, dass es von den Umständen abhängt. Von meinem Partner, meiner Arbeit, meinem Wohnort, ob ich ausreichend Geld habe. Aber das Einzige, was mich glücklich machen kann, sind meine Gedanken. Wenn ich von mir etwas Negatives denke, zum Beispiel dass ich unfähig bin, den Anforderungen nicht gewachsen, dann werde ich in jeder Situation, auch unter den besten Bedingungen immer denken, dass ich unfähig bin. Und umgekehrt. Meine Gedanken haben Einfluss auf die Realität, sie gestalten meine Realität!

Wie Sie wissen, bin ich wahnsinnig lärmempfindlich. Ich höre alles, jedes noch so kleine Geräusch, ich höre alles ungefiltert und gleich stark: den Autoverkehr auf der Straße, den Streit oder die Musik der Nachbarn von oben, das Ticken der Uhr, die Katze, die sich kratzt, die Waschmaschine, die in der Küche läuft, das Quietschen des Gartentors, das Piepen des neuen Stromablesegeräts alle paar Minuten, den Hund, der zwei Häuser weiter bellt, und das, was Monsieur mich gerade fragt. Es strengt mich an und ermüdet mich. Da ich nun das Etikett »hochsensibel« mit mir trug, war ich einerseits erleichtert, dass meine Lärmempfindlichkeit offenbar dieser Sensibilität geschuldet ist, andererseits achtete ich jetzt noch mehr darauf. »Es ist so laut!«, dachte ich empört oder »Es ist mir zu laut«, und ich verzog gequält das Gesicht. Ich begann mit einer gewissen Aggressivität Türen zu schließen, wenn Monsieur

Musik hörte oder fernsah oder auch nur laut telefonierte, und ich benutzte Ohrstöpsel nun auch tagsüber, wenn ich in Ruhe schreiben wollte. Trotz der Ohrstöpsel hörte ich alles und wurde nur noch genervter. »Ruhe!«, schrie ich. »Ich will Ruhe!« Ich versteifte mich auf die Idee, Kopfhörer zu finden, die mich von der Welt abschotten könnten. Ich hatte so etwas einmal in einem Film gesehen, es hatte mich wahnsinnig beeindruckt. Aber, wie mir diverse Kopfhörerverkäufer müde lächelnd versicherten, war das ein Film, sprich reine Fiktion, so etwas gab es im echten Leben nicht. Kopfhörer, mit denen ich störungsfrei Musik hören könnte, die gibt es wohl, aber Kopfhörer, die die Geräusche der Welt ausblenden, die gibt es (zumindest im Moment noch) nicht. Musik aber wollte ich keine hören. Ich wollte Stille. Und ich wurde immer aggressiver über die Geräusche um mich herum. Alles war mir zu laut. Selbst das Atmen Monsieurs, der neben mir schlief. Letzten Endes ging ich zu einem Ohrenarzt, in der Hoffnung, dass er mir eine Art Anti-Hörprothese verschreiben könne. Aber der Ohrenarzt, der mir gern bestätigte, dass ich ein ausgezeichnetes Hörvermögen besitze, schüttelte entschieden den Kopf. Das Gegenteil solle ich machen. Alles raus aus den Ohren. Keine Ohrstöpsel mehr. Was soll ich? Ich sah ihn groß an und begann vor Stress zu zittern. Ich solle mich an die Geräusche gewöhnen, erklärte er weiter. Je mehr ich mich abschotte, desto weniger Lärm würde ich vertragen. Ich sollte dem Lärm positiv gegenüber sein. Ich stöhnte, aber ich wusste augenblicklich, dass er recht hatte. Und es war wie ein *déclic.* Abends nahm ich erstmals keine Ohrstöpsel zum Schlafen. Ein paar Nächte schlief ich schlecht, aber dann gewöhnte ich mich daran. Auch die anderen Geräusche, das Piepen des Stromablesegeräts, der bellende Hund zwei Grundstücke weiter, beides hatte mich halb wahnsinnig gemacht, ich hörte es irgendwann nicht mehr. Ehrlich gesagt, dachte ich irgendwann sogar, dass der Hund nicht mehr da sei, tot oder mit dem Besitzer weggezogen, weil ich ihn so gar nicht mehr hörte. Aber er ist noch da! Neulich sprang er mich wütend bellend hinter seinem Gartentor an, als ich daran vorbeiging! Ich konnte mich gar nicht genug wundern! Ich hatte keinen bewussten Gedanken formuliert, aber unbewusst hatte ich entschieden, mich mit den Geräuschen anfreunden zu wollen, und es war mir gelungen. Unsere Gedanken beeinflussen unsere Wirklichkeit! Mehr noch, unsere Gedanken ziehen genau das an, an was wir denken. Insofern sollten wir viel an das denken, was wir wollen und was uns gefällt, und nicht so viel an das, was wir nicht wollen und was uns nicht gefällt. Boah! Kann man sich auch das Glück denken?

»Change ma vie«

Clotilde, deren Podcast ich nun regelmäßig hörte, sprach zum Jahresbeginn 2017 davon, das Jahr liebevoller zu beginnen und Frieden zu machen. Nicht mit dem Nachbarn, nein, mit seinem eigenen Körper. Uff. Statt sich mit dem Vorsatz zur zwölfunddreißigsten Variante von paleoveganer Ernährung oder Detox herumzuschlagen, sollten wir endlich Frieden machen mit dem Essen, mit unserem Körper, mit uns selbst: Selbstliebe ist die Lösung!, sagt sie. »WIEWAS?«, schrie es in mir auf, wie soll ich mit DIESEM unförmigen Körper Frieden machen? Mit diesem Blähbauch? Mit all diesen Speckrollen? Diesen fetten Oberschenkeln? Dieser Cellulitis? DAS soll ich lieben? WIE denn? Selbstliebe! Du hast gut reden, du bist ja dünn!, dachte ich wütend. Es ist der einzige Weg, sagte Clotilde mit ihrer sanften Stimme, und ich spüre, sie hat recht.

Was mir die meiste Zeit meines Lebens zum Glücklichsein im Weg stand, war mein Körper. Und die verzerrte Wahrnehmung meines Körpers. Seit ich denken kann, glaube ich, dass ich nicht dünn genug bin. Auf Kinderbildern fand ich das pummelige Mädchen, das im Sportanzug neben einer Grundschulfreundin steht, zu dick. Heute denke ich, ich sah da ganz normal aus, die Grundschulfreundin allerdings ist zu dünn. An ihr hängt der Sportanzug faltig und zu groß herum, und sie sieht aus, als sei sie mit sechs Jahren schon magersüchtig. Aber damals schon wollte ich gerne genauso dünn sein wie sie. Sehe ich heute Fotos von mir aus meiner Teenagerzeit an, dann denke ich, hey, was war ich dünn! Und hey, ich hatte tolle Beine! Aber ich weiß, dass ich das damals nicht sah, sondern immer nur dachte, ich müsste noch dünner sein. Und als ich noch dünner war, war es immer noch nicht dünn genug. Ich war nie dünn genug und deswegen nie glücklich, denn ich konnte mich nicht zeigen. Wäre ich endlich dünn, könnte ich strahlen und mich zeigen, könnte Skinny Jeans anziehen, die damals noch nicht so hießen, könnte mich im Bikini am See zeigen, ich müsste nicht auf dem Bauch liegen bleiben und so unbemerkt wie möglich ins Wasser gleiten, um mich anschließend mit einem Pareo oder mit einem riesigen T-Shirt oder einem Handtuch um die Hüften zu verstecken. Wäre ich dünn genug, dann wäre endlich alles gut. Und ich wäre glücklich. Das dachte ich damals wirklich. Ich dachte das die meiste Zeit meines Lebens. Ist das nicht schrecklich?

Ich war essgestört. Abwechselnd magersüchtig und bulimisch. Ich habe mich nie übergeben, aber meine Fressphasen wurden von Hungerphasen in Schach gehalten. Man sah es mir also lange nicht an, aber mein Leben wurde bestimmt von der Frage, was ich wann essen dürfte, ob ich überhaupt etwas essen dürfte und wenn ja wie viel. Oft aß ich den ganzen Tag nichts und fiel dann abends irgendwann über den Kühlschrank her. Da ich aber in der Regel nichts eingekauft hatte, aß ich manchmal die abenteuerlichsten Dinge, bis nichts mehr übrig war. Trockene Haferflocken mit Zucker zum Beispiel. Bis keine Haferflocken mehr da waren. Erst dann war es gut. Manchmal aß ich tiefgefrorenen Käsekuchen, weil ich das Auftauen des Kuchens nicht abwarten konnte, das war noch vor den Zeiten der Mikrowelle, also vielleicht gab es sie schon, aber ich hatte damals keine. Es wurde immer schlimmer, und ich hatte wirklich Mühe, an etwas anderes zu denken als an Essen oder Nicht-Essen. Es verselbstständigte sich, und ich hatte das Gefühl völligen Ausgeliefertseins. ES beherrschte mich. Ich selbst war ohnmächtig. Die wenigen Menschen, denen ich mich in meiner Not anvertraute, reagierten erschrocken, hilflos, und sie blieben stumm oder empfahlen mir irgendeine Diät. Es gibt nicht eine Diät, die ich im Laufe meines Lebens nicht gemacht hätte. Aber damals war ich akut essgestört. Mit Diät hatte das nichts zu tun. Ich kaufte Dosen mit Vanillepulver zum Anrühren für irgendwelche Shakes. Gedacht war natürlich, dass man statt klassischer Mahlzeiten einen Shake morgens, einen mittags und einen abends zu sich nahm. Schon das ist vielleicht nicht wirklich genial, ich aber rührte mir nicht mal einen Shake an. Ich aß das Pulver so. Löffelweise. Bis die Dose leer war. Ich zog den Radius für den Vanille-Diät-Shake-Einkauf immer weiter, weil ich im Supermarkt um die Ecke einmal eine Arbeitskollegin getroffen hatte, die den Inhalt meines Einkaufswagens kritisch beäugte. Ich schämte mich so. Aber ich war süchtig geworden nach diesem Vanillepulver.

Damals gab es noch kein Internet, ich konnte nicht meine Symptome eingeben und, flutsch, ploppen Hunderte von Links auf, sinnvolle wie sinnlose, aber immerhin bekommt man eine Idee davon, was einem vielleicht fehlen könnte. Hätte ich das damals gekonnt, hätte ich irgendwann verstanden, dass ich eine Essstörung hatte. Ich wusste damals nicht, was mit mir los war. Ich wusste auch nicht, wo ich mich hätte hinwenden können. Ich schämte mich und dachte, es ginge nur mir so, und ich sei dabei, verrückt zu werden. Einen Hausarzt oder eine Hausärztin hatte ich nicht. Als ich in einer Buchhandlung auf das *Anti-Diät-Buch* von Susie Orbach gestoßen war, zitterte ich vor Aufregung. Ich las hinein und kaufte das Buch mit roten Ohren und hoffte, an der Kasse würde niemand eine Bemerkung dazu machen. Ich las das Buch in einem Rutsch durch, ich verstand nicht wirklich viel von dem feministischen Ansatz, den die amerikanische Autorin darin vertrat, aber ich war so erleichtert, dass es ein Buch zu meinem Problem gab! Es gab noch andere Frauen, denen es so ging wie mir. So viele, dass man ein Buch darüber geschrieben hat! Ich war nicht allein! Und ich erfuhr, dass es Selbsthilfegruppen gab. Auch in meiner Stadt! Eines Abends ging ich zum ersten Mal zu so einer Gruppensitzung. *Overeaters anonymous* heißen sie, analog zu den Anonymen Alkoholikern. Früher dachte ich ja allen Ernstes, dass sich dort Menschen trafen, um heimlich miteinander zu trinken. Jetzt begriff ich, dass sie sich trafen, um nicht mehr zu trinken. Das heißt, sie treffen sich, um sich gegenseitig Halt zu geben, um den Alltag mit allen Höhen und Tiefen zu ertragen, *ohne* zu trinken. Bei den *Overeaters anonymous* ging es analog darum, nicht mehr haltlos zu essen oder nicht zu essen. Als ich zum ersten Mal in dieser Gruppe den Satz sagte: »Ich bin Christiane, und ich glaube, ich bin esssüchtig«, hatte ich das ominöse ES, das mich beherrschte, schon gebannt. Ich verdanke den Selbsthilfegruppen viel und bin sehr froh über diese Institutionen. Ich lernte dort die Ansätze dessen, was heute »Achtsamkeit« genannt wird. Das Hinspüren, was den Fressanfall ausgelöst hat, eine vergleichbare Situation das nächste Mal früher erkennen, anders reagieren. Und letzten Endes offen darüber zu sprechen mit Menschen, die es so oder ähnlich auch kannten. Das war der erste Anker, eine Rettung in gewisser Weise. Ich bin dort auch jahrelang noch hingegangen, als ich mich schon als »geheilt« betrachtete, um den verstörten Neuankömmlingen das weiterzugeben, was ich erfahren hatte, als ich dort das erste Mal durch die Tür trat. Uneingeschränkte Annahme, liebevolle Zuwendung, Verständnis, Austausch. So ist es auch gedacht. Die, die schon weiter sind mit dem »Zwölf-Schritte-Programm«, um das es im Prinzip geht, sollen denen, die weniger weit sind, mit ihrer eigenen Geschichte helfen. Immer erzählen alle nur von sich. Niemand kritisiert den anderen oder sagt etwas im Sinne von »Hast du schon mal den Erdbeer-Shake probiert? Mit dem geht es vielleicht besser« oder »Und wenn du einfach nach 18 Uhr nichts mehr essen würdest?«. Man sagt vielleicht: »Ich kenne es« oder »Ich war da auch, was mir geholfen hat, war, hier schonungslos und ehrlich darüber zu sprechen«. Mir hat es wirklich geholfen. Dennoch blieben das Essen und mein Körper und mein unrealistischer, verzerrter Blick auf ihn mein wunder Punkt. Ich wollte weiterhin immer dünner sein, als ich jeweils aktuell war, hatte kein Gefühl dafür, was ich an Nahrung brauchte und wie viel davon. Eine Zeit lang ernährte ich mich aus gesundheitlichen Gründen vegan, das war Mitte der 80er-Jahre noch recht ungewöhnlich, und es gab selbst in den damals noch neuen Bioläden nur wenig und vor allem nur wenig Schmackhaftes, das schränkte meine Nahrungsaufnahme geradezu von selbst ein. Ich nahm ab, aber es waren karge Jahre, und als ich diese Art der Ernährung wieder aufgab, weil sie meine Neurodermitis, die ich damals hatte, nicht heilte, stand ich wieder hilflos und überfordert vor allem, was ich plötzlich wieder essen durfte, im Supermarkt. Es blieb schwierig. Kochen mochte ich nicht, und geregelte Essenszeiten fand ich spießig. Außerdem wollte ich grundsätzlich nur wenig essen und das mit dem Essen als Nahrungsaufnahme so unspektakulär wie möglich handhaben. Es war ohnehin Zeitverschwendung, sich dafür hinzusetzen. Ich aß im Stehen, im Gehen, im Vorübergehen, unterwegs. Manchmal vorbeugend, weil ich wusste, dass ich in der kommenden Stunde keine Zeit dafür finden würde, und Angst hatte, ich könnte in dieser Zeit vor Hunger sterben. Das ist vollkommen surreal, ich weiß, ich hatte immerhin auch schon lange Phasen ohne Essen verbracht, ich wusste vom Verstand her, dass ich nicht sterben würde, aber tatsächlich hatte ich Angst, dass dieses Hungergefühl, wenn es denn käme, mich umwerfen würde. Daher aß ich also schnell vorher noch ein süßes Stückchen oder einen Schokoriegel. Manchmal war ich heißhungrig, weil ich zu lange gewartet hatte und nun vor Hunger fast umkam und alles in mich hineinstopfte, was ich finden konnte, die meiste Zeit aber aß ich einfach, weil ich Lust darauf hatte. Es lief darauf hinaus, dass ich den ganzen Tag futterte, immer steckte ich mir irgendetwas in den Mund. Auch während ich am Computer saß und arbeitete, immer stand da eine Tasse Kaffee, und es gab irgendwelche Kekse, Schokolade, Gummibärchen. Auch zu Hause beim Lesen auf dem Sofa, und mein wie auch immer geartetes Abendessen nahm ich sowieso vor dem Fernseher ein. Wie Sie schon merken, ernährte mich nicht wirklich gesund, ich hatte die kargen veganen Jahre so satt, lebte jetzt wieder von zu viel Süßem, dem ich nicht widerstehen konnte, und abends gab es chinesische Tütensuppen, Kebab oder Brot. Vorsichtshalber machte ich dreimal in der Woche Sport und fuhr täglich und am Wochenende immer noch zusätzlich zig Kilometer mit dem Fahrrad. Auch wenn ich mich damals nicht mehr als esssüchtig bezeichnet habe, so weiß ich heute, dass mein Umgang mit dem Essen immer noch gestört war. Essen war mein Trost, mein Stresshelfer, und ich aß nie ohne schlechtes Gewissen (Darf ich den fetten American Cheesecake wirklich essen? Was werden die anderen denken, wenn ich den esse? Ich hätte etwas Leichteres nehmen sollen!), und immer fühlte ich mich zu dick. Ich FÜHLTE mich zu dick, wohlgemerkt, dass ich es nicht war, sehe ich heute rückblickend auf Fotos, wenn es denn mal eines gibt, denn ich ließ mich nicht gerne ablichten. Ich fühlte mich unwohl in meinem Körper, und hatte ich ein, zwei Tage »gesündigt«, wie man so schön sagt, sah ich eine aufgedunsene Qualle, wenn ich in den Spiegel sah. Hatte das Gefühl, dass meine Oberschenkel rechts und links über den Stuhl quollen. Es stimmte nicht, aber ich sah mich so. Daher machte ich immer wieder Diäten, FdH, Low Carb, No Carb, Paleo, Detox, Sieben-Tage-sieben-Körner bei abnehmendem Mond, oder ich versuchte mal wieder eine Ernährungsumstellung: kein Zucker, kein Salz, kein dies oder kein das oder Makrobiotik, in Anlehnung an die veganen Jahre, die ich zwar nicht großartig fand, in denen ich aber so dünn gewesen war wie noch nie vorher. Klar, gab ja auch nix zu essen. Wann immer etwas Neues auf den Markt kam, war ich dabei. Je strenger, desto besser, fand ich, denn ich wollte nie lange warten, sondern SOFORT abnehmen. Die einzige Diät, die ich nie machte, war die *Brigitte*-Diät, denn dort hätte man für meine Verhältnisse aufwendig Essen zubereiten und kochen müssen, und ich hatte schon mal keine Lust, all das einzukaufen, was gebraucht wurde. Und ich war nie bei *Weight Watchers*, das zahlungspflichtige Abnehmkonzept mit Gruppenzwang lehnte ich kategorisch ab. Aber alles andere tat ich mir und meinem Körper an. Ich nahm auch ab, sicher, aber kaum aß ich wieder »normal«, ging das Gewicht wieder hoch. Jojo-Effekt heißt das. Kennen Sie alles, zumindest vom Erzählen. Irgendwann stieß ich auf die in Mode gekommenen Fastenkuren. Kolleginnen machten das einmal im Jahr und strahlten Gesundheit und Energie aus und waren schlank! Boah! Die erste Fastenkur machte ich mit Anleitung und in einem Kloster, ich wollte es ja vernünftig angehen, und ich war sofort angefixt. Das Nichtessen machte mich geradezu high. Vor allem die Tatsache, dass ich so schnell Gewicht verlor. Ich merkte zu spät, dass ich mich damit wieder auf die Hungern-und-Fressen-Linie einschoss, die ich glaubte zwanzig Jahre zuvor für immer hinter mir gelassen zu haben. Mein Gewicht ging jetzt rasant runter und ebenso rasant wieder rauf. In diesem durchgeschüttelten Zustand kam ich nach Frankreich. In das Land, in dem Essen oder die Beschäftigung damit einen geradezu religiösen Stellenwert hat.

Essen

Ich saß also auf meinem Hof am Tisch und sah staunend und gleichzeitig voller Angst, was alles aufgetragen wurde. Mindestens eine Stunde dauerte das normale tägliche Mittagessen. Für die Kinder gab es um 16 Uhr noch mal einen *goûter,* Kakao und Kuchen oder Kekse. Und abends kam noch einmal ein richtiges, warmes Abendessen. Ich war ziemlich fassungslos und lachte fast hysterisch. Wo soll ich das denn alles hin essen? Kamen Gäste, multiplizierte sich alles, nicht nur das Essen, auch die Zeit, die man am Tisch verbrachte. Und es gab zusätzlich einen Apéro, etwas, was es so in Deutschland nicht gibt: Man trinkt vor dem Essen schon Alkohol und isst salzige Häppchen. Herrje. Mir hätte das allein in der Regel schon gereicht. Außerdem sprach man während des Essens auch immer noch vom Essen. Anfangs lachte ich darüber, die sind verrückt, die Franzosen, dachte ich. Wie kann man so viel Zeit mit Essen verbringen? Lange Zeit war ich zappelig am Tisch. Noch etwas und noch etwas wurde aufgetragen, und immer bejubelten alle den nächsten Gang. Sagten, wie toll es ihnen schmeckt, versuchten, Gewürze oder Zutaten herauszuschmecken, erzählten, wo sie das schon mal gegessen hatten, fragten nach dem Rezept, verglichen mit anderen Rezepten. Eigentlich war es genau das, was mich in all den italienischen und französischen Filmen so angezogen hatte. Dieses frohe und genussvolle gemeinsame Essen. Jetzt machte es mich wütend. MANN!, wollte ich schreien, ist es jetzt mal gut mit dieser Esserei?!

Ich kannte viele der Speisen nicht, vieles schmeckte fremd, und die langsame Art zu essen machte mich nervös, ich sah mich außerdem kugelrund werden und aß anfangs nur zögerlich. Aber mit der Zeit gewöhnte ich mich daran. Ich lernte, dass es immer, wirklich immer mehrere Gänge gibt. Eine Vorspeise, einen Hauptgang, selbstverständlich Käse, immerhin produzierte man Käse auf dem Hof, einen Salat, ein Dessert oder Joghurt, Quark (selbst gemacht) und Obst und einen Kaffee. Abends war es einfacher, aber wieder wurde warmes Essen angeboten. Reste vom Mittag, Würstchen, Eier, Omelette, Nudeln oder im Winter Eintöpfe oder Suppen. Da ich aber körperlich arbeitete und im Stall, im Garten oder auf dem Feld half und dazu beide Hände brauchte, mir außerdem nur Wasser mitnahm und es keine Zwischendurchhäppchen gab, hatte ich mittags plötzlich wirklich Hunger. Mein Magen knurrte, und ich freute mich auf das Mittagessen. Da wir immer erst aßen, wenn alle da waren, musste ich trotz Magenknurrens oft noch lange warten, bevor es losging. Ich deckte den Tisch, schnitt Brot auf, bereitete den Kaffee in der Kaffeemaschine vor, stellte Krüge mit eiskaltem Brunnenwasser auf den Tisch. Dann wartete ich, blinzelte in die Sonne, streichelte Hunde und Katzen oder beschäftigte mich mit den Kindern. Und ich aß nicht, wie ich es zu Hause getan hätte, schnell vor dem Essen noch irgendeinen Joghurt aus dem Kühlschrank oder einen Keks und dann noch einen und noch einen. Ich gewöhnte mich auch an das langsame Essen. Nicht gleich, anfangs war ich mit der Tomate, der Paprika oder der Gurke, die es im Sommer als Vorspeise gab, schon ratzfatz fertig, ich hatte ja so einen Hunger, während andere noch genussvoll alles zu einem Salat zusammenschnippelten, Salz und Pfeffer und Essig und Öl darüber träufelten und dann genüsslich aßen und auch noch das letzte bisschen Öl auf dem Teller gemächlich mit dem Brot auftunkten. Und ich wartete schon wieder. Denn erst, wenn alle damit fertig waren, gab es den Hauptgang. »Schmeckt diese Tomate nicht fantastisch, Christjann?«, fragten sie mich. »Jaja«, sagte ich. Tomate eben. Aber nein, dies war nicht irgendeine Tomate, dies war eine großartige Tomate, eine Fleischtomate. Und sie hieß *Cœur de bœuf*, weil sie aufgrund ihrer Form und ihrer Größe an ein Rinderherz erinnerte, und sie stammte aus unserem Garten! Der Stolz aller am Tisch war zu spüren. Wie rot und fleischig sie war! Wie sie riecht und schmeckt! Findest du nicht? Ich schämte mich ein bisschen, dass ich darauf nicht geachtet hatte, und begann langsamer zu essen, bewusster. Ich lernte, dass es viele verschiedene Tomatensorten gab, andere Konsistenz, anderer Geschmack, und dass diese sehr reifen Gartentomaten, die man kurz vor dem Essen im Garten geerntet hatte, wirklich anders schmeckten als alles, was ich kannte. Irgendwann spürte ich auch, dass mir die geregelten Essenszeiten und das langsame Essen guttaten. Es schien mich zu beruhigen, dass es immer zu essen gab und immer auch ausreichend, selbst wenn ich den Hauptgang manches Mal nicht mochte, all diese blutigen Steaks oder diese glibberigen Innereien: *les tripes* (Kutteln) oder *pieds de cochons* (Schweinsfüße) oder *tête de veau* (Kalbskopf). Es gab immer genug anderes, von dem ich satt wurde. Sagte ich satt? Tatsächlich spürte ich zum ersten Mal echten Hunger und echtes Sattsein. Ich wurde, obwohl ich mittags und abends von allem und manchmal zusätzlich nachmittags ein Stück Kuchen mit den Kindern aß, nicht dicker, sondern dünner. Das körperliche Arbeiten tat sicher ein Übriges, aber langsam machte mir das mit dem Essen Spaß. Das Essen. Nicht das Kochen. Aber das musste ich ja auch erst mal nicht. Ich half zwar gern in der Küche, schnippelte Kräuter, Knoblauch und Zwiebeln, die so frisch waren, dass ich heulte, holte Eier aus dem Hühnerstall und schöpfte frische Milch mit der darauf schwimmenden Sahne aus den Milchkannen, hin und wieder machte ich nach Anleitung einen *clafoutis*, eine Mischung aus Kuchen und Pudding mit frischen Kirschen, aber schon wenn ich hin und wieder alleine mit den Kindern war und ihnen abends eine Gemüsesuppe machen sollte oder Nudeln mit Soße, stieß ich an die Grenzen meines Küchenlateins.

Von dort kam ich in die *auberge* zu Patrick. Er war zwar kein ausgebildeter Koch, hatte aber in Hotelküchen und Restaurants gearbeitet und eine Zeit lang auch als *pâtissier*. Das alles hatte er vielleicht ein bisschen aufgebauscht, aber er konnte durchaus kochen, und tatsächlich hatte er ein besonderes Händchen für die *pâtisserie*. Eine aufwendige knusprig-saftige Mandel-Buttercreme-Torte mit dem Namen *Castel*, die ihren Ursprung in Algerien hatte und von einem *Pied-noir* kreiert worden war, wurde sein Markenzeichen. Diese selbst gemachte Buttercreme war so anders als das, was ich kannte, und selten hatte ich Schleckermaul so etwas Leckeres gegessen.

Patricks Küche war ansonsten etwas fleischlastig, aber

auch hier gab es immer genug zu essen. Mittags und abends. Oft auch zu viel, häufig aßen wir Reste, bevor sie verdarben, ich hatte mich auf Desserts spezialisiert und aß dann häufig acht von zehn *Panna cotta* selbst auf, weil wir statt der erwarteten zehn Gäste am Wochenende nur zwei hatten und bis zum nächsten Wochenende wäre die *Panna cotta* nicht mehr frisch genug gewesen. Im Sommer hatten wir dagegen häufig so viele Gäste und so viel zu tun, dass ich kaum noch zum richtigen Essen kam, oder ich aß ganz früh und vor dem Service, was mich aber so müde machte, dass ich lieber nichts aß. Und schon fing der Kreislauf des »ich stecke mir mal eben was in den Mund von allem, was so rumsteht« wieder an. Ich, die ich keine Hotel- und Restauranterfahrung hatte, war unsicher beim Service am Tisch und oft auch überfordert mit den Bestellungen. Was wollte der Herr, der allen Ernstes *une Tomate* bestellte? Eine Tomate? Mitnichten und auch keinen Tomatensaft, sondern einen Pastis, angereichert mit rotem Grenadinesirup. Ein *Perroquet* ist demnach auch kein Papagei, sondern die papageiengrüne Variante des Pastis, dieses Mal mit Minzsirup versetzt, und wenn jemand *une Mauresque* bestellt, erwartet er nicht, dass ich ihm eine nordafrikanische Schönheit herbeizauberte, sondern er möchte seinen Pastis mit *orgeat* serviert bekommen. Was um Himmels willen ist denn bitte *orgeat,* »orschat« gesprochen? In Frankreich gibt es Sirupsorten wie Sand am Meer, neben den großen Klassikern Minze und Grenadine hat man in der Regel immer auch mindestens Zitrone in seiner Hausbar, vielleicht einen Vanille- oder Karamellsirup für einen aromatisierten Kaffee hin und wieder und manchmal auch außergewöhnlichere Varianten: einen Lakritz-, Rosenblüten- oder Veilchensirup.

Orgeat ist ein Mandelsirup und gehört hier auch noch zu den Klassikern. Mit zitternden Händen mischte ich die Getränke zusammen, machte den Pastis für die Herren entweder zu wässrig oder zu stark, schenkte das Bier mit zu viel Schaum aus, und die Gäste unterstellten mir, ich wollte sie übers Ohr hauen, denn hier will man Bier bitteschön, und zwar bis oben hin und vor allem keinen Schaum.

Die Zeit in der *auberge* war für mich aufregend. Mein unorganisierter Mann war manchmal zu früh mit seinen Einkäufen, und das Gemüse für die *anchoïade* am Wochenende war freitags schon welk, meistens aber war er, weil er, egal, wo er war, einfach nicht aufhören konnte zu erzählen, zu spät mit allem, und ich musste die Gäste hinhalten, bis sie gegen 21 Uhr endlich etwas zu essen bekamen. So wurden die Abende lang und länger, am nächsten Morgen wollten manche Wanderer schon wieder um fünf Uhr ihr Frühstück, und unsere Nächte wurden kurz. Mich machte das alles nervös, das Schlafdefizit auf Dauer weinerlich, und ich stopfte mir wieder Schokolade zur Nervenberuhigung in den Mund. Obwohl ich also den ganzen Sommer rannte und machte und schaffte, hatte ich nicht nur geschwollene Füße, sondern ich nahm auch zu. Es war aber weniger schlimm, weil da oben in den Bergen das Handfeste geschätzt wird. Kräftige Arme, die zupacken können, werden gerne gesehen, und Sprüche wie die meiner Großmütter, die Krieg und Hungersnot mitgemacht hatten, hatten in den Bergen ebenso Konjunktur. »Da hast du was zum Zusetzen!«, sagten meine beiden Großmütter, wenn ich ihnen früher vorjammerte, dass ich zu rund sei. »Zum Zusetzen« meint, in Notzeiten hielte ich länger durch und wäre nicht gleich geschwächt und verhungert. *»Il vaut mieux faire envie* *que pitié«* hieß es in den Bergen, besser, man erwecke Neid als Mitleid.

Und dann wurde Patrick krank, und alles geriet durcheinander. Ich war so in Not, dass ich mit dem Essen gar nicht mehr klarkam. Andere würden in vergleichbarer Situation vielleicht das Essen vergessen, ich futterte panisch drauflos. Ich bin meiner ehemaligen Schwiegermutter sehr dankbar, die damals kam, um uns zu unterstützen. Es war eine schwierige und konfliktbeladene Zeit, aber solange Patrick lebte, taten wir beide unser Bestes. Vor allem kochte sie! Sie kochte, um etwas zu tun zu haben und um sich abzulenken, sie kochte und backte für uns und manches Mal für Gäste, wenn welche da waren, und sie bereitete Schonkost zusätzlich für Patrick zu. Ich hätte das damals alles nicht gekonnt.

Nach Patricks Tod wurschtelte ich mich so durch, aß vor allem Tiefkühlkost, die von einem freundlichen Lieferanten sogar bis hinein in das Tiefkühlfach in meiner Wohnung geliefert wurde. Ich aß zu viel, zu viel Schokolade und zu viel Eiscreme, zu viel Pizza, aber es war mein Trauerjahr, und ich arbeitete körperlich, ich wollte mich trösten und stärken, meinen Körper versteckte ich derweil in einem unförmigen Blaumann, und vorerst war mir alles andere egal.

Aber dann kam ich nach Cannes. Und oh weh, wie unwohl fühlte ich mich sofort in dieser Stadt, in der das Aussehen so wichtig ist. Und in der man gefühlt an dreihundert Tagen an den Strand geht. Ich hatte die letzten fünf Jahre keinen Badeanzug getragen und allenfalls meine Füße in einen Bergbach gehalten. Und auch in den letzten Jahren in Deutschland war ich nie schwimmen gewesen. Ich mochte meinen Körper nicht zeigen. Monsieur aber geht, sobald die Temperaturen es zulassen, jeden Morgen an den Strand, er läuft im Wasser und geht danach schwimmen. Natürlich wollte er, dass ich ihn begleitete. Ich wollte das im Prinzip auch, aber es ging nicht. Ich hatte schon mal keinen Badeanzug. Ich starb tausend Tode, während ich mich in einer Boutique, in einer zu engen, grell beleuchteten Kabine, in zu kleine Badeanzüge quetschte und hochnäsige Verkäuferinnen vor dem Vorhang »Uuund? Passt es?« säuselten. Rotgesichtig, verschwitzt und deprimiert kam ich wieder nach Hause.

Auf dem Blog weinte ich einmal mehr: Ich passte so gar nicht hierher. Weder meine Kleidung noch meine Art und schon gar nicht mein Körper.

Im Süden nichts Neues

Eine deutsche Freundin, die gleich, nach vier Jahren Arbeit und Frust, dieses Land wieder Richtung Heimat verlässt, hat mir bei unserem letzten Treffen gesagt, es würde wirklich Zeit, dass sie ginge, sie könne nämlich bald auch ein Frankreichbuch schreiben, es würde jedoch ein totales Meckerbuch. Ich höre mir ihre Ausbrüche jedes Mal mit gemischten Gefühlen an. Jaaa, klar kenne ich das auch, jaaa, das nervt mich auch manchmal, jaaa, daran reibe ich mich auch … Naja, ich aber finde das alles dann doch nicht soooo schlimm, und ich finde auch immer noch jede Menge positiver Aspekte. Stimmt schon, »der Franzose« ist ein schrecklich aggressiver Autofahrer, »der Franzose« kann vor allem nicht warten. Kaum geht es eine Sekunde nicht so schnell voran, wie er möchte, dann geht's los … da wird gehupt und gebrüllt und sich gestikulierend aus dem Fenster gehängt und dabei hemmungslos geflucht … hier wird gedrängelt und geschubst und rechts überholt, dass es eine Freude ist. Ich bin daher sehr froh, dass unser reparierter Blechhaufen jetzt ein französisches Nummernschild hat und ich damit quasi inkognito unterwegs bin: Endlich darf ich das Gleiche machen wie die Franzosen, ohne dass man es mir übel nimmt. Als Deutsche(r) in zweiter Reihe parken oder sich vordrängeln ist einfach nur unverschämt, was glauben die Teutonen da? Sie könnten uns noch mal erobern? HA! Niemals! *Conasse!* ist noch das harmloseste, was ich unterwegs so zu hören bekam. Jetzt hingegen, alles cool! Monsieur fährt gleich auch entsprechend einen Zacken aggressiver, was er sich in einem deutsch betitelten Wagen doch oft nicht traute – zu oft wurde er nämlich fälschlicherweise auch beschimpft –, das hat ihn getroffen und ließ ihn sich zurückhalten, weshalb er jetzt einen großen Nachholbedarf an rasanten Fahrmanövern hat. Uff …

… aber »der Franzose« ist andererseits super hilfsbereit, wenn es zum Beispiel darum geht, einen liegengebliebenen Wagen von der Kreuzung zu schieben. Ich dachte, oh Gott, wie lange stehen wir jetzt hier noch blöd rum, aber der erste Mann, der vorbeikam, war trotz morgendlicher Eile und Büro-Outfit ohne Klagen behilflich. Kein Problem, gern geschehen. Gut, die, die sich im Auto kurzzeitig blockiert fühlten, hupten wild und schimpften wie die Rohrspatzen. So ist es eben. Das muss man hinnehmen.

Oder neulich transportierten wir zu zweit eine Kommode. Ich bin körperlich nicht so wahnsinnig zerbrechlich und kann durchaus etwas stemmen, trotzdem fiel mir ein männlicher Passant geradezu in den Arm. Madame! Bitte! Lassen Sie mich das machen. Wo steht der Wagen? Nein, nein! Ich mache das für Sie … ich kam gar nicht dazu zu sagen, dass die Kommode gar nicht so schwer sei und dass ich durchaus selbst ist die Frau und so weiter … schon trug er die Kommode mit Monsieur über die Straße und versenkte sie ins Auto. Haben Sie noch etwas zu tragen? Nein? Keine Ursache … weg war er. Das hat natürlich mit dem Machismo in diesem Land zu tun, eine schwache Frau lässt der starke Mann doch nicht so schwer tragen … Es hat durchaus angenehme Seiten, wenn frau sie annehmen kann.

Aber ich stimme in die Meckerlitanei der Freundin ein, wenn es um die französische Frau, genauer, die französische Verkäuferin, noch genauer, die französische Boutiquenverkäuferin in Cannes, geht. Ich ging früher wirklich gern Klamotten anschauen und kaufen. Früher. Sprich in Deutschland. Das hat sich in Frankreich ratzfatz geändert. Darüber habe ich ja schon mehrfach gejammert, das kennen Sie vermutlich alles schon. Das liegt nicht nur daran, dass ich jahrelang weit weg auf meinem Outdoor-Outfit-Berg lebte, sondern vor allem an meinen teutonischen Walkürenmaßen. Und an der Tatsache, dass französische Mode ab Größe 42 (= deutsche Größe 40) aufhört. Wenn Sie da nicht mehr reinpassen, ist klar, ab sofort gehören Sie in die Kategorie #plussize und können sich nur noch in den entsprechenden Läden einkleiden. Ich war ja gerade zweimal kurz in Deutschland, zwischen Deutschen in Deutschland fühle ich mich augenblicklich entspannt und ganz normal. Nur in Frankreich fühle ich mich zu groß, zu breit und zu plump. Immerhin habe ich hier eine (spanische) Klamottenmarke entdeckt, die französisches XL produziert (oder spanisches, je nachdem), in das ich reinpasse. Wow! *Desigual* sei hier offen gelobt, allerdings mag ich nicht nur in deren psychedelischen Flowerpower-Farbeffekten herumlaufen. Ein bisschen zu anstrengend auf die Dauer. Schlabberige, passende Leinenhosen kriege ich bei *H&M* in Nizza. Damit erschöpft sich meine Shoppingtour. In Cannes gibt es so etwas Vulgäres wie *H&M* erst gar nicht. In Cannes gibt es nur dummen, billigen Touristenkram oder dumme überteuerte Luxusmarken für Luxustouristen. Und in beiden Segmenten dumme zickige Verkäuferinnen, wobei die Regel gilt, je teurer, desto zickiger. Von Zeit zu Zeit wage ich mich mal in den einen, mal in den anderen Laden, und danach könnte ich fast immer sofort schreiend Amok laufen. Diese zickigen Weiber! Aufgetakelt, mit falschen Goldkettchen, festgeschminktem Lächeln und strenger, abweisender Stimme: Madame?! Kann ich etwas für Sie tun? Eigentlich will sie, dass Sie verschreckt Pardon sagen, ich habe mich in der Tür geirrt, ich suchte eigentlich die Apotheke. Wagen Sie es dennoch zu bleiben, dann sollten Sie eines wissen: Sie dürfen hier nur von Weitem schauen! Selbst etwas aus dem Regal ziehen oder vom Ständer nehmen geht gar nicht! Sie haben quasi eine Sicherheitsbeamtin an Ihrer Seite, die Sie überwacht, damit Sie nur ja nichts anfassen. Hier fasst man nichts an, wir sind ja nicht auf dem Markt! Während man auf dem Markt alle Aprikosen ungestraft mit dem Daumen eindellen darf und sich so als wählerische Kundin Respekt verschafft, darf man hier um Himmels willen nur nichts anfassen. »Ich zeige es Ihnen«, sagt sie und zeigt mir von Ferne ein kleines Stück Stoff.

Heute wagte ich den Versuch, als zu große und zu breite Frau einen Badeanzug zu erstehen. Den braucht man hier fast ganzjährig, muss also sein. Ich habe bereits zwei Badeanzüge in schlechter Qualität via Internet bestellt, weil ich mich lange nicht in die Höhle des »Ich-zeige-es-Ihnen-von-Weitem-Löwen« getraut habe. Beide sahen zunächst so aus, als passten sie, halbwegs zumindest, sie waren nicht zu teuer, weshalb ich sie behielt. Bei Gebrauch, insbesondere im Wasser, für das sie eigentlich gedacht waren, verselbstständigen sie sich jedoch und schwimmen vor allem oben wabernd um mich herum. Der Vorteil des verpönten Katalogkaufs besteht darin, dass man, ohne sich zu schämen, große Größen erstehen kann. Hin und wieder zumindest. Da Einteiler im mittleren Preisniveau die Größe von »oben« und »unten« leider nicht variieren, wählte ich »unten« passend und habe jetzt oben zwei riesige massive Körbe (von Körbchen wage ich gar nicht zu sprechen), die ich leider nicht ausfülle. Zwar habe ich die Körbe nun abmontiert, nur um jetzt zwei große schlaffe Hüllen am Hals hängen zu haben. Ich habe genäht, was ich konnte, und so sieht's jetzt auch aus. Badeanzüge muss man im Fachgeschäft kaufen, sagt weise das Gewissen, und wenn du gleich einen richtigen Badeanzug gekauft hättest, wäre es auch nicht teurer als die Summe von zig billigen Fehlkäufen. Also *Courage,* Christjann, sage ich mir, am Strand sehe ich tagtäglich wirklich alles an Körpern, und alle haben irgendwie passende Badeanzüge, dann wird es ja auch einen für dich geben. Aber vermutlich haben die Damen sie nicht hier gekauft. Letztes Jahr sprach ich tatsächlich eine Dame an, deren Badeanzug mit kleinen Beinchen mir so gefiel – natürlich hatte sie ihn »in Paris« gefunden. *Ah oui …* Ich suche seit Jahren ein Retro-Modell, Stil Grace Kelly oder Ava Gardner, mit kleinem Bein, *Shorty* heißt das Beinchen jetzt selbst in Frankreich. Das gab es seit Jahren nicht und nirgends, aber in diesem Jahr tatsächlich bei *Seafolly,* einer australischen Marke. Zumindest habe ich es im Internet so gesehen. Ich bin sehr begeistert, denke, da kaufe ich mir doch gleich zwei, und denke weiterhin, jetzt kann ich es wagen, in all diese Bademoden-Boutiquen zu gehen, ich weiß, was ich will, und ich weiß, dass es das gibt, Hurra! Die reizenden Verkäuferinnen haben, Mundwinkel runter, Augen aufgerissen, davon aber noch nie gehört. *Ah booon?* Mit *Shorty*? *Ah noooon!* Nicht dieses Jahr! Wiiie heißt die Marke? Niiiie gehört. Wir heißen Zuckerbrot und Peitsche oder Prinzessin Mondgesicht, und wir haben nur unsere Kollektion mit drei winzigen Dreiecken und etwas Volant, die man mir gern von Weitem zeigt. Dann aber, süßlich wie die Werbetanten am Telefon: *Je vous souhaite encore une excellente journée, Madame!* Du mich auch, denke ich, spar dir diese Phrasen. Dann gibt es noch die Boutiquen für die reifere Frau. Langweilige massive Badeanzüge halten den weichen Körper der reiferen Frau zumindest in der Mitte fest zusammen. Um den Rest wickeln wir einfach ein großes Seidentuch. *Seafolly*? *En grande surface, peut-être?!* Haben Sie es schon mal im Kaufhaus probiert?, ist die andere vernichtende Mundwinkel-nach-unten-Antwort, auf alles, was der Boutiquenverkäuferin unbekannt und daher zu vulgär ist. Badeanzüge für 150 Flocken im Kaufhaus? Aber ja, wenn es *Galeries Lafayette* heißt, geht auch das. Und siehe da, hurra!, ich hätte die dortige Verkäuferin fast abgeknutscht: *Seafolly*! Aber nur ein einziges Retro-Modell in blau-weißem Karo. Welche Größe?, fragt die Verkäuferin. Tapfer sage ich, oben 40, unten 46. Woraufhin sie mir einen Einteiler in Größe 42 in die Hand drückt. Größer ist nicht, variierte Größen gibt's nicht, aber die australischen Größen sind anders geschnitten, sagt sie ermutigend. Kaufhausverkäuferinnen sind wohl manchmal nett … Nicht dass die Australier nicht auch noch 44 produzierten, aber die niedlichen kleinen Franzosen haben größer nicht bestellt für ihre niedlichen kleinen Französinnen. Ich quetsche mich in 42, oben etwas zu weit, unten bisschen zu eng, außerdem erinnert mich das blau-weiß gedehnte Karo aus welchen Gründen auch immer an *Landliebe*-Werbung, und ich fühle mich wie eine Tischdecke auf einer grünen Wiese. Läge ich so am Strand, riskierte ich vermutlich, dass alle ihr Picknick auf mir ausbreiteten ... Das sage ich der Verkäuferin, die aber todernst antwortet, bei blau kariert würde sie jetzt nicht an Tischdecke denken, das fiele ihr nur bei rot oder grün kariert ein. Ich finde das nicht überzeugend, vor allem nicht in zu eng. Es gibt kein anderes Muster, keine andere Größe, ich gehe morgen also wieder als wabernde schwarze Witwe ins Meer ... Und kommen Sie mir nicht mit der Direktbestellung in *Down-under*, hab ich versucht, der Sommer ist in Australien schon rum, die haben nix mehr ...

In Cannes war es nun an mir zu kochen. Wie schwierig es war, kochen zu lernen und es täglich zweimal zu tun, habe ich Ihnen schon berichtet. Es war deshalb so schwierig, weil es mein Problemthema war. Das gesamte Thema Essen war problembesetzt. Ich wollte nichts essen und nichts zubereiten, es war ein täglicher Kampf gegen mich selbst, und es kostete mich viel Energie. Meinen ganzen Hass auf das Essen projizierte ich auf das Kochen. Ich hasste Menschen, die behaupteten, dass Kochen so wundervoll sei, die schwärmerisch erzählten, wie gerne sie Freunde bekochten, wie entspannend das sei und wie viel Spaß es machte. Ich hätte sie alle gern in kochend heißer Polenta ersticken mögen oder mit siedendem Nudelwasser verbrühen, all diese leidenschaftlichen Köche und Köchinnen. Ich hasste kochen. Ich tat es trotzdem, und weil ich eine Perfektionistin bin, wurde es auch mit der Zeit gar nicht so übel. Aber ich hasste es.

Meine Qualen mit dem Essen, dem Kochen und der Not, meinen rundlichen Körper im schicken Cannes angemessen zu kleiden, darüber schrieb ich auf meinem Blog immer wieder amüsant zu lesende Frusttexte und lud mein Leid so immerhin punktuell ab. Ich fing in der Not auch wieder an zu fasten, aber mein diätmüder Körper hatte die Faxen und das Fasten dicke. Ich schaffte es nicht mehr. Ein letzter Versuch hier in Frankreich war der Weg zu einer Ernährungsberaterin, *une diététicienne* heißt das beinahe unaussprechliche französische Wort dafür. Mit ihrer Hilfe nahm ich in einem Jahr erstaunliche zwölf Kilo ab. Danach nahm ich, und zwar sehr viel schneller, wieder fünfzehn Kilo zu. Ich war also kein Stück weiter.

Als ich auf Clotildes Angebot, mit dem eigenen Körper Frieden zu machen, stieß, war es trotz des Hasses auf meinen Körper eine erleichternde Entscheidung. Ja, entschied ich, ich will Frieden machen. Ich werde keine Diät mehr machen. Tatsächlich hielt ich mich daran, ich verbot mir nichts mehr, die Waage hatte ich schon vor zig Jahren verbannt, das heißt, ich ignorierte sie einfach. Ich aß alles und wurde runder, so rund, dass jetzt auch meine Umwelt Bemerkungen machte. Das ist überhaupt fatal, wie alle Welt meint, sich einmischen zu müssen, wenn es ums Körpergewicht geht. Man gab mir ungefragt Tipps (»Es ist ganz leicht! Du musst nur mehr Obst essen!«) und drückte mir sogar Bücher in die Hand, mit denen X oder Y es geschafft habe, soundso viel Kilo abzunehmen. Ich hatte keine Lust, alle Welt über meinen langen Leidensweg zu informieren und alles, was ich schon hinter mir hatte zu erzählen. Ich konnte einfach nicht mehr. Ich konnte keine wie auch immer geartete Diät mehr angehen. Keine. Kein Intervallfasten, keine Fastentage, die brach ich schon anderthalb Stunden später ab, und es endete katastrophal mit einem Fressanfall. Schluss damit. Ich war Mitte fünfzig. Wie lange sollte das noch so weitergehen? Schluss, aus, basta. Ich dachte, es wird sich eines Tages einpendeln, das Essen und das Körpergewicht. Bislang aber nahm ich zu. Das gefiel mir auch nicht, aber ich stand zu meiner Entscheidung: keine Diät mehr! Ich wurde hellhörig, wie viele Frauen um mich herum hungerten und mit Stolz Sätze sagten wie »Ich kann sehr hart zu mir sein!«. Oder andere, die klagten: »Ich kann nicht so lange so hart zu mir sein«, weil sie von den verlorenen Kilos einige wieder zugenommen haben. »Warum?«, fragte ich zurück. Warum macht ihr das? Was ist der Sinn darin, hart zu sich zu sein? Aber es ist, als könnten sie mich nicht hören. Das Dünnsein ist ein unumstößliches Gebot. Das muss man erreichen, gegen alle Widerstände, und daher machen fast alle Frauen ihr Leben lang Diäten. Ich war nicht glücklich, rund zu sein, aber ich wollte diesen krankhaften Diätwahn auch nicht mehr.

Ich aß alles, aber wirkliche Freude machte es mir nicht. Nach wie vor kaufte ich ein, kochte mittags und abends, wir gingen ins Restaurant oder wurden zu Freunden zum Essen eingeladen, oder ich lud sie zu uns ein. Essen ist ein zentrales Thema in Frankreich. Ich fügte mich, ich kochte, ich aß, meine Gedanken drehten sich noch immer ums Essen, immer hatte ich das Gefühl, dass ich von einer unsichtbaren Macht fremdgesteuert war, ich war dem so ausgeliefert, und ich konnte den schwelgerischen Umgang der Franzosen mit Essen noch immer nicht ertragen. Ich hatte also, trotz bester Absicht, doch keinen wirklichen Frieden gemacht, weder mit dem Essen noch mit meinem Körper, ich verharrte eher in einer Art Waffenstillstand.

Lob auf das Internet oder Mein Ich, Version 3.0

»Was ist das denn?« Befremdet sah ich das kleine schwarze Kästchen an. »Ein Modem«, antwortete der Freund mit einem gewissen Stolz in der Stimme. »Was? Ein Modem? Und das ist mein Geschenk?« Super enttäuscht war ich, als mir mein damaliger Freund, der, den ich verlassen hatte, weil er mir nicht cool genug war, nur damit Sie sich zurechtfinden in all den Männergeschichten, als er mir seinerzeit zu Beginn des Internetzeitalters zu meinem Geburtstag dieses kleine schwarze Kästchen schenkte. Ich hätte mir ein Candlelight-Dinner gewünscht in einem romantischen Restaurant, ein flauschiges Saunahandtuch oder einen Massagegutschein oder alles zusammen, aber doch kein Modem! Sie erinnern sich vielleicht, früher musste man sich noch über ein Modem ins Internet einwählen, dieses Kästchen gab fiepende und pfeifende Laute von sich, und dann kruschpelte es und rauschte so, als würde man Major Tom oder Capt'n Kirk im All anrufen, und irgendwie ist es ja auch so, und dann wurden die blickenden roten Lichtchen grün und leuchteten nun blinkfrei, zumindest hoffte man das, und dann war man »drin«! Das war auch eine beliebte Werbung damals: »Bin ich schon drin?«, fragte Boris Becker, damals noch ein smarter Junge. Klar war er drin, alles so einfach. Kann man sich heute kaum noch vorstellen, wie das mal angefangen hat mit dem Internet. Damals aber war es etwas Großes! »Candlelight-Dinner«, machte der Freund daher auch verächtlich, als ich ein bisschen herumnörgelte. »Ich schenke dir die Welt, Christiane!«

Und das hat er. Ich weiß nicht, ob ich ihm je gesagt habe, wie sehr er damit mein Leben verändert hat. Ich rufe es ihm jetzt hinterher ins Universum, denn er ist nicht mehr unter uns, ein LKW hat ihn, den Radfahrer, vor ein paar Jahren überrollt. Tatsächlich haben sich mir mit dem Internet Welten erschlossen. Zunächst habe ich für meine Magisterarbeit in einer mir unbekannten Unkompliziertheit mit amerikanischen Universitäten, Archiven und Bibliotheken korrespondiert, die uns Europäern bei der Digitalisierung ihrer Bestände weit voraus waren und es vermutlich auch immer noch sind. Aus den USA erhielt ich postwendend und kostenlos Kopien von Briefen zugesandt. Um damals hingegen kostenpflichtige Kopien aus Österreich zu erhalten, war es angeraten, dorthin zu reisen und mit dem Herrn Magister X vom Stadt- und Landesarchiv einen zeitnahen Termin zu vereinbaren. Das ist nur ein erfundenes Beispiel, ich hoffe nicht, dass mir die Damen und Herren vom Wiener Stadt- und Landesarchiv nun sofort empört ihre jetzt durchgängigen und benutzerfreundlichen Öffnungszeiten um die Ohren hauen. Ende des letzten Jahrhunderts sah die nicht digitalisierte Archivwelt in Wien jedenfalls noch anders aus. Aber Wien ist ja so schön, nicht wahr, immer eine Reise wert, und gerne nimmt man in einem der wundervollen Kaffeehäuser einen kleinen Braunen zu sich, während man auf die bestellten Fotokopien wartet. Ich will mich nicht beschweren, es war eine andere Zeit, ich habe sie durchaus genossen, und die Österreicher sind generell sehr charmant, und sie waren in anderer Hinsicht sehr großzügig, aber das will ich alles gar nicht erzählen, ich wollte nur sagen, dass ich dem Internet von Anbeginn an positiv gegenüberstand. Ich hätte vermutlich auch viel früher angefangen, einen Blog zu schreiben, wenn ich nicht nach dieser Magisterarbeit das Gefühl gehabt hätte, ich könnte gar nicht schreiben. Wieso sonst hatte ich nicht die beste Note bekommen? Den Satz meines verehrten Professors, auch ein Österreicher übrigens, ich solle über eine Veröffentlichung nachdenken, verstand ich dann auch gar nicht. Er sagte mir nicht, dass meine Arbeit trotz aller Wissenschaftlichkeit, zu unterhaltsam geschrieben sei. Ich war so mitgerissen von dem Schicksal meiner Heldin, dass es mir an der gebotenen Sachlichkeit mangelte. Das weiß ich aber erst heute. Ich habe die Arbeit nicht veröffentlicht, das tat dann (in anderer Form) jemand anders an meiner Stelle, ohne mich zu kontaktieren übrigens, da war ich schon einen Moment empört. Ich schleppte zu dieser Zeit auf dem französischen Bauernhof Milchkannen und hätte das Ansinnen auf eine Veröffentlichung sicher weit von mir gewiesen, aber gefragt worden wäre ich schon gerne. So ganz unerreichbar war ich ja nicht. Übers Internet wäre da sicher was gegangen. Oft ist man nämlich nur einen erstaunlichen Klick entfernt von einem Menschen, einer wichtigen Information. Sie merken schon, so ganz egal ist es mir nicht, aber was soll's, Schwamm drüber. Meine eigenen Veröffentlichungen begannen dann mit dem Bericht vom Milchkannenschleppen auf einem ersten Blog, den ich seinerzeit analog zu Annie Proulx' *Schiffsmeldungen*, einem von mir gern gelesenen Buch *Bergmeldungen* nannte. Die Reaktionen auf die *Bergmeldungen* waren so positiv, dass ich schon bald wagte, mich mit diesem Blog bei der Zeitschrift *Brigitte* zu bewerben, die damals Blogs von Frauen, die im Ausland lebten, auf ihrer Online-Seite veröffentlichte. Es gab damals keinen Blog aus Frankreich und vor allem noch keinen, der vom Berg- und Landleben berichtete. Ich nannte den Blog *French Connection,* und er war, das darf ich wirklich sagen, sehr erfolgreich. Die Sichtbarkeit auf *brigitte.de* war außergewöhnlich, und auch wenn das Schreiben dort nicht bezahlt war, wie ich ursprünglich gehofft hatte, haben sich viele Kontakte und Projekte daraus entwickelt: Mir wurde zunächst angeboten, aus dem Blog ein Buch zu machen. Mein erstes Buch *Zwischen Boule und Bettenmachen* entstand so. Später erhielt ich die Anfrage einer Redakteurin, die für die wöchentlich erscheinende Frauenzeitschrift *Avanti* eine Kolumnistin suchte. Dort wurde ich zum ersten Mal für das Schreiben bezahlt! Eine zweite Kolumne in einem Stadtmagazin folgte, und so begann meine Schreibkarriere. Danke, Internet!

Jetzt, zwanzig Jahre später, ist das Internet voll, alle drängeln sich darin, man findet alles und nichts und *le meilleur et le pire*, das Beste und das Schlechteste, darin, es gibt eine Parallelwelt im Darknet mit Drogen, Sex, Terrorismus und Kinderpornos, und es gibt auf der hellen Seite viele Natur- und Katzenfotos, Cappuccinos und Schokoladenkuchen und jede Menge Selfies. Und Informationen bis zum Abwinken. Echte, gefakte und dazwischen immer noch Blogs. Und zunehmend auch Online-Kurse und Podcasts. Auch das war zuerst in den USA, kommt aber nun mehr und mehr in der Alten Welt an. Egal, das wissen Sie alles. Was ich sagen will, ist, dass ich in diesem Internet immer über Dinge gestolpert bin, die ich gerade brauchte, und nicht nur das: Ich bin übergangslos von einem zum anderen gekommen, war geradezu im Flow, wie das stimmige Fließen von Energien auf Neudeutsch heißt: im Fluss sein. War ich. Als ich dachte, mir fehlen Farben in meinem Leben, und ich will kreativer und spielerischer sein, las ich auf dem *Facebook*-Account einer meiner Blogleserinnen, dass sie gerade einen tollen Online-Kreativ-Workshop gemacht hatte. Ich klickte dahin, es sprach mich an, und ich war eingeschrieben. Eine Amerikanerin in Berlin bot diesen Kurs an, und es gab einen riesigen Input an Farben, kreativen Ideen, Rezepten, die das tägliche Leben bunter gestalten sollten und es auch taten. Unter anderem stellte sie Künstlerinnen aus der gesamten Welt vor: Malerinnen, Keramikerinnen, Autorinnen, Fotografinnen, Schmuckherstellerinnen, Schneiderinnen – alle teils mit unglaublichen Projekten und spannenden Biografien. Alle hatten eine Internetseite, ich folgte nun der einen oder anderen Künstlerin, so etwa einer amerikanischen Malerin, die mit ihrer Familie in Israel lebt. Ich mochte ihre Werke, und ich mochte ihren amüsanten Ton, in dem sie hin und wieder auf ihrem Blog schrieb. Diese Künstlerin nun schrieb eines Tages von einem Online-Kurs zur Stilfindung, den sie gemacht hatte. Ich sah ein aktuelles Foto von ihr, sie sah absolut verändert und großartig aus.

So etwas wie »Finde deinen wahren Typ«, finde »deinen Stil« oder eine Typveränderung »vorher/nachher« hätte ich immer schon gern gemacht. Ich verfolgte schon eine Weile eine französische Sendung mit einer mir nur bedingt sympathischen Moderatorin, die es aber schaffte, alle Frauen und manchen Mann in einer *»Relooking Show«* nicht nur anders anzuziehen, sondern an ihnen auch eine tiefergreifende Veränderung vorzunehmen. Ich wollte sicher nicht eine von Cristina Cordulas *Relooking-Chéries* werden, sie nannte alle ihre Klienten ständig *chérie* und fand außerdem alles immer *magnifique*, das sie geziert auf Englisch aussprach, *»manifaik, ma chérie«*. Der Ausdruck fand schließlich sogar, ähnlich wie seinerzeit in Deutschland Verona Poths »Hier werden Sie geholfen«, Aufnahme in den französischen Sprachschatz. Also mit Cristina Cordula wollte ich das sicher nicht und auch nicht mit einer aufgetakelten Côte-d'Azur-Tussi, die andernorts gerne mal abfällig *cagole* genannt werden. *Une cagole*, gesprochen wie geschrieben »kahgoll«, ist ein leicht provokant angezogenes und etwas vulgäres Mädchen, es gibt da durchaus Abstufungen zwischen Marseille, Cannes und Monaco, aber von Paris aus betrachtet, wo Inès de la Fressange den schicken, understatigen Ton angibt (»Entweder große Ohrringe oder eine auffallende Kette, beides ist einfach zu viel«), sind die Mädchen hier im Süden mit dem falschen Blond, dem falschen Gold und Glitzer und Pailletten, großen Ohrringen *und* großer Kette, High Heels und viel nackter Haut alle *cagoles*. Das würde auch nach einer Typberatung nie mein Stil sein, sodass ich mir hier dann doch keine Shopping-Begleiterin für 500 Euro die Stunde geleistet habe, sondern das amerikanische Stilfindungsseminar anklickte. Ich weiß, was Sie vielleicht Augenbrauen hochziehend denken, aber bitte, Amerikanerinnen haben doch keinen Stil! Aber das denken die Französinnen ja auch von uns Deutschen, nicht wahr, sich so verachtet zu fühlen macht demütig, ich schaute also eher weniger snobistisch auf die Amerikanerinnen und sah mir das Seminar der jungen Frau mit dem eigenartigen Vornamen vorurteilsfrei an.

Sie müssen wissen, dass ich zu der Zeit noch eine buchstäbliche graue Maus war. Dunkelgrau bis schwarz. Nur keine Farben. Schön gedeckt und versteckt. Schwarz macht schlank. Ich bin jahrelang auch in einem schwarzen Badeanzug mit viel kaschierendem, in Falten gelegtem Stoff am Strand gewesen. Nein, kein Burkini, aber fast. Haha. Als könnte man sich mit sehr viel schwarzem Stoff zwischen halb nackten Menschen am grellen sonnengefluteten Strand besonders gut verstecken! Das Gegenteil ist der Fall. Egal, damals wollte ich noch nicht gesehen werden, schon gar nicht halb nackt am Strand, und wählte daher die Farbe Schwarz. Passte auch zu meiner Grundstimmung. Es begab sich aber zu der Zeit, dass ein Gebot des französischen Fremdenverkehrsamtes vorsah, dass die Autorin nur vier Wochen später auf der Buchmesse sich und ihre Krimis präsentieren sollte, und als die Autorin das erfuhr, bekam sie fast einen Zusammenbruch. Vor Freude und vor Schreck. Wie in Drei Teufels Namen soll das gehen? Ich hatte nicht nur nichts anzuziehen, ich wusste auch, dass ich mit meinem diätfreien und rundlich gewordenen deutschen Menopausen-Körper in Südfrankreich auf die Schnelle nichts finden würde, und ich hatte weder Zeit noch Nerven, mich auf eine ausgedehnte Klamottensuche zu begeben. Außerdem war ich schüchtern, um nicht zu sagen ängstlich, dass ich vor mehr als hundert Leuten in einem sehr mondänen Rahmen auftreten sollte. Autorin sein ist an etwa 350 Tagen im Jahr ein eher einsamer Job. Ich und mein PC. Mein PC und ich. Ich mag das eigentlich, ich bin keine Rampensau. Aber wenn die Öffentlichkeit ruft, dann nimmt darauf niemand mehr Rücksicht. Plötzlich schubst man Sie raus ins Licht, auf Bühnen, vor Menschen und hinter Mikros. Und hopp, lächeln und jetzt aber mal lustig losgeplaudert. Auf der Panikskala von eins bis zehn war ich im Vorfeld schon etwa bei elfeinhalb. Glauben Sie nicht? Ich schreibe doch immer so locker, sagen Sie. Jaja, seufze ich. Allein vorm PC kann ich gut frech sein. Ich war drauf und dran, die Buchmesse einschließlich des schicken Events abzusagen. »Kommt nicht infrage«, sagte Monsieur. Ich schrieb mich also händeringend und Hilfe suchend in dieses amerikanische »Sagt-mir-was-ich-anziehen-soll-Seminar« ein, meine letzte Rettung, dachte ich. Und das war es.

In dem Seminar lernte ich, dass Stil weder ausgefallen noch teuer sein muss und nichts mit meiner Körpergröße oder -form zu tun hat. Nichts damit, wie alt oder wie dünn ich bin oder wie viel Geld ich habe. Stil, sagt Stasia, Stil ist zu wissen, wer ich bin, und das nach außen hin zu zeigen. Stil bedeutet anzuerkennen, dass man diesen einen wunderbaren Körper hat, der in der Lage ist, unglaubliche Dinge zu tun, und ihn dafür zu lieben, weil er uns leben lässt. Wir glauben vielleicht, dass Stil die Sache einer modischen Elite ist, die sehr jung, sehr dünn und am besten auch sehr wohlhabend ist, alles Quatsch, sagt Stasia, es geht um Inkarnation, Verkörperlichung unseres Selbst. Es geht darum, man selbst zu sein, sich selbst zu lieben, strahlen zu lassen und zuzulassen, dass man gesehen wird. Kleider sind nur das Werkzeug auf dem Weg dorthin. Sie werden stilvoll, wenn sie unser Selbst verkörpern, ansonsten sind sie nur irgendwelche Stofffetzen, die an uns herumhängen.

Es ging zwar auch um unseren Körper, unsere Figur und wie man sich am besten damit anzieht, aber es ging vor allem, Sie haben es schon gemerkt, ums Herz, um Liebe. Selbstliebe. Die fehlte mir komplett, wer hätte es gedacht. Der Hass tarnte sich als die vernünftige innere Stimme, die mir ununterbrochen Gehässigkeiten zuzischt: Du bist zu fett! Oder weniger direkt mit hochgezogenen Augenbrauen: Ist das dein Ernst? Diese Farben? In deinem Alter? Mit der Figur? Mit diesen Knien? Mit diesem Hintern? Na, ich würd's nicht ... Früher hätte ich mich mit diesem spöttischen, negativen und hasserfüllten Blick im Spiegel angesehen und gedacht: Nimm dir ein Zelt und verstecke dich drunter und komm nie wieder hervor! Übrigens besitze ich heute noch Kleidungsstücke, die ich vor zwanzig Jahren in XL und XXL gekauft habe, nicht nur weil ich mich darin unbewusst verstecken wollte, sondern weil ich dachte, ich bräuchte *wirklich* XL oder XXL. Heute, zwanzig Jahre und zwanzig Kilo später, passen sie mir wie angegossen. So viel zur verzerrten Körperwahrnehmung, aber das nur am Rande.

Ich lernte, dieser fiesen inneren Stimme keinen Raum mehr zu geben, sondern meine Liebe und mein Gefühl sprechen zu lassen: Wenn ich darauf achte, wie ich mich fühlen will, dann ziehe ich plötzlich ganz andere Sachen an UND habe darin eine ganz andere Ausstrahlung. Jetzt konnte ich mich im Spiegel ansehen und mich schön finden! *Inside-outside congruency* nennt es die quirlige Amerikanerin, die mit selbst geschnittenen kurzen Haaren, einem lachsfarbig schimmernden Kleid und Cowboystiefeln einen großartigen und berührenden TED-Talk dazu lieferte. Für mich funktionierte ihr Ansatz. Ich sah mich im Spiegel an und mochte mich. Das hat es vorher tatsächlich nicht gegeben! Was für ein Ergebnis!

Ich sag's Ihnen, aus dem amerikanischen Stilfindungsseminar kam ich nur Wochen später bunt und fröhlich und mutig wieder raus. Jeans und unförmige schwarze Figur kaschierende Pullis flogen weg! Her mit den kniekurzen Kleidern! #freetheknees lautete die Parole! Und Farben: Rot! Grün! Pink! Und Accessoires: große Ohrringe? Fette Ketten? Her damit! Die Amerikanerinnen hielten nichts von dezentem Understatement. »Mach, was du willst, und mehr ist mehr!«, riefen sie, *»all is in the attitude!«* Mir gefällt's, sage ich nun zu der gehässigen inneren Stimme, wenn sie sich über das knallige Rot mokiert. Ich sage es auch zu den echten Freundinnen, die mit hochgezogenen Augenbrauen ein bisschen süffisant sagten: »Oh! Rot!« »Rot ist doch klasse! Ich fühle mich total beschwingt in diesem Kleid!«, gebe ich zurück und wirbele damit einmal herum und trage schnell noch roten Lippenstift auf. Die giftspritzende Vernunft knallte beleidigt die Türe zu, und die Freundinnen schwiegen auch. Zur Buchmesse ging ich, zugegeben, etwas weniger bunt, aber ich ging als ich selbst, und alles wurde gut. Angst, ich? Durchaus, aber nun auch mutig genug, um es trotzdem zu machen!

Ein Hoch auf das Internet und die Online-Seminare! Wie leicht man von einem zum anderen kommt, wie unglaublich, dass man in Frankreich an seinem Schreibtisch sitzen kann und mit Frauen überall auf der Welt (mit etwas Zeitverschiebung vielleicht) in einem Online-Seminar über Körperformen, Körpergrößen, Selbstliebe, Mode und *inside-outside congruency* sprechen kann. Und dass ich so mir nichts, dir nichts inspirierende Vorbildfrauen finden kann! Role Models heißt es jetzt auf Neudeutsch: Ronda aus Mexiko, Lewanda aus Alabama, Mireille aus der Schweiz ...

echte Frauen aus Fleisch und Blut und keine verhungerten Models, davon ist das Internet bedauerlicherweise genauso voll, ABER es gibt sie jetzt eben auch, die #plussizemodels, rundliche und runde selbstbewusste Frauen, die Mode präsentieren.

Ich liebe das Internet! Es kann ein fantastischer Ort sein! Ich habe nur Gutes mit dem Internet erlebt. Als ich über das Sterben meines ersten Mannes Patrick schrieb und über meine Geldsorgen, bekam ich über das Internet moralische und auch ganz konkrete Hilfe von Menschen, die ich niemals im echten Leben kennengelernt habe. Ich bin dafür bis heute dankbar, es war eine unglaubliche Erfahrung, und sie hat mich geprägt. Ich wünsche mir, dass wir das Internet als großartige und verbindende Plattform nutzen. Ich wünsche mir, dass wir dort weiterhin Gutes, Hilfe und Austausch finden können. Es ist so außergewöhnlich, dass wir nur mit einem Suchwort und einem Klick Lösungsansätze finden können. Ich wünsche mir auch, dass wir uns nicht von hochgepushten gefakten Informationen und Gerüchten manipulieren lassen. Dass wir lernen, zuerst darauf zu schauen, wer der Absender der Information ist und ob wir ihn als seriös einstufen, und auch schauen, von wann diese Information wirklich stammt. Einen Faktencheck machen, bevor wir empört etwas weiterschicken und uns enthemmt entrüsten. Und bedenken Sie, es gibt da diesen ausgeklügelten Logarithmus, der macht, dass Ihnen die sozialen Medien immer mehr schicken von dem, was sie angeklickt haben. Eine niedliche Katze? Dann kriegen Sie unendliche Katzenvideos auf Ihre Timeline gespült. Cappuccino? Sie kriegen mehr Cappuccino, bis hin zu Werbung für Kaffee und Kaffeemaschinen. Klicken Sie nur einmal ein Diätrezept an, dann bekommen Sie aufdringliche Diätprogramme bis zum Abwinken. Je nach Thema kann man im tiefsten Elend versinken und glauben, dass morgen die Welt untergeht, und hat alsbald eine gehörige Depression. Mit dem Internet ist es ist so ähnlich wie mit den Gedanken: Wir sollten besser das denken, was wir wollen, und nicht das, was wir nicht wollen. Im Internet sollten wir nicht das anklicken, was wir schrecklich finden, sondern das, was wir gut finden. Also, es ist nur meine Meinung, Sie machen selbstverständlich, was Sie wollen. Ich möchte mit einem abgewandelten Zitat aus den 70er-Jahren, das damals für Beton warb, enden: Internet – es kommt drauf an, was man draus macht. Machen wir etwas Gutes daraus!

PS: Und, bei aller Begeisterung fürs Internet, kann es uns auch guttun, wenn man gelegentlich den Kopf hebt und rausgeht ins echte Leben und dort echte Begegnungen hat. Und die Sonne und den Regen und den Wind spürt.

Mein Wort des Jahres

Seit drei Jahren habe ich ein Wort für das Jahr. *Mein* Wort für das Jahr. Nein, es geht nicht um »Respektrente« oder »Klimahysterie«, die, wie ich gerade nachgelesen habe, das Wort und das Unwort des Jahres 2019 geworden sind. Wobei es mal wieder bezeichnend ist, dass ich das Wort des Jahres, die »Respektrente«, in meinem französischen »Exil« noch nie gehört habe. Ich konnte es zunächst nicht mal richtig lesen, ich bin schon so französisiert, dass ich zunächst *»trente«*, das französische Wort für »dreißig« las. Respek-*trente*. Was soll das denn sein? Gut, dann wird mir klar, es geht um die »Respekt-Rente«, aha, wirklich verstehen tue ich es dann auch nicht. Aber es ist egal, darum soll es gar nicht gehen, es geht um »mein« Wort des Jahres. Ich habe diese Idee, na klar, im Internet gefunden, bei Clotilde, das denken Sie sich schon, aber auch Stasia, die Amerikanerin, spricht sich für ein *word of the year* aus, das man, es bietet sich an, zu Beginn eines neuen Jahres wählt. Ein Wort, das uns begleitet, anstelle der Vorsätze, die wir jedes Jahr spätestens im Februar wieder vergessen haben oder resigniert in die Tonne hauen.

Denn das mit den Vorsätzen im neuen Jahr, das wissen wir schon, das wird nix. Es hat viel damit zu tun, sagen uns die Psychologen, dass man bei den Vorsätzen etwas »tun«

will: dreimal in der Woche ins Fitnessstudio gehen, zehn Kilo abnehmen, gesünder essen, früher schlafen, weniger Alkohol, disziplinierter arbeiten, was auch immer. Beginnt man das Jahr mit einer Grippe und geht daher schon mal nicht schwungvoll ins Fitnessstudio, ist man quasi schon in der ersten Woche gescheitert mit seinen Vorsätzen.

In den letzten Jahren hat sich daher in gewissen Kreisen eine andere Art von Vorsatz für das neue Jahr entwickelt, das weniger das »Tun« als das »Sein« in den Vordergrund stellt: *the word of the year*. Ein Wort, das man sich als Jahresmotto wählt, eine Eigenschaft, die man in seinem Sein braucht oder mehr davon haben will und es daher »in sein Leben einlädt« (um mal in der typischen Sprache zu bleiben). Das kann (Selbst-)Liebe sein, wenn es einem daran mangelt, oder Vertrauen (statt wildem Aktionismus), dass sich die Dinge schon fügen wollen, oder Spielen, wenn man sein ernstes Dasein spielerischer angehen will oder ganz konkret mit (seinen) Kindern (oder Enkeln) mehr unternehmen will.

Mich hat das Konzept angesprochen. Mein allererstes Wort für das Jahr war LIEBE geworden. Sie haben bis hierhin gelesen, und Sie verstehen schon: Ich meine Selbstliebe. Ich wollte mich so annehmen, wie ich war. Ich lächelte tapfer meinem Spiegelbild zu, cremte meine verhassten Körperteile ein und kleidete mich bunter. Ich glaubte nicht daran, aber ich tat es trotzdem, und es funktionierte, zumindest bedingt, ich war zufriedener mit mir als je zuvor. Im letzten Jahr wählte ich das englische Wort *EASE*, ich wollte, dass mir das Leben leichter gelingt, das Schreiben vor allem.

Ease [iiiehs]

Mein diesjähriges Wort für das Jahr ist das englische *EASE*. Leichtigkeit oder *Légèreté* sind die deutsche oder französische Entsprechung. *EASE*. Ich brauche *EASE*. Ich bin so dermaßen nicht *EASE*. Nichts ist *easy* für mich. Alles ist schwer, kompliziert und voller nervöser Gedanken. Was wäre wenn … wenn all die Leute, die uns zum neuen Jahr geschrieben oder angerufen haben und sagten: »Und in diesem Jahr sehen wir uns aber mal wieder«, was natürlich meint: »Wir kommen euch an der schönen Côte d'Azur mal besuchen«, wenn die nun alle wirklich kämen, zum Beispiel. Wo und wann soll und werde ich arbeiten, wenn alle diese lockeren Franzosen wirklich kämen und blieben? Allein die Vorstellung macht mich nervös und unruhig in der allersten noch ganz frischen Januarwoche dieses fast noch nagelneuen Jahres. Ich mache mir jetzt schon Sorgen, statt mich einfach hinzusetzen und mit dem Schreiben anzufangen. Den Rest sehen wir dann. Ganz ruhig. Ausatmen. *EASE*.

Ich habe mich für das englische *EASE* entschieden, weil es sich so schön weich aussprechen und denken lässt und (zumindest für mich) keine sexuellen Assoziationen weckt, wie sie das französische *Légèreté* für mich hat. *Légèreté*. Huuuh, das klingt nach koketter Lingerie, nach leichten Mädchen und anderen Frivolitäten. Ein bisschen *»Je m'en fous«* und *»tant pis«* ist auch dabei, also ein lässiges »Ph, mir doch egal« oder »na und«. Und wissen Sie, was? Während ich das schreibe, denke ich, hallo, davon brauche ich auch was. *Légèreté*. Allein das deutsche Wort »Leichtigkeit« kommt irgendwie plump und schwer daher. LEICHTIGKEIT. Hmpf.

Ich brauche *EASE* und *LÉGÈRETÉ*. Das hat mich doch

mal so angezogen, dieser leichte Lebensstil hier in Frankreich, oder? Ich, die ich so gar nicht leichtlebig bin (und nein, ein leichtes Mädchen bin ich sicher nicht, nur für den Fall, dass Sie da Zweifel haben sollten), die ich ernsthaft, verantwortungsvoll und perfektionistisch bin. Ich bin das Gegenteil von *EASE* und *LÉGÈRETÉ*. Ich bin immer auf der schweren Seite, nachdenklich, schwerwiegend. Auch mein Körper wiegt schwer. Ich bin sicher: Ich brauche mehr *EASE*, mehr Leichtigkeit, in meinem Leben!

Ich brauche *EASE*, um alle Projekte, vor allem das Schreiben, anders zu bewältigen. Das Drama, das ich vor zwei Jahren erlebte, das mich an den Rand vielleicht nicht eines Selbstmords, aber erneut an den eines Burn-outs brachte, will ich nicht noch einmal erleben. Irgendwie hatte sich mein Krimi in eine andere Richtung entwickelt, und das eigentlich vorgesehene Ende passte nicht mehr. Und ich sah weit und breit nicht, wie es ausgehen könnte, und starrte uninspiriert und verkrampft auf die Tastatur. »Bist du fertig?«, fragte Monsieur jeden Tag am Telefon, da ich mich erstmals allein in das Haus in den Bergen zurückgezogen hatte. Zum inspirierten Schreiben, wie ich hoffte. »NE-IN!«, schrie ich. »NEIN ich bin nicht fertig!« Fix und fertig allerdings war ich. Die Zeit verstrich, und ich musste das Manuskript abgeben. Ich bin jemand, der vorgegebene Termine einhält, das denken Sie sich vielleicht. Aber selbst ein Aufschub hätte es nicht getan, weil ich nicht mehr konnte. Fix und fertig, wie gesagt. Ich zitterte innerlich, ich schlief nur noch mit Medikamenten, ich ertrug nichts und niemanden mehr, schon gar nicht meine französische Familie, die nun im August wie ein fröhlicher Bienenschwarm in das ruhige Haus in den Bergen einfiel und Apéro hier, Apéro da, ihre unbeschwerte Urlaubslaune herausließen. »Oh, Christjann, *allez*, einen Apéro wirst du doch mit uns trinken, entspann dich, hast du nicht genug gearbeitet für heute?«

Am nächsten Tag brüllte ich erstmals in acht Jahren meine Schwiegermutter an, knallte die Türen und verließ das heitere Haus. Lieber ertrug ich die brütende Sommerhitze an der Küste als diese unbeschwerte Familie im Urlaubsmodus. Hallo! ICH.MUSS.ARBEITEN. Solange ich nicht fertig bin, gibt's nix Apéro, nix Leichtes, nix Leben.

Letztes Jahr wollte ich das so nicht mehr erleben und entschied, dass der Sommer und das Schreiben anders ablaufen sollten. Ohne Drama. Und selbst wenn es letztes Jahr noch schwieriger war, weil ich monatelang kein eigenes Büro, das heißt keinen abgeschiedenen Raum, zum Schreiben hatte und aus verschiedenden Gründen auch nicht in das Berghaus fahren konnte, und ich eigentlich täglich dachte, wie soll ich bitte schreiben? So wurde das Buch doch fertig, und der Sommer war der undramatischste in all den Jahren. Jetzt also will ich noch mehr davon. Noch mehr *EASE*. Ich will nicht aufhören zu leben, während ich schreibe, mich von allem abschneiden, was mir Vergnügen und Freude macht. Ich will flexibel und spontan sein, Einladungen annehmen und auch aussprechen können, ich will morgens schwimmen gehen, ohne panisch zu denken, mir läuft die Zeit davon. Ich will all das tun und trotzdem Schreiben: *EASE*.

Ausatmen. *EASE.BREATHE.LÉGÈRETÉ*, sage ich zu mir wie ein Mantra.

Gestern am späten Abend erfahre ich, dass ich heute Mittag die Enkelkinder zum Essen habe. Sofort bin ich eher *un-ease* und mache mir Gedanken, was ich ihnen kochen könnte. Der Kühlschrank ist relativ leer. Jedes Mal, wenn ich die Kids habe, läuft es auf Hacksteaks und Nudeln raus, und als Vorspeise gibts Karottensalat oder Karottensalat mit Äpfeln. Jedes Mal. Weil es etwas ist, was komischerweise immer da ist. Gerne essen tun sie es auch. Trotzdem denke ich, dieses Mal will ich etwas anderes machen. Damit sie ihrer Mutter nicht wieder sagen, es gab *»steak haché et pâtes«* bei Christiane. Ich wühle im Tiefkühlfach und finde einen halben (ungebratenen) Schweinebraten. Der wird es, denke ich mir und lege ihn zum Auftauen in den Kühlschrank. Ich überlege, was ich zum Dessert machen könnte. Französische Großmütter zeichnen sich durch selbst gemachte Desserts aus. Ein bisschen will ich schon konkurrieren mit *Mamie Martine* und *Mamie Hélène* (die Omis heißen hier *Mamie,* die Mama heißt *Maman*!). Ich mag das Süße auch, wühle im Schrank herum, viel habe ich nicht, und koche zu später Stunde noch einen Reisbrei. Uff. Irgendwie lässt mich der zu bratende Schweinebraten nicht los. Er ist ziemlich groß, wie lange muss der in den Ofen? Ich suche das vor dem Einschlafen noch im Internet. Bei dem Gewicht mindestens drei Stunden bei Niedrigtemperatur und eine halbe Stunde anbraten. Die Kinder kommen um zwölf Uhr. Wann muss ich denn dann anfangen? Herrje. Und was gibt's dazu? Püree? Bratkartoffeln? Wir haben weder Kartoffeln noch Gemüse. Ich habe Lust auf Rosenkohl, den ich gern mit Datteln und Nüssen im Ofen mache. Essen die Kids überhaupt Rosenkohl? Aber wenn der Schweinebraten im Ofen ist, dann kann ich den Rosenkohl nicht auch noch ... Ich könnte früh auf den Markt gehen, vielleicht finde ich etwas anderes. Aber freitags früh ist auch Nathalie da und hilft mir, die Wohnung sauber zu machen. Irgendwie überfordert mich das alles. *EASE*, sage ich mir. *EASE, BREATHE*. Ich schlafe zwar ein, wache aber am Morgen nicht früh genug auf, um alles (Markt, Schweinebraten, Nathalie) zeitlich zu bewältigen. Zusätzlich habe ich eine SMS auf dem Handy. Die Enkelin will nicht nur zum Essen, sondern nach Monaten mal wieder zum Deutschlernen kommen. Das auch noch. Um elf Uhr. Aha. »Was soll ich den Kids zum Essen machen?«, jammere ich Nathalie und Monsieur vor. »Was regst du dich auf«, sagt Monsieur, »mach *Steak haché* und *pâtes*. Das ist *easy*, und sie mögen es.« Gut, Monsieur sagt nicht *easy*, er sagt *facile*, aber es ist dasselbe. Ich bin weit weg von *EASE* und sage: »Aber das mache ich immer, ich wollte EINMAL etwas anderes machen!« Monsieur rollt die Augen. »Und was mache ich als Entrée?«, frage ich weiter. »Karottensalat«, schlägt Monsieur vor. »Ich mache IMMER Karottensalat. Ich werde eingehen in die Geschichte als die Deutsche, die nur ein Essen machen kann«, jaule ich. »Spaghetti bolognese«, schlägt Nathalie zur Güte vor, aber das ist mein zweiter Klassiker. »Dann kannst du immerhin schon zwei Essen«, meint sie trocken. Zum Entrée schlägt sie jedoch eine Tarte vor. Tarte geht einfach, und Zeit dafür ist auch noch. Ich habe sogar eine Rolle Blätterteig im Kühlschrank, ich habe nur keine Eier mehr. Monsieur geht für seine Mutter einkaufen und ein bisschen auch für uns. Ich schreibe ihm Käse, Äpfel und Karotten auf den Zettel. Für alle Fälle, Karottensalat geht schnell und immer. Ich beziehe mit Nathalie das riesige Deckbett, und wir denken noch über ein paar einfache Hauptgerichte nach. Das meiste scheitert daran, dass ich es gerade nicht vorrätig habe. Letzten Endes lasse ich mir von der Enkelin, als sie zum Deutschlernen kommt, zwei Eier mitbringen und zaubere eine schnelle Variation einer

Quiche Lorraine. Während ich Deutschvokabeln abfrage, taue ich etwas tiefgekühlte Ratatouille auf und mache damit eine verlängerte Tomatensoße, und dazu gibt es *steak haché* und eine Riesenmenge *pâtes*. *EASE*. Danach Käse und Milchreis. Das kleine französische Mittagessen an einem normalen Freitag. Es bleibt kein Krümelchen übrig. »Danke«, sagen die gefräßigen Kids. »War lecker. Wir freuen uns immer schon. *Steak haché* und *pâtes* gibt's immer nur bei dir!« »Ach«, sage ich. »Wie schön!«

Ich sag's ja: Mehr *EASE* brauche ich! In einem Jahr sprechen wir uns wieder!

Und siehe da: Das Schreiben gelang mir mit erstaunlicher Leichtigkeit trotz widriger Lebensumstände (meine Schwiegermutter war zum Pflegefall geworden und starb ein paar Monate später), aber ich war erneut meinem zwanghaften Essverhalten ausgeliefert, und wurde das Schreiben leichter, so wurde ich schwerer. Es wurde damit auch wieder schwerer, mich selbst zu lieben. Wird das mein ganzes Leben so bleiben? Ich hatte es so satt. Einmal musste doch damit Schluss sein? Ich suchte ein Wort oder einen Satz, der mich durchs Jahr begleiten könnte und den ich mir meditativ zumurmeln könnte, genau wie vorher schon *LOVE* oder *EASE*. Was könnte passen? NORMAL? Ich will NORMAL sein, NORMAL essen? FREI sein? BEFREIT sein? Nichts davon schien mir exakt das Essproblem zu fokussieren. Das neue Jahr begann, und ich hatte noch kein Wort, aber die zweite *crise de foie* meines Lebens, eine Leberkrise. Kennen Sie nicht? Kein Wunder. Leberkrise gilt als rein französische Nationalkrankheit, die jede zweite Person nach zu viel Ess-Exzessen, insbesondere nach den Jahresendfesten, befällt.

Leberkrise

»T'as une crise de foie«, stellte Monsieur trocken fest. Was? Eine Leberkrise? Das Wort erinnert mich stark an die Leber-Party, von der in meiner Kindheit immer wieder im Radio zu hören war. Ich stellte mir vor, dass im britischen Parlament ständig Partys gegeben wurden, bei denen man besonders viel Leber aß. Weil ich das vermutlich so unerklärlich fand, ich mochte damals keine Leber, hat es sich mir so ins Gedächtnis gebrannt, dass es das Erste ist, was mir zu *la crise de foie* einfällt. Leberkrise, Leber-Party. Auch Georg Leber, bereits verstorbener SPD-Politiker, fällt mir wieder ein, schon komisch, was das Hirn alles gespeichert hat und bei Gelegenheit wieder hochspült. Natürlich weiß ich heute, dass die *Labour*-Partei keine ausschweifenden Partys mit Leberhäppchen im britischen Parlament geschmissen hat; meine Leberkrise aber hat ihre Ursache durchaus in den aufwendigen Menüs der diversen *réveillons*, wie hier Weihnachts- und Silvesterabend heißen, und von den Tagen dazwischen, an denen man sich weiterhin einlädt und/oder die Reste vertilgt. Das letzte Bierchen war vermutlich schlecht, würde manch einer vielleicht sagen, aber ich trinke ja nicht mal Alkohol. Bei mir war es vermutlich der letzte Schokotrüffel oder die *foie gras mi-cuit* oder der gefüllte Kapaun oder eine der unzähligen Marennes-Oléron Austern oder die Buttercreme-*Bûche de Noël* oder die ewige Wiederholung derselben ausschweifenden Luxusgenüsse der Jahresendfeste der Franzosen. Zu viel, von allem viel zu viel. Und zu fett. Viel zu fett. Ich möchte nicht wissen, wie schlecht es mir gegangen wäre, hätte ich das alles noch, wie es sich gehört, mit Sauternes, diversen Grand Crus und Champagner weggespült.

Was wimmert man nicht alles, während man sich, von kaltem Schweiß bedeckt, abwechselnd im Bett herumwälzt oder über die Kloschüssel beugt und der Magen in konvulsischen Zuckungen all die Leckereien in jetzt schon stark fermentierter Form wieder von sich gibt. Mir ist so schlecht, oh Gott, ist mir schlecht. Bitte, bitte lass es bald vorbei sein, nie wieder will ich irgendwas essen, nie wieder Schokolade, ganz bestimmt nie wieder, und bei dem Gedanken an Schokolade krampft sich der Magen noch einmal zusammen. Selbst das Erbrechen bringt nur kurzzeitig Erleichterung, ich wälze mich eine Nacht und einen Tag wimmernd und stöhnend im Bett herum. Monsieur bringt mir *Hepagrume*, ein altmodisches Mittel in Ampullen für Verdauungsstörungen, es wirkt nur bedingt. Abends bekomme ich noch leichtes Fieber. Ich fröstele, gleichzeitig glühe ich. *Crise de foie*, Monsieur ist ganz ungerührt, zu viel Schokolade, sagt er, das geht vorüber. Er brät sich sein Steak diesmal alleine und macht immerhin freundlicherweise die Küchentür zu, damit ich es nicht riechen muss. Die zweite Nacht schlafe ich zumindest durch, aber in meinem Bauch liegt noch immer ein schwerer Stein, und ich spüre, ich bin nur einen Millimeter von erneutem Ekel entfernt. Heute Morgen ging immerhin schon ein Tee.

Ich suche »Leberkrise« im deutschen *Kursbuch Gesundheit* und stoße nur auf »Leberkrebs« oder »Hepatitis«. Von beidem bin ich hoffentlich noch weit entfernt, meine Gesichtsfarbe ist zwar fahl, aber nicht gelb. Das Internet beschert mir mehrere Artikel, die besagen, *la crise de foie,* Nationalkrankheit der Franzosen, gebe es gar nicht, zumindest nicht außerhalb Frankreichs. Von *Schoum* ist da die Rede, einer gelben Lösung auf Pflanzenbasis, die bei *la crise de foie* eingesetzt wird.

Monsieur lacht, als ich ihm das sage. *Schoum* ist wohl das allerletzte Mittel für schwere Alkoholiker, um deren erschöpfte Leber noch ein wenig zu aktivieren, sagt er. Warum es dann mit 95-prozentigem Alkohol versetzt ist, erschließt sich mir nicht so ganz, aber es geht wohl darum, das Übel mit dem Übel zu bekämpfen, wie so oft in der Pflanzenmedizin. Es ist peinlich, *la solution Schoum* in der Apotheke zu erfragen. Aber *Hepagrume*, das Mittel unserer Wahl, soll auch helfen, und es scheint außerdem weniger schlecht beleumundet zu sein. Und zusätzlich ein paar Tage Diät. Das kann ja sowieso nicht schaden. Es gebe gar keine *crise de foie*, sagte ich gerade vorwurfsvoll zu Monsieur, nachdem ich mich im Bett liegend durch mehrere Texte auf meinem Smartphone gearbeitet habe. Das sei eine rein französische Krankheit. Monsieur zuckt mit den Schultern. »Das zeigt nur, dass du eine echte Französin geworden bist«, ist sein ganzer Kommentar.

Das Elend mit der zweiten Leberkrise dauerte dieses Mal nur einen Tag und eine Nacht, danach ging es aufwärts, ich tröstete mich damit, dass ich für den Jahresanfang symbolisch nun immerhin komplett gereinigt war. Und ich fand in meiner Timeline im Internet, als würde das Internet Gedanken lesen (tut es ja in gewisser Hinsicht, immer wieder bekam ich Diät-Tipps, die ich irgendwann wütend als »belästigend« gemeldet habe), dieses Mal aber fand ich den Hinweis auf ein Interview mit einer jungen Ärztin und Gründerin von *intueat*. Intuwas? *IntuEAT*, es ging um intuitives Essen. Ich horchte auf und in das Interview rein. Diäten funktionieren nicht, sagt die junge Ärztin, und wir sollten stattdessen wieder auf unseren Körper hören. Ja, sage ich und nicke eifrig. Sie ist so wahnsinnig jung, sie sagt häufig »krass« und »unfassbar« und noch das eine oder andere, was nicht zu meinem schon menopausigen dinosaurieralten Wortschatz gehört, aber sie ist gut gelaunt und positiv und wirkt trotz ihrer Jugend seriös. Ich klicke in einen Link, mache ein kostenloses Online-Seminar, sie erläutert ihre Idee, dass sie nämlich mit dem Unterbewusstsein arbeiten und unser *Mind-Setting* ändern wird, Gehirnwäsche in positiv, und ich WEISS absolut, dass sie recht hat. Eine kleine Hypnose liefert sie gleich mit. Sie erreicht mich, und ich spüre, das ist meins. Vor zwei Jahren habe ich einen Hypnotiseur aufgesucht, es ist derselbe Ansatz, es hätte damals schon funktionieren können, wenn ich mich anders darauf eingelassen hätte. Aber ich war noch im »Mach-mich-schnell-gesund-Modus« und dachte, eine Hypnosesitzung würde genügen, und dann hätte *er* mich mit einem Fingerschnipsen geheilt. Dass ich es tun muss und vielleicht noch die eine oder andere Sitzung gebraucht hätte, um die alten Trampelpfade im Hirn durch andere zu ersetzen, das wollte ich nicht glauben. Klappt nicht, sagte ich damals, obwohl ich definitiv verändert aus dieser Hypnosesitzung gegangen bin.

Ich schreibe mich in dieses Seminar ein und lege los. Ich könnte dafür Werbung machen, sosehr bin ich beeindruckt und begeistert, dass so unglaublich junge Menschen schon so hellsichtig und clever sind, um so ein ausgeklügeltes und professionelles Programm auf die Beine zu stellen. Es ist schön gemacht, funktioniert im Zusammenspiel mit *Facebook*, Handy-Apps, unterstützender Mailaussendung perfekt, und ja, sie verdienen damit Geld, aber man spürt, diese Idee und dieses Programm sind ihnen ein Herzensanliegen. Die junge Ärztin spricht alle Videos und Audios, mit denen sie unser Unterbewusstsein erreichen will, selbst ein, und ihre erfrischende, positive und manchmal nicht ganz perfekte Art macht den Charme aus. Man spürt, alles ist Handarbeit und selbst gemacht. Und, das Beste: Es funktioniert! Vielleicht muss man so einen leidvollen langen Weg hinter sich haben, um sich darauf einzulassen. Zu wissen, ich habe alles andere versucht, ich schaffe es nicht alleine. Zu wissen, Diäten funktionieren nicht, nein auch die x-te Variante der XY-Diät wird langfristig nicht erfolgreich sein, und nein, auch Intervallfasten funktioniert nicht. Ja, man nimmt ab, aber man nimmt auch wieder zu. Lassen Sie es sein. Hören Sie auf Ihren Körper. ER weiß alles viel besser als unser dummes Hirn. Wir machen bei *intueat* kein x-tes Abnehmprogramm, wir kommen zurück zu unseren verschütteten Instinkten, zu dem, was wir als Kleinkind mal gekonnt haben: Wenn der letzte Löffel Brei zu viel war, dann haben wir den ausgespuckt. Mehr brauch' ich nicht, mehr ess' ich nicht. Das wusste der kleine Körper ganz genau. Der kleine Körper wusste aber auch ganz genau, wann er Hunger hatte, und schrie in diesem Fall das ganze Haus zusammen. Hunger! ESSEN! JETZT SOFORT! Und da kommen wir wieder hin mit diesen hypnotischen Audios, mit dieser sanften Stimme, die uns auf Reisen schickt und unser Unterbewusstsein ankurbelt. Also, ich schreie nicht das Haus zusammen, weil ich Hunger habe, aber nach ein paar Tagen, in denen es gar nicht einfach war, den Hunger zu hören, weil ich ihn jahrzehntelang immer überrollt habe, nach ein paar Tagen ist der schüchterne Hunger ziemlich massiv da und knurrt so laut, fast wie meine

Katze, die maunzt, wenn sie ihre Ration Futter einklagt. Hallo! Essen! Jetzt! Sofort!

Eine erleichternde Erkenntnis, die mir Mareike Awe vermittelt, ist, dass meine Essstörung keine Sucht ist, wie ich lange Jahre glaubte, sondern eine Gewohnheit. Und Gewohnheiten kann man ändern. Zumindest damit erzählt mir die junge Ärztin ausnahmsweise nichts Neues. Und schon nach den ersten Tagen hat sich definitiv etwas geändert. Im Prinzip bin ich jetzt wieder da, wo ich ganz zu Anfang meines Frankreichaufenthaltes schon einmal war: bei den langen, genießerischen Essen auf dem Hof! Ich esse langsam und schmecke die einzelnen Nuancen dessen, was ich mir in den Mund stecke, heraus. Ich bin wählerisch geworden. Ich esse mit allen Sinnen. Ich will etwas Richtiges essen und keine Fertigprodukte oder Süßkram. Ich bin beim Einkauf im Supermarkt über mich selbst erstaunt, was ich links liegen lasse und stattdessen einkaufe. Die Konsistenz, der Geruch und der Geschmack von diesen gummiartigen Süßigkeiten, nach denen ich jahrzehntelang süchtig war, törnen mich nun ab. Ich möchte stattdessen eine wirklich reife Mango essen oder eine Banane oder fruchtige Säfte trinken. Ich will, wenn ich Hunger habe, nicht nur etwas essen, was mir schmeckt, sondern auch etwas, was mir guttut. »Ich erlebe gerade den ultimativen Durchbruch«, dachte ich, als ich im Restaurant das Besteck intuitiv zusammenschiebe und keinen Nachtisch brauche, weil ich satt bin. Schon nach vier Wochen positiver »Hirnwäsche« und Zeit und Arbeit, die ich mit diesem Programm und seinen Aufgaben verbracht habe, bin ich nicht nur ruhig, schreibe konzentriert und vergesse die Schokolade, die ich neben mir liegen habe, ich bin auch froher. Messbar froher, und das, obwohl ich bisher kein Gramm abgenommen habe. Aber die Freiheit, normal zu essen, wiedergefunden zu haben, etwas, was ich vor bestimmt vierzig Jahren verloren habe, wenn nicht schon früher, das ist ein unbeschreibliches Geschenk! Unfassbar, um mit Mareikes Lieblingswort zu sprechen, unfassbar ist es auch. Wie beglückend! Und es war wiederum nur einen Klick entfernt. Sagte ich schon mal, dass ich das Internet liebe?

So, sagen Sie, und atmen auf, dann ist ja endlich alles gut! Ja und nein. Es ist tatsächlich ganz schön gut. Unfassbar gut. Ich bin ganz nah am Glück, merke ich. Boah!

Heimat und Fremde

Ob ich kein Heimweh hätte? Ob ich Deutschland nicht vermisse? Das werde ich immer wieder gefragt. Nun, ich vermisse manchmal, mich wirklich nuanciert ausdrücken zu können in einer Sprache, die ich tief verstehe und in der ich mehrere Sprachniveaus habe. Ich vermisse manchmal, dass es »leichter« sein könnte. Denn der Umgang mit der französischen Verwaltung, der Sozialversicherung, dem Finanzamt, den Ärzten und so weiter fällt mir in der französischen Sprache immer noch schwer. Da stelle ich mir dann vor, wie leicht es nun für mich wäre, wenn ich mit der deutschen Finanzbehörde zu kommunizieren hätte, aber das ist vielleicht auch nur eine Illusion. Meine Sprachfertigkeit fehlt mir also manchmal, meine Schlagfertigkeit, mein Humor, meine Ironie, die ich nicht ausdrücken kann, fehlen mir hin und wieder, aber Heimweh, eine Sehnsucht nach Deutschland oder nach einem Ort oder bestimmten Menschen, nein, die habe ich nicht.

Heimweh setzt ja voraus, dass man ein Heim hatte, eine Heimat, die man liebt und an der viele Erinnerungen und das Herz hängen. Das habe ich so nicht. Ich bin in Heidelberg geboren, zunächst bei Frankfurt, später in einem Dorf im vorderen Odenwald aufgewachsen, und der hessische Dialekt, oder konkreter der südhessische, ist mir der vertrauteste, und die südhessische Mentalität hat mich sozialisiert.

Ich werde heute sentimental, wenn ich den etwas weichen (und objektiv nicht gerade schönen) hessischen Dialekt höre. Das ist vielleicht das »Heimatlichste«, das ich verspüre. Ansonsten gibt es Erinnerungen an die verschiedenen Wohn- und Lebensorte, schöne und weniger schöne, aber ist das schon ein Heimatgefühl?

Im Bergdorf habe ich Menschen kennengelernt, die ihr Leben lang nicht aus dem Tal hinausgekommen sind, die nie am Meer waren, obwohl es nur anderthalb Stunden entfernt ist. Und es fehlt ihnen nicht. Sie wurden in dem Tal geboren, auf einem Hof, sind dort aufgewachsen, haben geheiratet oder auch nicht, haben später den Hof ohne Murren weitergeführt, weil es eben der Hof der Familie war, und sie sind immer dortgeblieben. So stelle ich mir Heimat vor.

Oder Monsieur, der in Cannes aufgewachsen ist und hier noch seine Grundschulfreunde hat. Dessen Großeltern und Urgroßeltern schon in diesem Haus gelebt haben, in dem er jetzt lebt. Monsieur hat mit seiner ersten Frau und den damals noch kleinen Kindern fünfzehn Jahre anderswo gelebt und gearbeitet und hatte irgendwann die Nase voll von »dort« und wollte »heim«. Er ist hier zu Hause. Wenn ich ihn frage, welcher sein Lieblingsort in Cannes ist, hat er keine Antwort. »Na alles!«, sagt er dann. Cannes ist Cannes. Er liebt Cannes. Cannes ist seine Heimat.

Manchmal denke ich, dass mir die Heimatlosigkeit in die Wiege gelegt worden ist. Nein, in meiner Familie sind wir nicht vertrieben worden, wir mussten nicht flüchten aus Ostpreußen oder aus dem Sudentenland. Und doch gab es immer Wanderbewegungen in meiner Familie. Ich selbst bin im Prinzip auf der Durchreise geboren. Meine Eltern, nach ihrer Hochzeit nach Berlin gezogen, verließen die Stadt nach dem Mauerbau wieder. Die Situation in Berlin war ihnen zu unsicher, so weit weg von den Familien, und man wusste nicht, was noch geschehen würde. Bis mein Vater eine Arbeitsstelle und vor allem eine Wohnung gefunden hatte, lebte meine hochschwangere Mutter wieder bei ihren Eltern. Ich bin also in Heidelberg geboren, aber schon Wochen später lebten wir in einer hessischen Kleinstadt bei Frankfurt. Dort habe ich meine ersten Lebensjahre verbracht. Später haben meine Eltern ein Haus gebaut, als ich elf war, zogen wir dorthin. Eigentlich waren wir noch immer in Hessen, nur etwas südlicher, und doch war plötzlich alles anders. Statt Heimat zu fühlen, fühlte ich Fremde. Vielleicht wäre das Sich-fremd-Fühlen auch gekommen, wenn wir geblieben wären, wer weiß. Aber fangen wir mal von vorne an:

Die Familie meiner Mutter stammte ursprünglich aus Mecklenburg, Zittow ist verbürgt, ebenso Wismar und Sternberg. Ein früher Ahne war Anfang des 19. Jahrhunderts nach Russland ausgewandert, er habe, so besagt es die kleine Chronik, die von einer Tante verfasst wurde, in Nischni Nowgorod eine Eisenbahnfabrik besessen und später am Bau der Transsibirischen Eisenbahn mitgewirkt. Ein Bruder reiste ihm nach, damit der zuerst Ausgewanderte nicht so einsam wäre in Russland, denn man vermischte sich nicht mit den Russen und auch nicht mit den Russinnen. Vielleicht arbeitete Martin Ludwig Heinrich, denn so hieß er, im Eisenbahnwesen seines Bruders, ansässig aber wurde er in Rybinsk an der Wolga. Dort verheiratete er sich mit einem Mädchen, das ursprünglich aus Ostpreußen stammte, denn wie gesagt, man blieb unter sich. Sechs Kinder entstammten dieser Ehe, alle hatten deutsche Namen. Mein Urgroßvater Alexander, den ich als kleines Mädchen noch kennengelernt habe, war einer von ihnen. Er reiste im Alter von sechs Jahren allein nach Deutschland und dort zur kinderlosen Schwester seiner Mutter. Warum mein Urgroßvater diese Reise, die für ihn eine traumatische Strafexpedition war, antrat, darum ranken sich Legenden. Er wuchs in Deutschland auf, war jedoch staatenlos und hatte als junger Mann Probleme, im Deutschen Reich einen Studienplatz zu bekommen, weshalb er zurück nach Russland ging, dort erwarb er nun problemlos die russische Staatsbürgerschaft, mit der er dann aber unverzüglich zum russischen Militär eingezogen werden sollte. Er floh mithilfe seiner Brüder zurück nach Deutschland, und nachdem er sich nun dort der russischen Staatsangehörigkeit entledigt und die badische erhalten hatte, zog man ihn umgehend in Deutschland zum Militärdienst ein. Er blieb den Deutschen aber suspekt, galt nicht als Deutscher, wurde schikaniert und, glücklicherweise für ihn, vorzeitig entlassen. Später habe es oft »Heut' holen wir den Russ'« geheißen, erzählte mein Großvater, und dass er seinen Vater in dunklen Zeiten mühsam beschützt habe. Tatsache ist, dass von all der in Russland ansässigen deutschen Familie niemand die Oktoberrevolution, die Zeit unter Stalin oder den Krieg überlebt hat. Mein Urgroßvater Alexander ist also der letzte Spross einer großen Familie. Vier Kinder entstammen seiner Ehe mit Emma, meiner Urgroßmutter. Ich stamme aus der Linie des einzigen Sohnes, der auch wieder Alexander hieß. Darüber gleich mehr.

Von väterlicher Seite sind die Informationen, obwohl die Familie nicht so viel herumgekommen ist, viel spärlicher. Der Vater meines Vaters aber, mein Großvater Hubert, den ich nicht kennengelernt habe, war als Einziger seiner Familie auch gewandert. Auf der Walz war der junge Sattler und Polsterer aus Bad Grönenbach im Allgäu in Deutschland unterwegs. Er war in Leimen bei Heidelberg auf meine junge Großmutter gestoßen: Margaretha, vermutlich hat sie Zigarren gerollt, wie viele Mädchen, die wie sie in der Tabakfabrik gearbeitet haben. Sie verliebten sich, und sie wurde schwanger. Von diesem »hergelaufenen Kerl«, der außerdem katholisch war. Ihr Vater warf den »Kerl« nicht nur die Treppe hinunter, sondern verstieß seine Tochter auch aus der protestantischen Familie. Was für ein Elend es für sie war, schwanger und unverheiratet in diesem kleinen Dorf, mag ich mir gar nicht vorstellen. Hubert, mein Großvater und der Vater ihres Kindes, blieb wohl in Heidelberg und arbeitete als Sattler und Polsterer für die Eisenbahn, heiratete sie aber erst spät und immer noch gegen den Willen der Familie. Ein paar Jahre hatte sich meine junge Großmutter mit ihrem ersten Sohn allein durchgeschlagen. Sie erzog die Kinder, denn es folgten noch drei, im katholischen Glauben. Sie war dabei vermutlich strenger als jede traditionelle Katholikin, mein Vater erzählte, er habe, solange er zu Hause lebte, nie eine Frühmesse verpasst. Die Kinder kannten ihren Vater kaum, denn schon wurde er in den Krieg eingezogen, er kam immer mal wieder auf Heimaturlaub zurück, und dann kam er nicht mehr. War und blieb vermisst irgendwo in Russland. Meine Großmutter hat noch Jahre später, nachdem auch die allerletzten Kriegsgefangenen aus Russland zurückgekommen waren, gehofft, er käme noch, der Hubert. Ein Wunder vielleicht. Sie hatte doch so viel gebetet. Aber er kam nicht mehr. Auch sie gab eines ihrer vier Kinder an eine kinderlose Schwester ab, so war vermutlich beiden geholfen. Meine Großmutter hatte mit den drei Jungens in der winzigen Wohnung genug zu tun, die kinderlose Schwester war froh über ein Mädchen. Drei von den vier Kindern verließen das Dorf, kaum dass sie eine Arbeitsstelle anderswo fanden, und siedelten sich jeder in einer anderen Stadt an. Mein Vater war darunter. Zurück kam er erst wieder, als er krank wurde und wusste, dass er sterben würde. Da bekam er plötzlich Heimweh. Heimweh nach dem Dorf, auf dessen Friedhof er beerdigt werden wollte und es auch wurde. Mich rührt, dass seine noch lebenden Schulkameraden sich immer noch gern an ihn erinnern und treu zu seinem Grab pilgern, wenigstens an Weihnachten. Heimat.

Das erste Mal bewusst fremd habe ich mich gefühlt, als wir von der hessischen Stadt in ein Dorf im vorderen Odenwald gezogen sind. Knapp dreihundert Einwohner damals, unsere Telefonnummer hatte nur drei Stellen, ich kann sie noch immer auswendig. Ein Jahr lang ging ich im Nachbardorf in eine nagelneue sogenannte Mittelpunktschule, die die Einklassenschulen in den einzelnen Dörfern ersetzt hatte. Dort wurde ich bestaunt wie ein *alien*. Ich war irgendwie anders, anders angezogen, mein Schulranzen sah anders aus, und ich sprach außerdem Hochdeutsch. Die Kinder lachten mich aus, weil ich sie nicht verstand. Für sie war es ein Spaß, mich Zungenbrecher im südhessischen und hessisch-odenwälderischen Dialekt nachsprechen zu lassen: »Gieß dein' Kaktus, sonst verderrterder!« oder

»Wouerroudnouel«, »Wagenradnagel«, mit rollendem R, ein Wort, das ja stets präsent ist im Wortschatz Elfjähriger. Ich habe mich nach Kräften bemüht, diesen Dialekt zu lernen, um dazuzugehören, aber ich blieb doch fremd. Alles war hier ein bisschen anders. Die Mädchen meiner neuen Klasse hüpften während der Pause nicht mehr Gummitwist, sondern liefen schon sehr erwachsen Arm in Arm plaudernd über den Schulhof und scherzten sogar mit dem Aufsicht führenden Lehrer, etwas, was mir im Traum nicht eingefallen wäre. Und ängstlich und staunend nahm ich an meiner ersten Klassenparty im verdunkelten Raum teil, und Jungen und Mädchen tanzten hier schon eng zusammen, weia!

Da ich gleich darauf in »der Stadt« aufs Gymnasium ging und nicht wie alle anderen auf die Gesamtschule, entglitten mir die gerade gefundenen Freundinnen und das Dorfleben wieder. Ich wanderte zwischen zwei Welten. Morgens fuhr ich mit dem Bus in »die Stadt«, und nachmittags kaufte ich im Tante-Emma-Laden des Dorfes bei der *Hendelsch' Rosa* grüne Schmidtäpfel ein und versuchte eine diplomatische Antwort auf die Frage, ob ich »die guhde orrer die billisch Budder« wollte. Es dauerte Stunden, vor allem wenn noch ein oder zwei Kundinnen vor mir dran waren. Abends holte ich Milch mit einer kleinen blauen Plastikmilchkanne direkt beim Bauern. Die Fliegen dort im Stall und manchmal in der Milchkanne schreckten mich, und auch das Ambiente des kleinen Ladens konnte ich nicht schätzen und war unendlich erleichtert, als im Nachbarort ein Supermarkt eröffnet wurde. Der kleine Laden der rotbackigen runden Rosa Hahn verschwand alsbald. Mir fehlte er nicht.

Ich fühlte mich fremd im Dorf, obwohl ich den Dialekt nun verstand und im Zweifelsfall auch (annähernd) sprach und obwohl ich zeitweise dort Handball im Verein spielte (es gab nichts anderes). Aber keinesfalls lief ich bei Dorffesten als Ehrenjungfrau im hellblauen Kleid mit Schärpe in der Parade mit, diese Ehre war nur den Mädchen des Dorfes vorbehalten, und natürlich tanzte ich abends im Festzelt auch nicht Discofox mit irgendwelchen Jungs, die mit Mokicks aus Nachbardörfern gekommen waren. Ich stand immer nur ein wenig fremd herum und sah zu. Die Fremdheit verstärkte sich, als die Dorffreundinnen sich mit achtzehn Jahren verlobten, wilde Polterabende in der Garage feierten und alsbald ein Haus auf dem Acker der Schwiegereltern bauten und schon kurz darauf Kinder bekamen. Das wollte ich alles nicht.

Außerdem war ich katholisch im evangelisch dominierten Südhessen. Wie peinlich diese Fronleichnamsprozessionen, wo die Nichtkatholiken am Fenster hingen und uns wie einen Karnevalszug begafften. Auch in der Kleinstadt, in der wir vorher gelebt hatten, gab es nicht viele Katholiken, aber hier »auf dem Dorf« war Diaspora, und die vereinzelten Gläubigen wurden sonntags mit VW-Bussen aus den umliegenden Dörfern abgeholt, damit für die Messe überhaupt ein paar Menschen zusammenkamen. Ein paar alte Frauen kamen den kilometerlangen Weg zur Kirche auch unverdrossen und bei jedem Wetter zu Fuß gelaufen. Sie waren altmodisch angezogen, trugen Kopftücher und sprachen ein bisschen komisch. »Des sinn die Flichtling«, wurde mir erklärt. Auch dreißig Jahre nach Kriegsende waren die Familien, die aus dem Osten gekommen waren und deren Namen häufig auf ein eingedeutschtes »-tscheck«

endeten, noch immer die »Flüchtlinge«. Wir wären heute, vierzig Jahre später, vielleicht auch immer noch die »Zugezogenen«, wenn wir noch dort leben würden.

Vielleicht war das der Anfang, der erste Moment, bei dem ich spürte, ich bin anders, fremd, entwurzelt vielleicht, ich gehöre hier nicht dazu, ich weiß es nicht, vielleicht hätte ich das Anderssein, das Fremdsein auch irgendwann gespürt, wenn wir am selben Ort geblieben wären, aber seither bin ich mir dessen bewusst. Ich war anders als die Dorffreundinnen, aber auch anders als die neuen Stadtfreundinnen, ich wollte zwar gerne einen Freund, aber mit ihm weder eine Familie gründen noch ein Haus haben, und ich trennte mich schnell wieder, wenn ich spürte, dass es unweigerlich zu dieser Konstellation führte. Ich fühlte mich fremd, als alle Freunde um mich herum sesshaft wurden und sich bekinderten. Ich hatte wieder mal das Gefühl, nur am Rand zu stehen und zuzuschauen bei dem, was alle tun und das für alle anderen so selbstverständlich scheint. »Bereust du es nicht, keine Kinder zu haben?«, wurde ich neulich gefragt. Nein, antwortete ich, ich bereue es nicht. Ich weiß nicht mal, wie es ist, Kinder haben zu wollen, ich kenne dieses Gefühl, dieses Bedürfnis nicht, das für die meisten Frauen (und Männer?) so normal zu sein scheint. Ich wollte keine Kinder. Heute kann ich es so sagen, aber ich wusste es lange selbst nicht und wartete immer darauf, dass sich der Wunsch nach einem Kind einstellen möge, aber er kam nicht. Eine Familie wollte ich auch nicht. Aber ich wollte einen Partner, einen echten Seelen-Partner, oder wollte ich eine Partnerin? War das vielleicht die Antwort auf mein Fremdsein? Dass ich gar nicht heterosexuell bin? Dass ich Frauen liebe? Dass es deswegen so kompliziert mit den Männern war, mit dem, was man Beziehung nannte, und mit der Sexualität? Es erschien mir plötzlich alles so hell, so klar und so logisch. Und ich stürzte mich in meine neue Liebe und in eine neue lesbische Identität, lief in Berlin stolz und kämpferisch mit in *Gay-Pride*-Paraden, bis ich merkte, dass es mit Frauen auch nicht per se unproblematisch läuft, dass es die gleichen Muster und Verletzungen gibt wie in jeder heterosexuellen Beziehung auch. Und in der »Pink-und-Purple-Szene«, wie das damals hieß, fühlte ich mich mindestens genauso fremd, wenn nicht noch fremder als unter Heterosexuellen. Es blieb ein Ausflug in die andere Welt, hin und wieder verliebte ich mich in eine Frau und lernte, dass ich mich in Menschen verliebe, in Personen, unabhängig davon, ob diese Person ein Mann oder eine Frau ist. Für mich ist wohl grundsätzlich beides lebbar, aber es machte die Sache nicht wirklich einfacher. Denn nirgends fand ich, wen oder was ich suchte. Was ich eigentlich suchte oder finden wollte, wusste ich nicht, aber ich spürte, hier war es nicht, und ich musste weg, irgendwohin, weiter. Im Schnitt lebte ich alle drei Jahre woanders, arbeitete woanders und hatte eine neue Beziehung. Das Unterwegssein als Lebensform. Weggehen und neu anfangen konnte ich gut. Nur bleiben und Wurzeln schlagen konnte ich nicht.

Fremd, immer und immer wieder. Immer stand ich als aufmerksame Beobachterin dabei, versuchte, alles genau so zu machen wie die anderen, aber ich dachte: »Es fühlt sich nicht richtig an, das ist es nicht.« Als ich beruflich da war, wo ich sein wollte, stand ich fremd auf den damals so beliebten Gartenpartys herum, alle schienen sich so gut zu amüsieren, und ich konnte am nächsten Tag lesen, dass es ein rauschendes Fest gewesen war. Ich aber hatte mich den ganzen Abend gefragt, was mache ich hier?

Vielleicht war es nur eine Frage der Zeit, bis ich »richtig« weggehen würde, wie es bei Birgit Vanderbeke heißt, deren Buch über ihre Anfänge in Südfrankreich mich berührte, als sei es für mich geschrieben. Immer schon war ich von der Fremde mehr angezogen, als von dem Vertrauten. Wenn es sich vertraut anfühlte, wurde es schal und uninteressant oder kompliziert und verwickelt oder alles zusammen, und ich zog weiter. Ich spürte mit zunehmendem Alter eine größer werdende Sehnsucht nach dem Ankommen, dem Irgendwo-zu-Hause-Sein, einen Ort, ein Haus, eine Familie haben, wo man sein kann, wie man ist. Auf- und ausatmen kann. Sich ausruhen kann. Ich SEIN kann. Alles Weggehen und Neuanfangen hatten mich bislang nie dorthingeführt. Mein Zusammenbruch gab mir die Chance für einen richtigen Neuanfang, »richtiges« Weggehen. Ich wollte etwas vollkommen anderes machen. Weg aus meiner intellektuellen, verkopften, aber lebensarmen Welt. Dieser Aufenthalt auf dem Bauernhof, das raue, einfache Leben in den Bergen, mit der Natur, der man ausgeliefert ist, der Umgang mit Tieren und ihren Instinkten, die einfachen Fragen und Antworten, die man sich dort stellt, wird es regnen? Habe ich genug Holz für den Winter?, berührten mich im Innersten. Ich konnte da erstmals etwas *spüren*, es war, als hätte mich das *erweckt*.

Es war allerdings auch ein Schock, das habe ich ja schon mehrfach erzählt. Die Tiere. Die Gerüche. Und diese Fliegen überall. Alles so fremd. Und die Sprache. Und wie die Menschen miteinander umgehen. Ich wurde auch hier angestaunt wie ein *alien*, war eingeschüchtert und fühlte mich fremder und einsamer als je zuvor. Aber vielleicht hat mich dieses komplette Fremdsein befreit. Es war, als müsste ich alles neu lernen und als dürfte ich plötzlich auch neue Sachen ausprobieren. Und wenn man das Leben anders lebte? Manchmal stellt man ein Bild ja auch auf den Kopf, einfach um zu sehen, wie es auch sein kann. Manchmal ist es auf den Kopf gestellt sogar besser, intensiver. Und warum es ausgerechnet dieses Bergdorf geworden ist, in dem ich mich endlich hinsetzen konnte, Ruhe fand und bleiben wollte, das verstehe ich manchmal auch nicht.

Aber dort habe ich so viel gelernt! Ich nenne die Zeit auf dem Bauernhof gerne meine Rettung. Denn abgesehen von einem Leben mit der Natur, mit Tieren und der unmittelbaren Erfahrung von Leben und Tod, habe ich Langsamsein und Dableiben gelernt. Wozu nervös herumfahren? Es gab nichts in den umliegenden Dörfern. Keine Läden außer einem Lebensmittelladen, einem Genossenschaftsladen, einem Bäcker, einem Metzger, einer Post, einem Arzt und drei Bistros. Es gab keine Möglichkeit zum Shopping, keine Ablenkung. Es gab nur ein paar Menschen und viel Natur. Das muss man aushalten, und man muss es mit sich selbst aushalten. Dieses langsame und einfache Leben berührte etwas in mir, und ich ließ mich darauf ein. Und lernte sehen und fühlen und riechen und in die Tiefe gehen. So habe ich mich vielleicht auf das Leben überhaupt eingelassen. Die Menschen, die ich in den Bergen getroffen habe, waren meist gut zu mir und neugierig und hilfsbereit. Dafür bin ich wirklich dankbar, denn es ist anstrengend, sich in einem anderen Land zurechtzufinden. Es ist anstrengend, und es bleibt anstrengend, zumindest wenn man mehr will als *café au lait* und *croissants* in der *Bar Tabac*.

Jetzt lebe ich in Cannes, und das Fremdsein hatte sich hier zu meiner großen Überraschung noch einmal verstärkt. Es ist sehr schwierig, in Cannes wirklich anzukommen. In den Auswandererserien, die ich immer mal wieder schaue, heißt es oft: »Es hat in dem anderen Land niemand auf einen gewartet.« Im Klartext heißt das, es ist den Menschen vollkommen egal, dass man da ist. *On s'en fiche*, würde der Franzose sagen, uns doch egal. *Débrouille-toi* oder etwas vulgärer *démerde-toi.* Schau zu, wie du klarkommst. War ich in den Bergen lange Christjann, *l'allemande*, ein Namenszusatz, den ich, wie Sie ja bereits wissen, nicht schätzte, bin ich in Cannes gar niemand mehr. Viel zu viele Touristen und Fremde sind hier. Eine mehr? *On s'en fiche.* In einem Text, den ich vor ein paar Jahren für eine Anthologie geschrieben habe, behauptete ich, bis man hier wirklich dazugehören würde, vergingen mindestes drei Jahre. Heute, nach zehn Jahren, denke ich, vielleicht ist es bald so weit. Seit fünfzehn Jahren lebe ich in Frankreich. Fremd bin ich immer noch, mal spüre ich es mehr, mal weniger, aber es ist immer da. Trotzdem bin ich angekommen. Und ich muss nirgendwo anders mehr hin.

»C'est aujourd'hui dimanche« – Kriegsenkel

Meine angeheiratete Enkelin, wie ich sie nenne, besuchte in den Ferien mit ihren Eltern das Camp Les Milles in der Nähe von Aix-en-Provence. Les Milles war während des Zweiten Weltkriegs zunächst ein Internierungs- und später ein Transit- und Deportationslager, untergebracht in einer alten Ziegelei.

Kleiner Rückblick auf die Geschichte gefällig? Mitte März 1939 besetzte die deutsche Wehrmacht die Tschechoslowakei. In Spanien errang General Franco die Macht. Am 1. September begann der deutsche Angriff auf Polen. Als Reaktion darauf erklärten Frankreich und England Deutschland den Krieg. Zugleich traten in beiden Ländern Bestimmungen in Kraft: Alle Personen, die als Angehörige des Deutschen Reiches angesehen wurden, wurden als »feindliche Ausländer« eingestuft, und alle Männer im wehrfähigen Alter wurden interniert. Das galt auch für Emigranten aus Deutschland und Österreich, gleichgültig, ob sie Juden waren oder nicht und ob sie von den Nationalsozialisten bereits ausgebürgert worden waren, wie etwa Lion Feuchtwanger, der sich mit anderen Schriftstellern und Künstlern in Sanary-sur-Mer angesiedelt hatte und der in seinem Tagebuch über die erbärmlichen Bedingungen in der ehemaligen Ziegelei schrieb.

»Das wussten wir gar nicht, dass es ein Lager in Frankreich gab!«, sagten die Eltern nach dem Besuch sichtlich erschüttert. Es wundert mich nicht, denn das Camp Les Milles wurde erst im Jahre 2012 zu einem Gedenkort umgewandelt. »Es gab noch viel mehr Lager in Frankreich«, sage ich und zähle auf, was mir gerade in den Sinn kommt. Struthof im Elsass, Drancy bei Paris und Gurs in den Pyrenäen, Rivesaltes bei Perpignan ... *»Ah bon?«*, machen die Eltern. »Auch im Süden? War nicht Südfrankreich die *zone libre*, die ›freie, unbesetzte Zone‹?«

Ich weiß, darüber wollen Sie hier jetzt nichts lesen. Sie wollen was Nettes über Südfrankreich lesen und nicht schon wieder und immer noch über diesen Krieg. Kann man das nicht endlich mal vergessen? Ist doch schon so lange her!

Sie ahnen vielleicht schon, dass ich Ihnen dazu NEIN sage, nein, das Thema können Sie nicht vergessen, gerade wegen der aktuellen Situation in Deutschland wie auch in Frankreich, wegen der erstarkenden Ausländerfeindlichkeit, des Antisemitismus und des Hasses auf Israel, aber auch wegen des Hasses auf Muslime, die per se als feindliche Terroristen gesehen werden. Wegen des Hasses generell. Dieses Hasses auf andere. Ich bin in meiner neuen Rolle als Ausländerin vielleicht hellsichtiger und dünnhäutiger, was dieses Thema angeht. Denn auch wenn ich jetzt Französin mit französischem Namen bin, wenn es hart auf hart kommt, bin ich in Frankreich die Deutsche, oder ich werde zur »Deutschstämmigen«, spätestens, wenn man nach dem Familiennamen der Eltern fragt.

Ich sehe Sie schon weiterblättern, wie lange will sie uns denn jetzt die Moralkeule schwingen, fragen Sie sich. Das ist doch vorbei und überhaupt, mit mir hat das nichts zu tun. Ich habe doch mit dem Krieg gar nichts mehr zu tun. Schon meine Eltern haben damit nichts mehr zu tun.

Da wäre ich nicht so sicher, antworte ich Ihnen, es kommt vielleicht auch darauf an, wie alt Sie sind. Ich gehöre der sogenannten Babyboomer-Generation an, die gleichzeitig die der »Kriegsenkel« ist.

Herrje, winken Sie jetzt endgültig ab. Überall geht es nur noch darum, erst erzählen die Kriegskinder ihren Schmerz und jetzt die Kriegsenkel. Als hätten die überhaupt Schmerz erlebt und davon zu erzählen. Die haben sich doch nicht als Kind in den verschlammten Straßengraben geworfen, um auf dem Schulweg nicht von Tieffliegern erschossen zu werden. Die hatten es doch gut!

Auf der Suche nach einem Buch, mit dem ich der Enkelin von den Lagern und den Deportationen erzählen könnte, bin ich auf eine *BD* gestoßen. *BD*, *bande dessinnée*, eine gezeichnete Geschichte, Graphic Novel auf neudeutsch. Mit Comics, wie *Fix und Foxi* oder *Micky Maus* hat das nichts mehr zu tun. Ich bin immer wieder erstaunt, welch sperrige Themen die Franzosen in Comicform veröffentlichen und dass sich das anscheinend gut verkauft: Das Leben von Chagall, Picasso oder Egon Schiele zum Beispiel, die Romane von Camus, aber auch viele Geschichten zum Ersten und Zweiten Weltkrieg. In *C'est aujourd'hui dimanche* erinnert sich eine alte Dame an die Zeit, in der sie mit ihrer Mutter im Camp Brens bei Gaillac, nicht weit von Albi, interniert war. Von diesem Camp hatte ich nun wirklich noch nie gehört. Gaillac kannte ich wegen des Weins, der Lieblingsweißwein der verstorbenen Schwiegermutter war ein Gaillac, und in Albi hatte ich die beeindruckende

Kathedrale besichtigt. Und da war auch ein Lager?! Ein kleines Lager zugegeben, nur für Frauen und für ein paar Kinder, aber auch von hier wurden Frauen nach Auschwitz deportiert, und auch dieses Lager befand sich im »freien« Süden Frankreichs.

Nein, nicht nur ich kenne es nicht, kaum ein Franzose weiß von diesen Lagern, es war auch eine politische Entscheidung, über »all das« nicht mehr zu sprechen. Die Menschen brauchen Zukunft und keine Vergangenheit. In Deutschland galt es nach dem Krieg, ein Land wieder aufzubauen, und in Frankreich befand de Gaulle, dass die Franzosen nicht die Wahrheit bräuchten, sondern Hoffnung und Courage.

Kürzlich sah ich einen Dokumentarfilm über Marthe Hoffnung, eine elsässische Jüdin, deren Verlobter, der in der Résistance war, von den Deutschen entdeckt und hingerichtet wurde; ihre Schwester starb in einem Konzentrationslager. Sie selbst floh zunächst in die »freie Zone« im Süden Frankreichs, wurde Krankenschwester und arbeitete später, eher zufällig, als Spionin für die Franzosen in Deutschland, was ihr aufgrund ihrer perfekten Deutschkenntnisse gelang. Nach dem Krieg arbeitete sie für einen amerikanischen Arzt, Jude auch er, später heirateten sie, und Marthe ging mit ihm in die USA. »Niemand sprach dort vom Krieg«, sagte sie. »Niemand wollte wissen, wie ich den Krieg überlebt habe. Niemand. Nicht mal mein Mann oder die Eltern meines Mannes wollten wissen, was ich erlebt hatte. Also sprach ich nicht mehr darüber.« Die Familie, der Mann und die Kinder sind überrascht, Jahrzehnte später zu erfahren, wie mutig ihre Frau und Mutter vor allem in den letzten Kriegsmonaten gewesen war, eine Heldin gar, und dass sie nach dem Krieg mit ehrenden Medaillen überhäuft worden war, die sie bis dahin in einem Köfferchen aufbewahrt hatte. Nicht nur in den USA sprach man nicht mehr über den Krieg, auch in Frankreich und in Deutschland schwieg man dazu. Stunde null. Keine Zeit mehr für Heldengeschichten und schon gar keine Zeit für Opfergeschichten. Schwamm drüber. *On passe l'éponge,* sagt man auf Französisch. Vorbei ist vorbei. Nach vorne schauen. Ja, man kann nach vorne schauen und die Vergangenheit hinter sich lassen. Man sollte tatsächlich nicht emotional in der Vergangenheit hängen bleiben, sondern das aktuelle Leben hier und jetzt leben, aber das gelingt nur, wenn man die Vergangenheit angeschaut, betrauert und verarbeitet hat. Ansonsten schleppt man sie immer wie ein schweres Gewicht mit sich herum. Es hindert einen nicht weiterzugehen, aber es *be*hindert einen, es erschwert das Weiterkommen. Es blockiert einen. Unbewusst. Manchmal weiß man gar nicht, warum. Warum ist alles so schwer?

Denn auch wenn wir, die Enkel derer, die als Erwachsene egal welcher Nation aktiv in Kriegsgeschehen verwickelt waren oder den Krieg erlebt haben, auch wenn wir die Generation sind, die »es gut hatte«, die im Frieden, ohne Bombenalarm, Sirenen, Luftschutzkeller und ohne Tiefflieger groß geworden ist, die wir nicht tagelang und wochenlang zu Fuß und in der Kälte unterwegs waren, weil man uns irgendwo nicht mehr haben wollte, wir, die wir geboren wurden und sofort ein Dach über dem Kopf, beide Eltern, ausreichend zu essen, warme Kleidung und sogar Spielsachen hatten; die ohne Unterbrechung zur Schule gehen konnten, und, zumindest dort, nicht mehr geschlagen wurden, die Abitur machen und studieren konnten oder einen Beruf erlernen, der uns sogar gefiel. Auch wir leiden an der unaufgearbeiteten Geschichte unserer Eltern und Großeltern und selbst der der Urgroßeltern: War mein Urgroßvater als kleiner Junge wirklich verantwortlich gemacht worden für den Tod eines kleinen Geschwisters und hatte man ihn deshalb nach Deutschland geschickt? Aus der Familie verstoßen? Wie tragisch wäre das! Darüber wurde nie gesprochen, und wir werden es nie mehr erfahren, aber wir erben all diese Familientraumata; alles hat mit allem zu tun, und es hat mit dem Schweigen darüber zu tun. Ich schweige jetzt nicht mehr, ich erzähle Ihnen etwas von mir und anhand meiner Familiengeschichte, wenn Sie wollen.

Es ist tragisch, dass man sich in der Regel erst für die Familiengeschichte interessiert, wenn (beinahe) keiner mehr da ist, der sie einem erzählen kann, dachte ich, als ich für dieses Buch angefangen habe, alte Familienfotos anzusehen und ein paar Daten zusammenzuklauben, um ganz konkrete Dinge aus dem Nebel dessen, was Familiengeschichte ist, herauszuholen.

Natürlich kenne ich die immer wieder erzählten Geschichten, die ich irgendwann nicht mehr hören konnte. Es sind vor allem die Geschichten, die nicht erzählt wurden, die mir wichtig wären. Diese nicht erzählten Geschichten enthalten das Schwere, das Leid, das Unsägliche.

Kürzlich habe ich die Aufzeichnungen gelesen, die einer meiner Cousins verdienstvollerweise aus den auf Kassetten gesprochenen Erinnerungen meines Großvaters, Sie erinnern sich vielleicht an diese vergangene Technik, verschriftlicht hat. Es war mehr als nur eine Transkription, berichtete er mir, er musste – vorsichtig – redaktionell eingreifen, um den sprunghaften, wiederholenden und ausschmückenden Erzählstil des Großvaters, dem immer noch ein Schleifchen zum Anekdötchen einfiel, zu zügeln und zu glätten. Man spürte so genau, wie er sich »zurechterzählt« habe, sagte mein Cousin, als wir uns darüber austauschen. Es ist sicher »zurechterzählt«, aber genau so sprunghaft, anekdotenhaft und wiederholend hat mein Großvater gesprochen, und mir ist, als hörte ich ihn, als ich jetzt, viele Jahre nach seinem Tod, die Aufzeichnungen lese. Ich bin froh, dass so viel Abstand zwischen dem Erzählten und dem Aufgezeichneten liegt, denn ich kann es heute anders lesen. Ohne diese kritischen Gedanken, die es mir damals so schwer machten, ihm, wenn schon vielleicht nicht mit liebevoller Sympathie, aber wenigstens vorurteilsfrei und ohne Widerspruch einfach zuzuhören und wirklich zu hören, was er sagte. Jetzt »höre ich ihm zu« und bemerke auch sein Innehalten und dieses »Ach, das kann man gar nicht erzählen«. Es gibt viele Leerstellen dieser Art auf den knapp zweihundert Seiten. Fast ein Drittel davon nimmt die russische Vergangenheit der Familie ein, die mir auch jetzt, schwarz auf weiß, immer noch abstrakt vorkommt und wo ich mich verliere zwischen den Alexanders und Waldemars der unterschiedlichen Generationen.

Vom Krieg erzählt mein Großvater auf etwa hundert Seiten. Wenn er alles erzählt hätte, auch das, was man nicht erzählen kann, dann wären es bestimmt zehnmal so viele Seiten geworden. Vielleicht noch mehr. Nicht erzählt wurde auch all das, was meine Großmutter mit den kleinen Mädchen, meiner Mutter und meinen Tanten, erlebt hat. Umgezogen, evakuiert, immer wieder unterwegs.

Es war nicht leicht für mich, einen Großvater zu haben,

der in der SS und später, durch Beförderung, auch in der Waffen-SS war (und das, so wie es aussieht, ohne in der NSDAP gewesen zu sein, was ein noch zu lösendes Rätsel sein wird). Ich mochte den anderen Großvater, den ich nie kennengelernt habe, schon deswegen lieber, weil er »nur« ein »unbedeutender« Soldat und vor allem weil er im Krieg umgekommen war. Wenn er Schuld auf sich geladen hatte, dann war er nun davon befreit.

Der eine Großvater, der mir blieb, war kein schmusiger Opa. Also zumindest nicht mit mir und für mich. Ich glaube, dass er zu meinen jüngeren Cousins ein anderes Verhältnis hatte, nicht umsonst war es einer dieser Cousins, der meinen Großvater zu seinen Erinnerungen befragt hatte, und nicht ich, obwohl ich während meines Studiums »Erzählforschung« belegt hatte, eine Forschungsrichtung in der Kulturanthropologie (zu meiner Zeit hieß das Fach noch etwas deutschtümelnd »Volkskunde«). Ich las während des Studiums mit glühenden Ohren Kriegserzählungen anderer Männer, aber die meines Großvaters verschmähte ich.

Einerseits nahm ich ihm per se übel, dass er im Krieg Karriere gemacht hatte, und ich unterstellte ihm, dass er »Schlimmes« gemacht habe. Nun war mein Großvater, so wie es aussieht, kein KZ-Aufseher, auch kein KZ-Zahnarzt, er hat sich wirklich fast die gesamte Kriegszeit an allen Fronten herumgeschlagen. Danach kam er in amerikanische Kriegsgefangenschaft.

Er war für eine sechswöchige Waffenübung eingezogen worden, aus der er nach achteinhalb Jahren zurückkam, sagte er. »Als ich ging, hatte ich eine junge Frau und eine dreijährige Tochter, als ich zurückkam, war meine Frau

Mitte 30 und meine Tochter war elf.« Und er hatte nun noch andere Töchter, sechs kleine Mädchen, auf Fotos stehen sie immer da wie die Orgelpfeifen, gezeugt in den kurzen Heimaturlauben. Gesehen hat er sie alle immer nur auf Fotos, die meine Großmutter ihm schickte, und für kurze Augenblicke zu Hause, bis zu dem Moment, als er wieder ganz bei ihnen war. Dass er selbst auch gealtert und nicht mehr der fesche Junge war, in den meine sehr junge Großmutter sich so verliebt hatte, das verlor er ein bisschen aus den Augen in seinen Erzählungen. Ich sehe mir die Fotos der Nachkriegsjahre an, auf denen alle tapfer lächeln, ein bisschen erschöpft, will mir scheinen, aber vielleicht sehe ich da auch zu viel.

Vielleicht kennen Sie das alles aus Ihrer eigenen Familiengeschichte; eindrücklich wurde es auch in dem Film *Das Wunder von Bern* erzählt, in dem ein Spätheimkehrer, Ehemann und Vater, bei seiner Ankunft auf dem Bahnhof seine Tochter mit seiner Ehefrau verwechselt und den kleinen Sohn, den es bei seinem Fortgang noch nicht gab, nicht als den seinen ansehen möchte. All die Konflikte, die sich daraus ergeben. Tochter und Sohn, die er noch kannte, sind groß und lassen sich nichts mehr sagen von dem Vater, den sie kaum kennen. Die Ehefrau hat sich in all den Jahren allein mit einer »Kneipe« durchgeschlagen, dass sie dort hinter dem Tresen stand, soll jetzt, da er wieder zu Hause ist und seine Familie ernähren kann, ein Ende haben. Der Vater schweigt, hat unter Tage Angst, das Geratter der Presslufthämmer, vermischt sich mit Bildern aus dem Krieg, er schafft den Einstieg als Bergmann nicht mehr und versucht ungeschickt, sich trotzdem Autorität in der Familie zu verschaffen, wenn nötig mit Schlägen.

Bis hierhin halte ich den Film für realistisch. Dass der Vater sein Schweigen eines Tages bricht und beim Kartoffelschälen seinem kleinen Sohn und der Familie erzählt, was er jahrelang in der russischen Kriegsgefangenschaft durchgemacht hat, kann ich nicht so recht glauben. Nicht das, was er erzählt, sondern dass er es überhaupt tut. Bezeichnenderweise erzählt er auch nicht, was er vorher, als er offiziell noch »Täter« war, erlebt hat. Er war Täter und zugleich immer auch Opfer. »Wir schossen wie wahnsinnig auf alles, solange wir schossen, spürten wir die Angst nicht. Niemand hatte uns auf diese Angst vorbereitet«, sagt die Erzählfigur in dem sehr großartigen Film *Waltz with Bashir*, als er von den ersten Kriegstagen im Libanon berichtet. Es ist ein anderer Krieg, aber es ist die gleiche Angst. Bashir und seine Freunde und Kameraden können sich erst zwanzig Jahre später damit auseinandersetzen.

Auch die Frauen erzählten ihren Männern nicht, was sie erlebt haben. Wie sie sich durchgeschlagen haben mit den Kindern, hochschwanger vielleicht, mit Fehlgeburten, dass Kinder unterwegs gestorben sind vor Entkräftung und Kälte, am Straßenrand zurückgelassen vielleicht, und dass sie vielleicht, sehr wahrscheinlich sogar, vergewaltigt worden sind.

Ich glaube, dass sich in den Nachkriegsjahren überwiegend Schweigen durch deutsche Küchen, Wohn- und Schlafzimmer zog. Niemand erzählte, was er erlebt hatte. Vom Hunger, vom Frieren, von der Angst. Wie hätte man darüber sprechen können? Über diese Angst und das Grauen? Vieles kann man ja gar nicht unmittelbar erzählen, weil es einen sonst umhaut. Manches kann man vielleicht auch nie erzählen und schließt es in sich ein. Verdrängt es. Zu viel Scham. Da war nichts, worauf man stolz sein konnte. Für manches braucht man Jahre, bis man es endlich erzählen kann. Und dann, Jahre später, wer will es denn dann noch hören?

Mal abgesehen davon, ob man es überhaupt wissen wollte. Wollten Männer wissen, dass ihre Frauen vergewaltigt worden sind? Wollten Frauen wissen, dass ihre Männer Dörfer niedergebrannt, Männer, Frauen und Kinder getötet haben und wie sie sich dabei gefühlt haben? Und dass auch ihre Männer möglicherweise irgendwo Frauen vergewaltigt haben?

Nicht wissen wollen, eine andere Art der Verdrängung, ist »ein grundlegender psychischer Schutzmechanismus, der Menschen das seelische Überleben ermöglicht, indem er bedrohliche oder tabuisierte Vorstellungen aus dem Bewusstsein fernhält«, so steht es im *Online-Lexikon der Psychologie und Pädagogik*.

Ich glaube, jeder blieb mit seinem Leid allein, verdrängte, schob Unangenehmes weg, man schwieg, man sagte: »Jetzt ist alles anders, eine andere Zeit, lass uns nicht mehr darüber reden, oder lass uns von was anderem reden«, vom Fußball vielleicht, irgendwas Nettes, Unverfängliches. Man trällert Schlager, sieht schnulzige Heimatfilme und heitere Operetten im Fernsehen. Ablenkung. Niemand will mehr an die Vergangenheit denken. Niemand will mehr daran erinnert werden, wie begeistert sie dem Führer gefolgt sind, für den und für dessen Ideen sie mal gebrannt haben. Und niemand hatte etwas gewusst von den Konzentrationslagern und was mit den Juden passiert war.

Und die Kinder, wer hat sich in all der Zeit, in der es ums Überleben im wahrsten Wortsinn ging, um das Seelenheil der Kinder gekümmert? Wie sehr können Mütter, die Angst haben um ihr eigenes Leben, um das ihrer Eltern, um den Mann an der Front, Mütter, die hungern und frieren, wie sehr können sie sich um ihre Kinder und um deren Bedürfnisse kümmern? Wenn man mit vier, mit sechs Kindern gar, unterwegs ist, ausgebombt, evakuiert, auf der Flucht, in wirren und unübersichtlichen Situationen. Sechs kleine Kinder, jedes ein eigener kleiner Mensch mit Bedürfnissen, mit Ängsten und Hunger. Wie soll eine Mutter in dieser Zeit auf sechs unterschiedliche kleine Kinder eingehen? Sie haben zu funktionieren, zu gehorchen, vernünftig zu sein, der Mutter nicht noch mehr Kummer zu machen.

Die Kinder waren wie auch die Eltern allein mit ihrem Leid. In der Graphic Novel *C'est aujourd'hui dimanche* entscheidet sich das kleine Mädchen Hélène, das mit seiner Mutter in dem Camp Brens interniert war und sich wahnsinnig ängstigte, als die Mutter eine Zeit lang fern von ihr in Isolationshaft saß, sie entscheidet sich an dem Tag, als sie die erschöpfte Mutter wiedersieht: »Mutter hat so viel Schreckliches erlebt und Angst gehabt, ich will sie nicht noch zusätzlich mit meiner Angst belasten.« Für mich sagt dieser Satz alles. Kinder bleiben allein mit ihrem Leid. Aber damals hatte man eine andere Idee von Kindern. Kinder vergessen schnell, sagte man. Vielleicht »vergisst« ein Teil des Gehirns das Geschehene, Traumata aber sitzen an einer anderen Stelle des Hirns fest. Die kleinen Seelen und die kleinen Körper vergessen nichts.

Die Ältesten, ganz gleich ob Sohn oder Tochter, haben der Mutter zu helfen, werden Vertraute, ersetzen den Vater und müssen häufig früh Geld verdienen. Manche haben das mehr, manche weniger leidvoll erfahren. So war es eben. Sie hatten keine Wahl. Höhere Schule und Schulgeld? Nicht mal im Traum konnte mein Vater daran denken, obwohl er gute Noten hatte und gerne weiterhin zur Schule gegangen wäre. Mit vierzehn Jahren begann er zu arbeiten, wie alle seine Geschwister. Von den Schikanen seines sadistischen Lehrherrn, der ihn zudem noch schlug und trat, wusste er ein leidvolles Lied zu singen.

Und die kleinen Mädchen, die mit der Mutter bis eben eine verschworene Einheit gebildet haben, was haben sie nicht alles zusammen erlebt und durchgestanden, und vielleicht noch mit ihr in einem Bett geschlafen hatten – wie eine Glucke scharte die Mutter die Kleinen um sich –, nun schickte man sie weg, in ihr eigenes Zimmer. Dieser fremde Mann, der plötzlich da ist, ihr Vater, an den man sich nicht erinnern kann, von dem man höchstens den Geruch kennt, weil man immer mal in einem Koffer an seinen Kleidern gerochen hat, der nimmt ihnen die Mutter weg, schickt sie nun in ihr eigenes Bett und macht die Schlafzimmertür zu.

Jahre später, bei Familienfesten, wenn die Zunge nach ein paar Schnäpsen lockerer geworden war, erzählten die Männer dann Geschichten aus dem Krieg, aber es waren oft schon zurechtgeschnittene Geschichten, das, was man erzählen konnte, Heldengeschichten in gewisser Weise.

Anderes erzählte man nicht, und rückblickend halte ich meinen Anspruch, dass mein Großvater sich ausgerechnet mir hätte anvertrauen wollen mit dem, was er »noch« erlebt hat, für kindisch und unrealistisch. Aber ich habe es mir gewünscht damals. Die Heldengeschichten waren nur eine Seite, so viel verstand sogar ich damals. Und um die Heldengeschichten glauben zu können, hätten sie anderen

Geschichten gegenüberstehen müssen. Allerdings hätte mir das Einfühlungsvermögen gefehlt, und die Gabe, ihn vorurteilslos anzuhören, ich hätte vorschnell angeklagt, wäre empört gewesen. Ganz abgesehen davon, dass ich mich komplett überschätzt habe, sein Leid auch nur annähernd mittragen zu können. Ich war außerdem noch weit davon entfernt, ihm etwas verzeihen zu wollen. Ich wollte nur wissen! Zudem erwartete ich immer, dass er sich dafür entschuldigte, dass er einsah, dass er einer falschen Ideologie aufgesessen war. Aber das hat er nie getan.

Rückblickend ist es klar, dass mein Großvater nichts erzählt hat. Weder seinen Kindern noch seinen Enkeln. Meiner Großmutter vielleicht. Die zumindest eine gute Stichwortgeberin gewesen ist bei den Geschichten, die erzählt wurden.

Ich habe bei den Gelegenheiten, weil ich den Fokus von den Geschichten meines Großvaters auf anderes lenken wollte, immer mal nach dem gefragt, was meine Großmutter zu dieser Zeit erlebt hatte, da kam aber nicht wirklich viel. Bezeichnenderweise habe ich aber auch meinen Großvater gefragt und nicht meine Großmutter, die mir vielleicht etwas hätte erzählen können.

Da haben wir also Familien, die irgendwie durch den Krieg gekommen sind, traumatisierte Mütter, Väter und Kinder. Man fängt neu an und schlägt sich durch und schweigt über die vergangenen Jahre. Aus Scham, aus Angst, aus Unvermögen. Fragen werden nicht gestellt, und wenn, dann werden sie in der Regel nicht beantwortet. Die Zeiten haben sich geändert. Was eben noch richtig war, ist es jetzt nicht mehr. Es war eben Krieg. Versteht das keiner? Man hat vielleicht an etwas geglaubt. Man hatte Befehle, man hat geschlottert vor Angst. Niemand hat einen darauf vorbereitet, wie wild die Angst von einem Besitz ergreifen würde. Man lag im Dreck und hat gefroren und gehungert, man hat sich durchgeschlagen. Immerhin hat man überlebt, so viele Kameraden sind elend verreckt in diesem Krieg. Und jetzt soll man sich dafür rechtfertigen? Dass man an etwas geglaubt hatte? Dass man geschossen hatte? Sich kritisieren lassen von Menschen, die nicht in derselben Situation waren? Niemals. Lieber schweigt man.

Traumatisierte Kriegskinder werden groß und gründen eine Familie. Hier soll nun alles gut werden, besser, wunderbar, perfekt. Heile Welt. Alle brauchen das. Vor allem die erwachsenen Kriegskinder brauchen Sicherheit, Regeln und Rituale. Kinder, die kommen, sollen es besser haben, und sie werden es definitiv besser haben. Frieden, ein Dach über dem Kopf, ausreichend zu essen, Schulbildung, sogar bis zum Abitur. Ein Studium gar. Und trotzdem fehlt etwas. Ein Verhaftetsein in der Welt. Vertrauen. Unbeschwertheit. Freude. Immer ist da auch etwas Dunkles, Schweres. Für das es keinen Grund gibt, es ist doch alles gut. Stell dich nicht so an. Das bildest du dir ein. Du hast doch alles. Was willst du denn noch? Du weißt gar nicht, wie gut du es hast.

Wie sollen traumatisierte Kriegskinder ihren eigenen Kindern eine sorglose, fröhliche Kindheit vermitteln, etwas, das sie selbst nicht kannten? Sie mussten für ihre Eltern funktionieren, sollten ihnen nicht zur Last fallen, gehorchen, mussten vielleicht früh Mutter oder Vater ersetzen. Wie nun mit den eigenen Kindern umgehen? So wie die Eltern? Vielleicht sind da ja auch Zweifel, was haben die Eltern gewusst? Was hat der Vater getan? Aber an welchen Vorbildern der Kriegsgeneration soll man sich, nur fünfzehn Jahre nach dem Krieg, überhaupt orientieren? Kein Wunder, dass man sich an Erziehungsratgeber hält und denen gewissenhaft folgt, ungeachtet der Tatsache, dass diese Erziehungsratgeber noch aus der Zeit stammen, der man gerade entkommen ist. Strenge Regeln von Autoritätspersonen geben Sicherheit. Immer noch besser als die eigene unsichere Intuition. Vielleicht fehlen Instinkte generell. Woher nehmen, wenn da nur Unsicherheit und Verängstigung sind? Die Tiefflieger und die Sirenen der Bombenalarme sind noch so präsent. Das alles ist noch nicht so lange her. Und ist nie aufgearbeitet worden. Wem soll man sein Leid erzählen? Erstens hat man überlebt, so viele sind tot. Kein Grund zu klagen, und zweitens will niemand daran erinnert werden. Das haben wir alle durchgemacht. Schluss. Basta.

Die Kinder der traumatisierten Kriegskinder, die »Kriegsenkel«, spüren alle das Gleiche, nämlich, wie fragil die Welt ist, in die sie hineingeboren wurden, und das große Bedürfnis ihrer Eltern nach Sicherheit. Und dass sie zu funktionieren haben, damit die kleine Welt, die sie umgibt, nicht zusammenbricht. Kinder machen das instinktiv, es sind Überlebensinstinkte. Man »hilft« Mutter und Vater, damit sie auch morgen noch für einen da sind, und wird ein leises, braves, angepasstes Kind. Den Zorn, die Wut und das unbändige Leben, auch Übermut und Leichtsinn, die man in sich spürt, man lässt sie immer weniger zu, es überfordert die Eltern, sie können es nicht ertragen. Sie haben schon genug an ihrem eigenen Leben zu tragen, an einem Miteinander, an den Eltern. Also wird man lieb. Man will doch sowieso nur lieb gehabt werden. Hast du mich noch lieb? Wie grausam, dass man als Kind überhaupt daran zweifelt. Ist das nicht die Grundvoraussetzung? Bedingungslose Liebe?

Und man geht diesen braven, angepassten Weg weiter. Will den Eltern Freude machen, ihnen das Leben erfüllen, das sie selbst nicht gehabt haben. Die Schulbildung. Ein Studium. Wie viel Hoffnung und Erwartung steckt in den Eltern. Aber auch Neid. Du wirst es mal besser haben. Ja. Und dann hat man es besser und ist damit nicht glücklich. Man soll einerseits die Eltern überflügeln, es besser haben, andererseits darf man nicht besser und auch nicht glücklicher werden als die Eltern, damit sie es einem nicht neiden. Dir geht's wohl zu gut, heißt es, wenn man übermütig und zu heiter ist. Das Leben soll einem gelingen, aber es darf nicht spielerisch sein, nicht leicht. Es braucht den angemessenen Ernst. Das Leben ist kein Spiel. Sich ausprobieren. Ein Auslandsjahr. Herumgammeln. Das ist alles nicht drin. Die Eltern arbeiten vielleicht, seit sie vierzehn sind, in ungeliebten Berufen, kein Mensch hat sie gefragt, ob sie das, was sie machen, wirklich machen wollen. Sie waren kaum in der Schule und haben es dennoch zu etwas gebracht. Sind angesehen und haben einen Ruf. Den darf das Kind nicht in Gefahr bringen. Also macht man, was die Eltern sich wünschen, ohnehin ist man unsicher, was man selbst will. Es ist, als würde man im Nebel stochern. Es wird ein langer Weg mit passiver Verweigerung. Ja, sagt man und lächelt und tut es dann nicht, weil man sich zu einem verletzenden Nein nicht durchringen kann. Ja, sagt man und lächelt und versteht selbst nicht, warum man nicht weiterkommt. Warum man plötzlich solche Schwierigkeiten hat, Dinge zu Ende zu bringen. Nein zu sagen ist schwierig. Nein sagen geht irgendwie grundsätzlich nicht.

Man kann auch zu Männern nicht Nein sagen, wenn sie etwas von einem wollen. Das ist fatal. Warum ist das so?

Dass ich jahrelang Opfer von sexuellen Belästigungen geworden bin, in Bussen, in Menschenmengen von wildfremden Männern betatscht wurde, dass mich ein Vermieter in einer Hofecke an die Wand drückte, dass mir Männer immer schnell zu nah kommen und ich dem hilflos ausgesetzt bin, dass ich Opfer in wiederkehrenden Mobbing-Situationen war, dass mich jahrelang Alpträume mit Verfolgung und Vergewaltigung und Ängsten quälten, ließ mich lange Zeit nach eigenen Erlebnissen forschen. Ich verdächtigte jeden Mann zunächst in meiner Familie, später auch die Männer außerhalb der Familie, mir »etwas« angetan zu haben. Später verdächtigte ich auch die Frauen in meiner Familie. Und ja, es gab missbräuchliche Situationen, da bin ich heute sicher, aber ich fand nie das große, schwere Trauma, das ich in *meinem* Leben suchte und das erklären könnte, warum bei mir alles so schwierig wurde. Nun, ich bin heute davon überzeugt, dass meine Albträume, meine Unfähigkeit, Nein zu sagen, meine erlebten manipulierenden und verwirrenden Situationen mit Männern und auch mit Frauen, und nicht nur im sexuellen Bereich, dass all das seine eigentliche Ursache nicht so sehr in meinem Leben, sondern in dem meiner Mutter oder dem meiner Großmutter hat. Ich bin sicher, es in den verstörenden Erlebnissen der letzten Kriegswochen gefunden zu haben. Nicht mir war etwas geschehen, vermutlich auch nicht direkt meiner Mutter, die noch sehr klein war, sondern der Großmutter. Oder dem Kindermädchen, dem »Pflichtjahrmädchen«, wie es damals hieß. Oder beiden. Und vermutlich geschah all den anderen Frauen und jungen Mädchen, die sich dort, im Südwesten Deutschlands, auf einem Hof zusammengefunden hatten, etwas am Tag, als »die Franzosen« kamen. Und die Kinder haben »es« direkt oder indirekt miterlebt, auch wenn sie sich daran »so« nicht mehr erinnern können. Darüber wird nie gesprochen. Es hat irgendwann in der Erinnerung nicht mehr stattgefunden. Und was dort, auf diesem Hof mit den französischen Soldaten, wirklich geschehen ist, werde ich vermutlich nie erfahren. Zu groß war meine Scheu, diejenigen, die sich hätten erinnern können, zu Lebzeiten danach zu befragen. Das, was ich vermute, wird mir jetzt, da ich mit einem Franzosen verheiratet bin, sicher auch niemand mehr erzählen wollen. Ich glaube aber, dort den Schlüssel zu vielem gefunden zu haben.

Denn etwas ist da. Und es wird unbewusst weitergegeben. Die Überzeugung, dass Männer böse sind, Tiere, die sich holen, was sie brauchen. Was sich auch weiterträgt, ist der Gedanke, »dran« zu sein. Und nichts dagegen tun zu können. Außer sich vielleicht vorher im Keller schnell mit einen Schluck Alkohol zu betäuben, damit man es übersteht. Oder den Körper und alle Gefühle auf »taub« zu stellen. Meine sexuellen Erfahrungen liefen lange Jahre so ab. Entweder habe ich nichts gespürt, oder es tat mir weh. Dann doch lieber nichts spüren.

Ich bin gut im Jasagen, Lächeln, Schweigen und Durchhalten. Es ist doch alles gut, oder?

Man sagt immer wieder Ja und findet sich am Ende in einem falschen Leben wieder. Es sieht schön aus, man ist erfolgreich, es macht die Eltern stolz und freudig. Sie haben es gut gemacht. Sie haben es hingekriegt. Das Kind hat es besser. Definitiv. Das Kind ist die Personifizierung des »Du-sollst-es-mal-besser-Haben« geworden. Nur selbst ist das Kind nicht voller Freude in seinem Leben. Denn es schleppt all die Schwere, die seit zwei Generationen nicht ausgesprochen wurde, mit sich herum, oft ohne es zu wissen.

Früher oder später suchen diese Kinder alle eine Therapie oder klappen mit Depression und Burn-out zusammen. Dabei gab es doch keinen Grund! Es ist doch alles gut gewesen!

Mein Großvater mokierte sich immer wieder über die jungen Männer, die nach sechs Wochen Kriegseinsatz schon eine Therapie bekämen. »Wir haben jahrelang ganz andere Dinge erlebt, und wir haben keine Therapie gebraucht«, raunzte er. Gebraucht vielleicht schon, aber nicht bekommen, würde ich heute antworten. Aber wie soll man nun erklären, dass man selbst eine Therapie macht, wenn man doch das allerschönste Leben hat? Dass man oft die Sehnsucht verspürt, nicht mehr da zu sein. Diese Sehnsucht nach tiefer Ruhe. Diese Lebensmüdigkeit.

Mit mir stimmt etwas nicht. Das war der Satz, der am häufigsten in meinem Tagebuch stand. Ich kam nicht zurecht mit der Welt. Ich fühlte mich fremd und unverstanden. Ich sollte fröhlich sein und konnte es nicht. Freude bringen. Bringen Kinder keine Freude? Warum nur mache ich so ein launisches Gesicht?! Überforderung. Schon immer hat man Dinge gestemmt, die zu groß für einen waren. Ich hätte Freude und Fröhlichkeit für drei leben sollen.

Solange man mit seiner Not allein bleibt, nicht nach außen geht, erfährt man auch nicht, dass es anderen ähnlich geht. Unendlich erleichtert war ich, als ich vor ein paar Jahren auf das Buch *Schweigen tut weh* von Alexandra Senfft gestoßen bin, in dem zumindest für mich zum ersten Mal jemand über die Folgen des Schweigens in einer »Täterfamilie« geschrieben hat. Wie mutig Alexandra Senfft war, die sich ihrer Familiengeschichte annahm und deswegen von Teilen ihrer Familie verstoßen wurde, die unbedingte und blinde Loyalität verlangte. Alexandra Senfft ist loyal, sie sucht aber die Zusammenhänge und spricht Dinge auch aus. Im Mittelpunkt ihres Buches steht das Leben ihrer Mutter, einer außergewöhnlichen Frau des linken Hamburger Nachkriegs-Establishments, die vordergründig an Depression und Sucht zerbricht, tatsächlich aber an der Unfähigkeit, um den Vater, einen hingerichteten Nazi-Täter, zu trauern. Darüber hinaus erzählt die Autorin von ihrem eigenen Leben und der schwierigen Liebe zu ihrer Mutter, die sie erst nach deren qualvollem Tod wirklich verstanden hat.

Ich habe, während ich an diesem Buch schrieb, noch weitere Bücher von »Kriegsenkeln« gelesen, und es war jedes Mal so, als würden sie, zwei Männer und eine Frau, meine Gefühlswelt kennen und beschreiben. Mir ging es damit wie damals, als ich das erste Buch über Essstörungen gelesen habe. Ein erleichterndes und schockierendes Erlebnis. Ach so?! Das geht anderen auch so? Genau so? Ich bin gar nicht allein mit diesem Fremdsein in der Welt? Die anderen Kriegsenkel spüren diese Schwere auch? Haben auch das Gefühl, dass sie im Leben herumstochern wie im Nebel? Tatsächlich wird nun offiziell auch von »Nebelkindern« gesprochen, wenn man von Kriegsenkeln spricht. Herrje! Und man schreibt Bücher darüber? Ich kann es gar nicht glauben. Ja, man schreibt Bücher darüber, die meisten, die sich äußern, schreiben aber erst, wenn ihre eigenen

Eltern nicht mehr leben. Niemals hätte man das den Eltern zu Lebzeiten angetan, diese Schande, öffentlich zu sagen, dass man kein wunderbares Leben gehabt hat.

Ich schreibe nun kein ausführliches Buch über das Kriegsenkelsein, lege die Lektüre dazu aber allen ans Herz, die sich davon angesprochen fühlen. Für mich ist es schwierig, schon allein dieses Kapitel zu schreiben, denn meine Mutter lebt noch. Weder sie noch die Tanten und Onkel, die Cousins und die Cousine möchten ans Licht gezerrt wissen, was ich im Inneren spüre. Jeder hat seine eigene Wahrheit zu unserer Familiengeschichte, hat sich damit eingerichtet, vielleicht wissen sie manches nicht, oder sie wollen es auch nicht wissen.

Und dann gibt es diese Regeln, dass man das, was in der Familie passiert, nicht erzählen darf. Dass nichts nach außen dringen darf. Dass niemand etwas zu sehen bekommt, von dem, was wirklich passiert. Dass man sich niemandem von außerhalb der Familie jemals anvertrauen darf. Als würde man damit die Familie in Gefahr bringen.

Das ist nicht nur ein Szenario, das sich in Missbrauchssituationen findet, »wir behalten unser großes Geheimnis für uns«, sondern auch ein Überbleibsel der Kriegszeit. Nichts sagen, damit sie einen nicht abholen. Schweigen. Sich verstecken. Nicht atmen. Nur nicht auffallen. Durchhalten. Und nach dem Krieg geht es so weiter. Auch jetzt soll man nicht auffallen. Der Vater hat nichts Schlimmes gemacht.

»Das bildest du dir ein!« oder »Du hast schon immer eine lebhafte Fantasie gehabt« oder »Das war nicht so!« oder »Opa war kein Nazi!« wird es heißen, voller Empörung, dass ich etwas öffentlich mache, das »unter uns« zu bleiben hat. Familiengeschichte muss beschwiegen werden, als handelte es sich um ein großes Missbrauchs-Geheimnis, in dem der Täter seinem Opfer auch einschärft, es ja nicht zu erzählen, besser es »bleibt unter uns«. Und wenn das Opfer dann unter Qualen dennoch jemandem sein Leid anvertraut, dann wird ihm nicht geglaubt und es mit Schimpf und Schande bedeckt. »Lügnerin!« oder »Wie konntest du nur!«. Familienangelegenheiten gehören nicht nach außen getragen. Was sollen die Leute denken?

Ich muss Dinge aber benennen und aussprechen, um sie zu bannen. »Warum machst du das so öffentlich?«, werde ich manchmal auch von Freunden gefragt, wenn ich auf meinem Blog sehr private, intime Dinge preisgebe. »Wenn du jemanden zum Reden brauchst, kannst du mich anrufen«, sagen besorgte Freundinnen. Nun, es geht mir nicht nur darum, meine kleine Geschichte zu erzählen, mein Privates auf Teufel komm raus ins Öffentliche zu zerren. Ich verstehe meine Geschichte vielmehr als Puzzleteil, als einen Beitrag für eine gesamtgesellschaftliche Entwicklung. So ähnlich, wie auch Wissenschaft funktioniert: Jeder arbeitet zu seiner Zeit an seinem Projekt, das danach für alle zur Verfügung steht und die Forschung insgesamt weiterbringt. Alles baut aufeinander auf, jeder leistet seinen Teil, nicht jeder entdeckt etwas Großes, aber es ist ein großes Gesamtprojekt. Ich denke, dass, wenn Akteure unserer Kultur wagen, über »Privates« öffentlich zu sprechen, zu schreiben und zu diskutieren, wir im Sinne von Vorbildern und Modellen voneinander lernen können. Wie machen es die anderen? Wie möchte ich es machen? Was kann ich von anderen für mein eigenes Leben nutzen? Ich selbst war immer so dankbar, wenn ich bei anderen etwas gefunden hatte, das mich in meinem Leben, in meiner Entwicklung weitergebracht hat. Vielleicht kann meine Geschichte anderen helfen? Zumindest wünsche ich mir das und möchte in diesem Sinne verstanden werden.

Während ich an diesem Buch schrieb, eröffneten sich mir plötzlich Welten, die ich vorher nicht gesehen habe. Es war wie eine Selbsterfahrungsreise. Es schien, als würde ich plötzlich »sehen«, als würde sich der Nebel lichten, und ich verstand, dass alles miteinander zusammenhängt: das Sich-fremd-Fühlen-in-der-Welt, das Hochsensible, die Ängste und das Schwere, all das Unfrohe, das ich mit mir herumtrage, die Schwierigkeit, Beziehungen zu leben, überhaupt Freundschaften zu haben, die Essstörungen, die mich mein Leben lang beherrschten, und zu einer früheren Zeit Ekzeme und andere Symptome. Alles hängt miteinander zusammen. Natürlich sagen Sie vielleicht, Sie haben das schon lange verstanden, aber mir war es bis dahin nicht klar. Ich arbeitete mich seit Jahren mal an diesem, mal an jenem Thema ab, je nachdem, wo es gerade mehr zwickte. Aber dass all das eine zusammenhängende große »Baustelle« ist, hat mir nie jemand gesagt. Vielleicht habe ich es auch nur nicht gehört, manchmal liegt es ja auch daran, dass man noch nicht bereit ist. Auf jeden Fall begreife ich es erst jetzt. »Trauma« nennt es Dami Charf, eine körperorientierte Psychotherapeutin, die sich mit Traumaheilung befasst. Die Idee, dass Trauma immer ein katastrophales Ereignis sein muss, ein schwerer Unfall, Gewalt, Vergewaltigung, Naturkatastrophen und ähnliche Ereignisse, ist nur teilweise richtig, sagt Dami Charf, die ich hier im Folgenden wiedergebe. Sie unterscheidet zunächst zwischen Schocktrauma oder Entwicklungstrauma. Schocktrauma ist das, was man im Allgemeinen zu kennen glaubt, ein singuläres Ereignis, das uns überwältigt und so hilflos macht, dass wir keinerlei Möglichkeit haben, mit der Situation umzugehen. Etwas war »zu viel, zu schnell oder zu plötzlich«. Ein Autounfall, eine Trennung, der Verlust eines Menschen, Gewalterfahrung, eine Scheidung oder eine Abtreibung. Es können aber auch viel alltäglichere Ereignisse traumatisch sein, eine Operation, die vom Körper als sehr belastend erlebt wurde. Und nicht alle Menschen reagieren auf dieselbe Situation gleich. Es hängt von den Lebensumständen ab, von unseren Ressourcen und der Regulationsfähigkeit unseres Nervensystems.

Polizisten, Notärzte, Feuerwehrleute oder auch Therapeuten und andere »Helfer« geraten manchmal in ein Sekundärtrauma, weil sie Zeugen von Gewalt und furchtbaren Ereignissen werden. Und unter sozialem Trauma versteht man, wenn viele Menschen davon betroffen sind wie etwa bei einem Zugunglück, einem Terroranschlag oder im Krieg.

Man hat im Laufe der Jahre festgestellt, dass nicht alle Symptome, die bei Menschen auftauchen, unbedingt auf einen Schock zurückzuführen sind, sondern oft auf viel ältere Situationen in unserer Kindheit, die sich über einen langen Zeitraum erstrecken, ohne dass wir ihnen entfliehen konnten. Es ist oft weniger klar zu benennen, irgendetwas ist in der frühen Kindheit nicht so gut gelaufen, könnte man vereinfachend sagen, zumindest nicht so, wie wir es gebraucht hätten, ohne dass es gleich die bis zum Abwinken viel zitierte »schwere Kindheit« gewesen sein muss. Eines oder mehrere Grundbedürfnisse wurden nicht erfüllt, und es muss keine Katastrophe gewesen sein. Es kann sein, dass wir Eltern hatten, die sich nicht auf uns einstellen konnten, weil sie selbst Angst hatten oder keine Zeit, oder die uns stundenlang schreien ließen, weil sie glaubten, man solle Kinder nicht zu oft stillen und nicht verzärteln.

Als kleines Kind erlebte man dadurch die Welt als unsicher und gefährlich. Das kann zu einer ganzen Reihe von seelischen Störungen führen, mit denen man sich später unbewusst auch als Erwachsener herumschlägt. Die Welt bleibt ein unwägbarer Ort, und wir suchen vor allem Sicherheit. Man vermeidet unbekannte Situationen. Die Neugier weicht dem Bedürfnis, keine Überraschungen erleben zu wollen. Hochsensibilität ist zum Beispiel, laut Dami Charf, eine Folge von Trauma. Man musste diese hohe Aufmerksamkeit nach außen entwickeln, um sein Überleben in einer als unsicher empfundenen Umwelt zu sichern.

Als ich anfange, mich mit dem Thema Entwicklungstrauma zu beschäftigen, habe ich erneut das Gefühl, als würde der Nebel sich lichten. Hier bin ich richtig. Was für eine Erleichterung, endlich verstanden zu werden. Und die Bestätigung zu bekommen, dass all das, was ich so nebulös gespürt habe, richtig gewesen ist. Ich habe mir nichts eingebildet in all den Jahren. Und all das, dies für Außenstehende, die viel Schwereres erlebt und überlebt haben, so undramatische Erleben, verursachte dennoch einen großen Leidensdruck und ist auch ein Trauma. Es ist aber auch egal, wie Sie es nennen wollen, für mich aber bekam mein Leiden an und in der Welt nun endlich einen Namen. Und damit die Möglichkeit, es konkret anzugehen. Die »Baustelle« als solche zu sehen und nicht nur all die vielhundert Symptome, die ich seit Jahrzehnten bearbeite.

Und ja, vielleicht ist es ein Trauma, aber es gibt ein Leben damit, und zwar nicht nur ein Überleben, sondern ein gutes, befreites Leben. Ich habe in vielen meiner Texte über das Leben in Frankreich geschrieben, ich hätte »erst hier angefangen zu leben«, oder ich sei hier »lebendig« geworden. Aber ich verstand selbst nie so richtig, warum eigentlich. Was war vorher anders gewesen und warum? Heute verstehe ich es: Ich war in all den Jahren vorher nur mit »Überleben« beschäftigt. Ich versuchte, das Leben irgendwie hinzukriegen, so wie die anderen zu arbeiten, zu studieren, Beziehungen zu haben, ein Leben zu gestalten, wie alle anderen es auch hatten. Aber ich habe mich darin nicht *gefühlt*. Es war wie ein Abziehbild. Als spielte ich das Leben nur. Ohne wirklich dabei zu sein. Ich »spielte« mein Leben und lebte es nur im Kopf, alles spielte sich im Kopf ab, aber ich war abgeschnitten von meinen körperlichen Gefühlen. Dissoziiert nennt man das in der Fachsprache. Große Gefühle bräuchte ich, sagte ich mal zu einer Freundin. »Normale« Gefühle fand ich fad. Vermutlich brauchte ich lange »große Gefühle«, das Abenteuer Ausland und dramatische Beziehungen, damit überhaupt etwas zu mir durchdringen konnte. So ähnlich, wie hörgeschädigte Menschen Musik wahrnehmen, über das Kribbeln im Bauch oder in den Füßen, wenn die Bässe laut genug dröhnen. So eine Art Schizophrenie der Hochsensiblen, die die Gefühle der anderen spüren, aber nicht die eigenen.

Nicht mit mir stimmte etwas nicht, aber es stimmte tatsächlich etwas nicht. Das ganze Nachkriegs-Wohlstandsdeutschland stand auf tönernen Füßen. Zerbrechliche

Konstrukte, zerbrochene Familiengeschichten, mühsam gekittet, verletzte Eltern, unfähig, sich mitzuteilen, seelisch verlassene Kriegskinder, zwei Generationen voller Trauma und Schweigen, und daraus resultierend eine tief traurige Generation, die versuchte, die Eltern zu tragen: meine.

Herzland Frankreich

Dass man sich selbst und seiner Geschichte nicht entkommt, indem man das Land wechselt, ist bekannt. Ich wollte meiner Geschichte gar nicht entkommen, aber ich dachte auch nicht im Traum daran, wie sehr man immer wieder darauf gestoßen wird. In Frankreich wurde ich mit meiner deutschen Geschichte konfrontiert, ob ich wollte oder nicht. Hier bin ich zuallererst Ausländerin, und es geht mir jetzt wie all den »wirklich netten Ausländern«, die es auch in Deutschland gibt. Die »wirklich reizende türkische Friseurin« oder wahlweise der »nette Gemüse- oder Kebab-Verkäufer«, der »nette libanesische Taxifahrer« oder meinetwegen »die liebenswerte Polin« (wahlweise auch Russin, Rumänin oder Vietnamesin). Ich merke erst jetzt, wie es ist, explizit als »nett« (wenn überhaupt) zu gelten. Wie sehr es mir auf die Nerven geht, wenn man mir von anderen Deutschen erzählt, die man anlässlich eines Festes oder Empfangs kennengelernt hat und die »aber wirklich sehr nett« seien. So etwa ein Arzt, der mir von seinem deutschen Schwiegersohn erzählt, der vor langer Zeit aus der DDR geflohen war: *»Vous êtes des gens formidables«*, sagt er mir zum Abschied und drückt mir bewegt die Hand. Mich kränkt das. Nicht weil ich nicht gerne *»formidable«* sein möchte, sondern weil dieses Herausstellen unserer *formidabilité* impliziert, dass wir es eigentlich nicht sind. Nicht nett, nicht *formidable*. In der Erinnerung der Franzosen laufen wir Deutschen immer noch mit genagelten Stiefeln durch die Straßen, knallen die Hacken zusammen und brüllen: »Heil Hitler!« In jeder alten wie aktuellen Komödie brüllt jemand: »Kommen Sie!« »Raus!« und »Schneller«, die einzigen deutschen Wörter, die alle Franzosen kennen. Jüdische Freunde meines Mannes wollten mich, die Deutsche, nicht kennenlernen und distanzierten sich in der Folge auch von Monsieur. Andere Freunde legten und legen auch Jahre später noch immer eine gereizte Aggressivität an den Tag, wenn wir zusammentreffen. Ich verstand es lange nicht, bis ich begriff, dass auch diese Freunde Juden sind und ihre Familien eine Geschichte mit uns Deutschen erlebt haben. Es macht mich einerseits wütend, dass man mich so pauschal vorverurteilt, ohne etwas von mir zu wissen, andererseits macht es mich hilflos, und ich nehme es hin. Was soll ich auch sonst tun? Sie hingegen werden mich nie als *»formidable«* oder als »wirklich sehr nett« bezeichnen. Ich bin ihnen immer ein Dorn im Auge. Sie sind höchst wachsam. Mache ich antisemitische Bemerkungen? Misstrauisch beäugen sie auch Monsieur, ob er unter meinem Einfluss sein Verhalten vielleicht geändert hat. Als ich bei einem Fest als Tischherrn einem Mann zugewiesen werde, der sichtbar einen kleinen Davidstern an einer Goldkette trug, breche ich fast in Tränen aus. Schon wieder ein Jude. Ihm erzähle ich beinahe zwanghaft mein Leben, aber er, dessen Familie aus Algerien stammt und niemanden im Holocaust verloren hat, hat kein Problem mit Deutschen, aber bald eines mit meinem todernsten Diskurs, während es sonst am Tisch ausgesprochen heiter zugeht. Er immerhin meidet mich nicht, und für ihn bin ich nun auch eine »wirklich nette Deutsche«. Ich kann nicht leugnen, dass es mich in diesem Fall freut.

Ich musste mich in Frankreich mit dem Deutschsein auseinandersetzen. Aber auch mit meinem Perfektionismus, meinem Kontrollzwang und mit meiner Essstörung. Frankreich konfrontierte mich mit meinen Schattenseiten. Es ist so, wie man sich einen Partner sucht, der genau das Gegenteil von einem selbst ist, der einen deshalb wahnsinnig anzieht, mit dem man aber irgendwann todunglücklich ist, weil genau das, was man so liebte, einen irgendwann total nervt. Wir wissen es alle, es geht darum, das, was einen so anzieht, nicht beim anderen zu suchen, sondern es in sich selbst zu finden und in sein Leben zu integrieren.

»Wie wollen Sie ein Land regieren, das 258 Käsesorten produziert?«, fragte schon de Gaulle. Manchmal denke ich auch, dass Frankreich unregierbar ist, wenn ich sehe, wie hier die meines Erachtens notwendigen Reformen monatelang heftig bestreikt werden. Die Franzosen sind aber auf jeden Fall unkontrollierbar, schon gar für eine kleine Deutsche, die die Sprache weder richtig spricht noch versteht. Ich sagte es schon einmal, der Sprachverlust geht mit dem Kontrollverlust einher. Alles geht mit dem Sprachverlust flöten. Alles. Ich kann mich nicht adäquat ausdrücken, habe nur ein Sprachniveau, und man hält mich deswegen manchmal für dumm. Auf jeden Fall aber, da kann ich einen französischen Ausweis haben, soviel ich will, hält man mich für eine Ausländerin. Man hört mir nicht zu, meine Ideen sind nichts wert, und man lässt sich schon gleich gar nichts sagen. Die kleine Deutsche, die gewohnt war, mit ihrer Intelligenz und Sprachkompetenz alles zu kontrollieren, die Menschen, die Situationen, die alles plante und organisierte und wollte, dass dann alles auch so ablief, scheiterte damit komplett. Niemand hört mir zu und nimmt mich ernst. Im Prinzip läuft es überall so ähnlich wie mit den ausgerissenen Kühen, die ich, ganz zu Anfang meines Aufenthalts, auf den Hof zurücktreiben wollte. Sie zeigten mit ihre Hintern, baumelten mit dem Schwanz und machten, was sie wollten. War was? Mit den Franzosen geht es mir genauso. Ich rede und mache und fuchtele herum, und sie nehmen mich gar nicht zur Kenntnis. Und spontan, unpünktlich und unorganisiert wie sie sind, wird alle Planung immer wieder über den Haufen geworfen, und immer gibt es bis zur letzten Sekunde Überraschungen. Lesen Sie noch mal die Asterix-Hefte und schauen Sie sich den liebenswerten zerstrittenen Haufen von Galliern an, die alle gleichzeitig durch das Tor preschen, um die wohlgeordneten und gut organisierten römischen Kohorten anzugreifen. Genauso ist es. Ich habe hier nichts und niemanden unter Kontrolle. Anfangs hat es mich aus der Fassung gebracht.

Aber der Kontrollverlust hatte auch etwas Befreiendes. Loslassen. Uff. Ich atme aus und zucke die Achseln. Ich kann nicht alles, und selbst die Dinge, die ich könnte, kann ich hier nicht regeln, ich lasse zu, dass es andere machen. Es wird anders, als wenn ich es getan hätte, aber *tant pis*.

Das war ein langer Weg. Und ich war manchmal unendlich genervt von der Lässigkeit und Unbeschwertheit, mit der man die Dinge hier tut oder eben nicht tut oder nur so *là là*. Nichts ist perfekt, niemand erwartet, dass es perfekt ist, und wenn ich es perfekt mache, bitte gerne, aber es spornt niemanden an, es mir gleichzutun. Kassiererinnen sind langsam, Busse sind unpünktlich, Züge fahren nicht, Menschen vergessen, dass sie versprochen haben, dieses oder jenes tun zu wollen.

Und, Sie haben es gelesen, ich habe mich fünfzehn Jahre lang an dem schwelgerischen Umgang der Franzosen mit dem Essen gerieben. Dabei waren all das genau die Dinge, die mich so angezogen haben: das lange und gesellige Essen, das freundliche Plaudern, das *laissez-faire*, das Langsame und Unperfekte. Hach, wie war das alles so charmant. Und wie sehr regt es einen plötzlich auf, weil nichts funktioniert, weil monatelang immer wieder gestreikt wird, weil die Post verloren geht, die Handwerker schlampig arbeiten, wenn sie überhaupt kommen, Bestellungen falsch geliefert werden und beim Umtausch noch falscher sind, die Telefongesellschaft unfähig ist, den immerhin seit Monaten bezahlten Internetanschluss mit umzuziehen. Und bei alldem soll man auch noch aufwendige Essen kochen. Plötzlich verliert all das seinen Charme. Es nervt, wird anstrengend. Man sehnt sich zurück nach Deutschland, wo alles besser ist, effizienter zumindest, Busse pünktlich fahren, Züge vielleicht nicht immer, aber gestreikt wird schon mal nicht so gewalttätig und ausdauernd. Das ist vielleicht der Moment, in dem manch eine oder einer wieder geht. Es ist nicht falsch zu gehen. Besser, als hierzubleiben und seine Verbitterung zu spüren, weil einem alles, einschließlich der Machosprüche und der blödsinnigen zweideutigen Witze, auf den Wecker geht. Manchmal sieht man ja auch erst mit Abstand, wie gut man es zu Hause hatte. Und dass es gar nicht so schlecht ist, das effiziente Deutschland. Ein bisschen ruhiger, anonymer, geregelter. Am Zebrastreifen halten die Autos an, und die Fußgänger bleiben bei der roten Ampel stehen. Hat was. Und vor allem: Man ist wieder in seinem normalen Sozialgefüge, kann sich verständlich machen und wird gehört und ernst genommen.

Mein Ausstieg in die dörfliche Bergwelt hat nämlich noch mehr bewirkt: Ich war komplett aus meiner »Filterblase« gefallen. Ich arbeitete und lebte in Deutschland im Kulturbereich, war umgeben von Menschen und Freunden, die alle dasselbe denken und tun, sozial wie politisch. Das ist sehr angenehm, gibt Sicherheit, und man stellt sich nicht infrage. In Frankreich, auf dem Hof und im Bergdorf, und auch jetzt in Cannes, habe ich bis heute nie wieder eine »Blase« gefunden, die mir so entspricht. Dass ich, dank meines Sprachunvermögens, die Menschen, die mir begegneten, nicht in meine vorgefertigten Schubladen stecken konnte und plötzlich auch spürte, wie es ist, wenn man selbst in eine vorgefertigte Schublade gesteckt wird (Stichwort Putzfrau) – öffnete mich andererseits für alle Menschen. Und ich teilte sie ein in die, die freundlich und hilfsbereit waren, und die anderen. Im Bergdorf waren fast alle Menschen freundlich und hilfsbereit (und die sogenannten einfachen Leute, die Putzfrauen und Schäfer, um mal zwei Berufsgruppen zu wählen, waren deutlich herzenswärmer als die Menschen der »besseren Gesellschaft«, zu denen ich unter anderen Umständen und mit mehr Sprachkompetenz sonst gerne dazugehört hätte). Das führt dazu, dass ich den Menschen dort bis heute sehr verbunden bin und nie vergessen werde, wie sie mich aufgenommen haben und was sie für mich getan haben. Auch wenn ich heute, da ich mehr verstehe, sehe, dass viele von ihnen Parteien wählen, die für mich unwählbar sind. Es war ein Schock, als ich das zum ersten Mal realisierte. Aber es nahm den Menschen nicht ihre Herzenswärme, mit der sie mich bis heute empfangen. Was tun? Mich distanzieren? In Deutschland, in der Großstadt hätte ich das getan. Im Bergdorf würde es bedeuten, dass ich das Dorf verlasse, kaum einer entspricht dort meiner politischen Vorstellung, die sich im Laufe der Jahre durchaus verändert hat, aber extrem, weder in die eine noch in die andere Richtung, werde ich sicher nie wählen. Das letzte Mal hat es mich in meinen Grundfesten erschüttert, als ich begriff, dass ein älteres Ehepaar, das ich seit über zehn Jahren kenne, sehr fromme Menschen, die mir in schweren Zeiten liebevoll und warmherzig beigestanden haben, der identitären Bewegung in Nizza angehören. Ich war zwei Tage lang völlig verstört. Nicht so Monsieur, der sagte: »X und Y können denken und wählen, was sie wollen, wichtig ist nicht, was sie sagen, wichtig ist, was sie tun.«

Und so habe ich eine pragmatische Lösung gewählt und schaffe es inzwischen, bei den Menschen zwischen ihrem Handeln (mir gegenüber) und ihren Gedanken, ihrer politischen Überzeugung (sofern sie mich nicht bedroht) zu unterscheiden. Zuerst und vorurteilsfrei grundsätzlich immer den Menschen zu sehen, das hätte ich, wäre ich in Deutschland geblieben, sicher nicht geschafft.

Nun, bleibt man in diesem Land, trotz fehlender Filterblase, in die man sich zurückziehen kann, dann reibt man sich, ist entweder dauergenervt oder irgendwann gelassener, und das vermutlich, weil man sich nicht nur seufzend mit dem anderen Lebensstil abgefunden, sondern weil man etwas davon verinnerlicht hat, von diesem charmanten *laissez-faire*. Gerade suchte ich die adäquate Übersetzung von *laissez-faire* – und wissen Sie, was? Es gibt keine! *Laissez-faire* ist so Französisch, das wird auch im Deutschen so verwendet. *Laissez-faire*. Und nein, das psycho-soziale »Loslassen« trifft es nicht, Gelassenheit ist es auch nicht, es ist ein Gewährenlassen. Ein *on verra*, schau'n wir mal, es geht vom *tant pis*, na dann eben nicht, oder und wenn schon, bis zum *je m'en fous*, mir doch egal. Oder man zieht eine Grimasse. Wie sehr hier grimassiert wird, fällt mir auf, seit ich Kriminalromane schreibe, in denen ich französische Dialoge auf Deutsch wiederzugeben versuche. Anfangs hat man mir vorgeworfen, dass ich meine Protagonisten zu oft *»Merde«* sagen lasse. Aber ha, wenn Sie wüssten, wie oft hier dieses M* * *-Wort verwendet wird und noch viel schlimmere Wörter!

Und jetzt ist alles gut?, fragen Sie vielleicht. Jetzt haben Sie keine Probleme mehr? »Garantieren Sie mir, dass ich dann nie wieder Probleme in meinem Leben haben werde?«, fragte eine Frau im Film *Ein Divan in Tunis*, die neu niedergelassene Psychoanalytikerin. Die Frage hätte auch von mir kommen können. »Wie lange wird es dauern?«, habe ich Ende der 80er-Jahre meine erste Therapeutin bang gefragt. Wie lange wird es dauern, bis alles gut ist, meinte ich. Glücklicherweise blieb sie sehr vage mit ihrer Antwort. Wenn sie mir gesagt hätte, dass es mein ganzes Leben lang dauern würde, hätte ich es damals nicht ertragen. Immer wenn ich dachte, dass ich ein Problem erkannt, be- und verarbeitet und vielleicht gelöst habe, dann war schon wieder ein anderes da. Wo kamen die denn bloß alle her? Heute glaube ich, dass das mit den Problemen ein Lebensthema ist. Es wird immer irgendwelche Probleme geben. Es geht auch nicht darum, ohne sie zu sein, es geht darum, dass man trotz und mit den Problemen weitergehen und trotzdem heiter sein und lachen und lieben kann. Dass man mit den Problemen leben und *lebendig* sein kann.

Zu erkennen, woher mein Leiden stammt, war eine große Erleichterung. Ich sehe klarer. All das Schwere fiel von mir ab. Mein Leben ist leichter geworden. Das tut gut. Es heilt nicht schlagartig alle meine Symptome, die ich entwickelt habe, aber man kann auch mit schlimmen Traumata, die man erlebt hat, wieder froh werden. Wenn man einen geliebten Menschen verloren hat, wird der Schmerz über den Verlust auch irgendwann wieder erträglich, man kann wieder an anderes denken, man kann sich sogar wieder verlieben. Das bedeutet nicht, dass der geliebte Mensch verschwunden ist, er ist immer noch in uns. So ist das mit den erkannten und verarbeiteten Traumathemen auch. Sie sind nicht weg, sie sind immer noch in uns, sie geben uns auch eine seelische Tiefe, die andere vielleicht nicht haben, aber sie sind gelöst, sie blockieren uns nicht mehr im Leben. Ein schönes Bild dafür ist *Kintsugi*, eine traditionelle japanische Reparaturmethode, die zerbrochene Porzellan- oder Keramikschalen mit einem besonderen Lack, in den Gold- oder andere Metallpulver eingestreut werden, wieder zusammenklebt. Die so reparierten Schalen sind dann wie mit feinen unregelmäßigen Goldfäden durchzogen und vielleicht sogar schöner, in gewisser Weise wertvoller und auf jeden Fall einzigartig. Der Makel wird mit der Goldreparatur hervorgehoben. Schönes Bild, oder?

So fühle ich mich gerade.

Mit dem Glück ist es übrigens genauso. Sie erinnern sich,

Monsieur brachte mir ein Holztablett mit, auf dem »*Happiness is not a destination. It's a way of life*« stand. »Das Glück befindet sich nicht am Ende des Wegs, sondern es liegt in der Art und Weise, wie ich den Weg gehe.« Ich konnte den Spruch zwar lesen und selbstverständlich auch den Sinn verstehen, aber so banal es auch klingt, ich konnte diese Erkenntnis nicht umsetzen.

Jetzt aber kann ich es. Sie erinnern sich? Die Gedanken bestimmen unser Leben! Ich will, dass es mir gut geht, und ich habe mich entschieden, auf die jeden Tag mehrfach gestellte Frage *ça va?* nicht mehr mit unbewegtem Gesichtsausdruck das übliche *»ça va«* zu murmeln, dieses »naja, geht so«, sondern lächelnd *»très bien«* zu antworten. Es war anfangs gar nicht so leicht. Dieses »geht so« steckte tief in mir drin. Dieses »Mir geht's nur so halb gut«. Es stimmt doch gar nicht mehr! Es geht mir ausgezeichnet! Und das sage ich jetzt auch! Und mit dem Glück, liebe Leute, mit dem Glück ist es ganz genauso. Ja, ich habe vielleicht keine ausgeprägte Glücksbegabung, ja, ich bin auf der dunklen und schweren Seite – zumindest bin ich da die längste Zeit meines Lebens gewesen, aber ich bin frei, ab sofort etwas anderes darüber zu denken. Und ich lasse jetzt das Glück in mein Leben! Und zu meiner Überraschung merke ich: Es ist schon da! Ich erwarte plötzlich nicht mehr, dass mich etwas Großes wie ein Goldregen durchdringen wird, um das Dunkle und Leere in mir auszufüllen, es ist auch gar nicht mehr so dunkel und leer in mir. Ich bin etwas »normaler« geworden, gesünder, ruhiger, freier und leichter, und ich *spüre* nun auch die kleinen Glücksmomente des Alltags richtig und kann sie genießen. Ein ungewohntes Glücksgefühl durchströmte mich dieses Jahr, als ich die gekochten

Johannisbeeren für das Johannisbeergelee durch ein Sieb strich. Dieser Geruch, die rote Farbe, die Vorfreude auf den Geschmack von frischem Johannisbeergelee, sogar die Konsistenz dieses momentan noch breiigen Johannisbeermatschs entzückten mich in nie gekannter Form. Kürzlich aßen wir in einem Strandrestaurant – wir machen das immer mal wieder, es ist nichts so Besonderes mehr –, aber ich hob beinahe ab vor Glück über den Moment auf dieser Terrasse am Meer mit diesem blauen Blick, dem leichten Wind und dem Fischgericht auf meinem Teller. Das kannte ich vorher so nicht.

Mein Herz schien endlich frei und groß zu schlagen, befreit. Ein Märchen kam mir in den Sinn. »Heinrich, der Wagen bricht!«, rief der verwandelte Froschkönig, der nun ein erlöster und glücklicher Königsohn geworden war, seinem Kutscher zu, als es während der Fahrt laut krachte.

»Nein, Herr, der Wagen nicht«, antwortete der Kutscher, »es ist ein Band von meinem Herzen, das da lag in großen Schmerzen, als Ihr in dem Brunnen saßt, als Ihr ein Frosch wart.«

Noch einmal und noch einmal krachte es auf dem Weg, und der Königssohn meinte immer, der Wagen bräche, und es waren doch nur die Bande, die vom Herzen des treuen Heinrich absprangen, weil sein Herr erlöst und glücklich war.

Kürzlich las ich eine Kolumne, in der eine depressive Frau, die alle Medikamente vergeblich ausprobiert hatte, von einem neuen Arzt den Rat bekommt, in den Süden zu fahren und dort jeden Abend am Meer zwei Gläser Wein zu trinken. Ich war schon super genervt und dachte, schon wieder dieser Klischeemist, dass der Süden uns glücklich mache. Der Blick aufs Meer mit zwei Gläsern Wein im Kopf. Super. Die machen uns vielleicht betrunken, die zwei Gläser Wein, aber das war's auch schon. Aber die depressive Frau tut ein Übriges, sie spricht mit den Menschen, und ja, ich gebe zu, das geht im Süden leichter, hier ist niemand einem noch so banalen Schwätzchen abgeneigt, und sie sucht sich zwei ehrenamtliche Jobs, und sie holt sich einen Hund aus dem Tierheim, mit dem sie lange Spaziergänge unternimmt, und sie verlängert ihren Aufenthalt, und die Depression verschwindet. Wunderbar. Ich bin sicher, wenn sie jeden Abend zwei Gläser Wein in einer netten Kneipe zu Hause getrunken hätte, außerdem mit den Menschen geredet und sich zwei ehrenamtliche Jobs gesucht hätte und dazu noch einen Hund, dann wäre es ihr sicher auch zu Hause bald besser gegangen. Davon bin ich überzeugt. Natürlich ist es schön im Süden, es ist warm und sonnig, und es gibt das Meer, aber automatisch glücklich ist man hier nicht. Das Glück ist in uns, und es ist ganz egal, ob man am Rhein, am Neckar, auf der Schwäbischen Alb oder am Mittelmeer lebt. Und wenn man das Glück nicht spürt, dann ist man auch im Süden und am Meer nicht glücklich. Ich spreche aus Erfahrung, wie Sie wissen. Es gibt vielleicht ein kurzes Stimmungshoch, während man alles an einem neuen Ort entdeckt – das im Hier-und-Jetzt-Sein-Phänomen, aber dann wird es Alltag, und das Unzufriedene im Innern sucht sich trotz Sonne, Strand und Meer erneut seinen Weg.

Ich bin heute hier glücklich, aber nicht, weil hier die Sonne so oft scheint, sondern weil ich das Glück nun in mir habe.

Es war ein langer Weg. Nicht nur in den Süden, sondern zu mir. Ich habe mich an Frankreich gerieben und mich in Frankreich infrage gestellt, ich habe an mir gearbeitet, Neues ausprobiert, Dinge gemacht und gewagt und gelebt, die ich in Deutschland nicht gewagt oder mich nicht zu leben getraut habe. Vielleicht ist es leichter, in der Fremde etwas Neues zu wagen, weil einen die Menschen seines gewohnten Umfelds nicht beeinflussen oder verunsichern können. Die Ängstlichen oder die Vernünftigen, die gerne wollen, dass alles so bleibt wie eh und je. Ich habe mich frei gefühlt in Frankreich, und das trotz oder vielleicht auch gerade wegen des kulturellen Andersseins, trotz der überkommenen Regeln, der vielen Traditionen, des »Das macht man hier nicht«. Frei, die Liebe zu wagen, zu anderen, zu mir selbst. Frei, andersherum zu denken. Ich erlaube mir, langsamer und unperfekter zu sein (ich bin noch perfektionistisch genug!) und viel weniger streng. Ich bin spontaner geworden. Ich höre immer noch auf mein nun sehr freies Herz und erlaube mir, in die Intuition, in das Höhere zu vertrauen, dass sich die Dinge fügen werden. Und ich habe essen gelernt. Normales, intuitives Essen. Das ist gerade das Beglückendste für mich. Dass ich das noch geschafft habe! Was für eine Erleichterung! Und was für ein Vergnügen es plötzlich ist zu essen! Wie gut mir die Dinge plötzlich schmecken! Vermutlich werde ich jetzt auch noch zu einer begeisterten Köchin, ich will es nicht ausschließen.

Manches konnte ich ändern, manches nicht, bei manchen Themen bin ich noch auf dem Weg. Veränderungen brauchen Zeit. Erkenntnisse umsetzen auch. Aber die Farben der Welt sind viel strahlender und intensiver geworden, das Leben leichter. Und ich bin da, wo ich bin und so, wie ich bin, und es ist gut: Ich bin ich selbst geworden. Und lebendig. Ich habe mich in Frankreich gefunden, und deshalb liebe ich dieses Land und seine Menschen. Aber ich hätte genauso gut in einer deutschen Stadt zu mir finden können. Man muss sich nur trauen, das Leben zu leben.

Tatsächlich ist Horst Lichter mit der Frage nach dem Glück für mich etwas zu früh gekommen. Es war zwar irgendwie schon in mir, aber noch nicht ganz ausgereift. Ich hätte da noch länger darüber nachdenken und darüber sprechen müssen. Aber beim Fernsehen hat man nicht viel Zeit. Lassen Sie sich das gesagt sein, falls Sie mal in die Verlegenheit kommen. Man hat die Zeit für einen prägnanten Satz. Einen Gedanken. Dann hält jemand ein Schild hoch, auf dem »Zum Ende kommen« steht, oder es sagt jemand: »Danke, das reicht.« Ich hatte bei der Sendung das Gefühl, nicht auf den Punkt gekommen zu sein, nicht die entscheidenden Sätze gesagt zu haben. Es war trotzdem eine schöne Begegnung, und eine schöne Sendung ist es auch geworden. Und glücklich bin ich jetzt auch. Den Satz habe ich jetzt parat. Falls mich noch mal jemand fragt.

Dank, Literaturauswahl und lebensverändernde Links

Ich danke meinen beiden Herkunftsfamilien, besonders meinem Cousin Martin und meiner Mutter, für Fotos und Informationen. Großen Dank schulde ich meinem Cousin Jochen, heute Prof. Dr. Jochen A. Bär, Universität Vechta, der meinen Großvater seinerzeit nach seinen Erinnerungen gefragt und das Aufgezeichnete transkribiert und vorsichtig redaktionell bearbeitet hat. Ich danke meiner Tante Birgit und ihrem Partner Reinhard für die bebilderte Familienchronik, die sie auch mithilfe dieser Aufzeichnungen erstellt haben.

Ich danke Herrn Prof. Dr. Dr. Dr. Dominik Groß, TU Aachen (Forschungsprojekt *Zahnärzte im Nationalsozialismus*) für schnelle und unkomplizierte Auskunft und für Informationen aus Archivbeständen, zu denen ich keinen Zugang gehabt hätte.

Und ich danke Herrn Jacques Julien Daniel, Hypnose Humaniste Côte d'Azur, für meinen ersten Kontakt mit der Hypnosetherapie und meinem Unbewussten. Er hat maßgebliche Veränderungen angestoßen.

Literaturauswahl in alphabetischer Reihenfolge

Mary Aulne, Clémentine Pochon: *C'est aujourd'hui dimanche.* Éditions Les Enfants Rouges, 2019.

Maria Bachmann: *Du weißt ja gar nicht, wie gut du es hast. Von einer, die ausbrach, das Leben zu lieben.* Knaur Verlag, 2019.

Sacha Batthyany: *Und was hat das mit mir zu tun? Ein Verbrechen im März 1945. Die Geschichte meiner Familie.* Verlag Kiepenheuer & Witsch, 2016.

Manfred Flügge: *Das flüchtige Paradies. Deutsche Schriftsteller im Exil an der Côte d'Azur.* Aufbau Taschenbuch Verlag, 2019.

Ari Folman: *Waltz with Bashir: Film und BD.* Éditions Montparnasse, 2009.

Matthias Lohre: *Das Erbe der Kriegsenkel. Was das Schweigen der Eltern mit uns macht.* Penguin Verlag, 2016.

Georg Parlow: *Zart besaitet. Selbstverständnis, Selbstachtung und Selbsthilfe für hochsensible Menschen.* Festland Verlag, 2. überarbeitete Auflage, 2003.

Blaise Pascal: *Größe und Elend des Menschen.* Aus den »Pensées«. Auswahl, Übersetzung und Nachwort von Wilhelm Weischedel. Insel Taschenbuch 441, Insel Verlag, 1979 (1949).

Geraldine Schwarz: *Die Gedächtnislosen. Erinnerungen einer Europäerin.* Secession Verlag für Literatur, 2018.

Alexandra Senfft: *Schweigen tut weh. Eine deutsche Familiengeschichte.* List Taschenbuch, 2008.

Birgit Vanderbeke: *Ich sehe was, was du nicht siehst.* Alexander Fest Verlag, 1999.

Links in erlebter Reihenfolge

Overeaters anonymous, http://www.overeatersanonymous.de/ (Stand 14.05.2020)

Clotilde Dusoulier: Change ma vie, https://changemavie.com (Stand 14.05.2020)

Stasias Style School, https://www.stasiasavasuk.com, https://www.stasiasavasuk.com/stasias-style-school (beide Stand 14.05.2020)

Dr. med. Mareike Awe: Intueat, https://www.intueat.de/ (Stand 14.05.2020)

Dami Charf: Mit Trauma leben, https://traumaheilung.de, https://damicharf-selbsthilfekurse.com/mit-trauma-leben/ (beide Stand 14.05.2020)